CONTEÚDO DIGITAL PARA ALUNOS

Cadastre-se e transforme seus estudos em uma experiência única de aprendizado:

1. Entre na página de cadastro:
https://sistemas.editoradobrasil.com.br/cadastro

2. Além dos seus dados pessoais e dos dados de sua escola, adicione ao cadastro o código do aluno, que garantirá a exclusividade do seu ingresso à plataforma.

8880557A1600791

3. Depois, acesse:
https://leb.editoradobrasil.com.br/
e navegue pelos conteúdos digitais de sua coleção :D

Lembre-se de que esse código, pessoal e intransferível, é válido por um ano. Guarde-o com cuidado, pois é a única maneira de você acessar os conteúdos da plataforma.

APOEMA
PORTUGUÊS 6

LUCIA TEIXEIRA
- Doutora em Linguística pela Universidade de São Paulo (USP)
- Professora titular da Universidade Federal Fluminense (UFF)
- Professora do Programa de Pós-Graduação em Estudos de Linguagem da UFF
- Pesquisadora do Conselho Nacional de Desenvolvimento Científico e Tecnológico (CNPq)

SILVIA MARIA DE SOUSA
- Doutora em Letras pela Universidade Federal Fluminense (UFF)
- Professora da UFF
- Professora do Programa de Pós-Graduação em Estudos de Linguagem da UFF

KARLA FARIA
- Doutora em Estudos de Linguagem pela Universidade Federal Fluminense (UFF)
- Professora de Ensino Fundamental e Ensino Médio das redes pública e particular de ensino

NADJA PATTRESI
- Doutora em Estudos de Linguagem pela Universidade Federal Fluminense (UFF)
- Professora da UFF

1ª edição
São Paulo, 2018

Editora do Brasil

Dados Internacionais de Catalogação na Publicação (CIP)
(Câmara Brasileira do Livro, SP, Brasil)

Apoema: português 6 / Lucia Teixeira.... [et al.]. – 1. ed. – São Paulo: Editora do Brasil, 2018. – (Coleção apoema)

Outros autores: Silvia Maria de Sousa, Karla Faria, Nadja Pattresi.

ISBN 978-85-10-06916-8 (aluno)
ISBN 978-85-10-06917-5 (professor)

1. Português (Ensino fundamental) I. Teixeira, Lucia. II. Sousa, Silvia Maria de. III. Faria, Karla. IV. Pattresi, Nadja. V. Série.

18-19716 CDD-372.6

Índices para catálogo sistemático:
1. Português: Ensino fundamental 372.6

Maria Alice Ferreira – Bibliotecária – CRB-8/7964

© Editora do Brasil S.A., 2018
Todos os direitos reservados

Direção-geral: Vicente Tortamano Avanso

Direção editorial: Felipe Ramos Poletti
Gerência editorial: Erika Caldin
Supervisão de arte e editoração: Cida Alves
Supervisão de revisão: Dora Helena Feres
Supervisão de iconografia: Léo Burgos
Supervisão de digital: Ethel Shuña Queiroz
Supervisão de controle de processos editoriais: Marta Dias Portero
Supervisão de direitos autorais: Marilisa Bertolone Mendes

Supervisão editorial: Selma Corrêa
Edição: Camila Gutierrez e Maria Cecília Fernandes Vannucchi
Assistência editorial: Gabriel Madeira e Laura Camanho
Apoio editorial: Julia Codo e Patricia Ruiz
Apoio pedagógico: Carolina Chebel e Marcela Leite
Coordenação de revisão: Otacílio Palareti
Copidesque: Gisélia Costa, Ricardo Liberal e Sylmara Beletti
Revisão: Alexandra Resende e Elaine Silva
Pesquisa iconográfica: Daniel Andrade
Assistência de arte: Samira de Souza
Design gráfico: Patrícia Lino
Capa: Megalo Design
Imagem de capa: G. Evangelista/Opção Brasil Imagens
Pesquisa: Monica de Souza
Ilustrações: Alberto Di Stefano, Christiane S Messias, Cibele Queiroz, Cristiane Viana, Isabela Santos, Jane Kelly/Shutterstock.com (ícones seções), KannaA/Shutterstock.com (textura seção Em foco) Rogerio Soud e Simone Ziasch
Coordenação de editoração eletrônica: Abdonildo José de Lima Santos
Editoração eletrônica: Adriana Tami, Armando F. Tomiyoshi, Elbert Stein, Gilvan Alves da Silva, José Anderson Campos, Sérgio Rocha, Talita Lima, Viviane Yonamine, William Takamoto e Wlamir Miasiro
Licenciamentos de textos: Cinthya Utiyama, Jennifer Xavier, Paula Harue Tozaki e Renata Garbellini
Controle de processos editoriais: Bruna Alves, Carlos Nunes, Jefferson Galdino, Rafael Machado e Stephanie Paparella

1ª edição / 3ª impressão, 2024
Impresso na Melting Color Indústria Gráfica

Avenida das Nações Unidas, 12901
Torre Oeste, 20º andar
São Paulo, SP – CEP: 04578-910
Fone: +55 11 3226-0211
www.editoradobrasil.com.br

APRESENTAÇÃO

Cara aluna, caro aluno,

A linguagem está em toda parte: em sua conversa diária com a família e os amigos, nos filmes e programas de televisão a que você assiste, nos textos literários que lê, nas músicas que busca na internet, nas mensagens trocadas por aplicativos, nos cartazes que vê espalhados pela cidade. Em todas essas situações, a linguagem possibilita que você interaja com o outro, aprenda, debata, manifeste opiniões, ideias e sentimentos.

A linguagem das palavras e as demais linguagens ganham vida e animação nas páginas deste livro. Nelas você encontrará histórias de aventura e de amor, notícias sobre a vida cotidiana e os problemas sociais, fotografias, histórias em quadrinhos, poemas, *blogs*, anúncios, peças de teatro e muitos outros textos, que levarão você a observar diferentes situações de comunicação e a refletir sobre elas.

Você encontrará autores que já conhece e será apresentado a outros. Aprenderá que as imagens, a música, os gestos e mesmo os silêncios podem produzir muitos significados. Verá que dominar recursos da língua é importante para participar da vida social e para trocar conhecimentos e afetos. Receberá dicas culturais e aprenderá a perceber a ligação entre os textos lidos e a experiência de vida das pessoas.

Esperamos que você goste do livro e que ele represente, para você, uma boa oportunidade de fazer descobertas, refletir, divertir-se e aprender.

As autoras

SUMÁRIO

Unidade 1 – Histórias de mim 8

Capítulo 1 10
Texto – *A ilha*, de Lázaro Ramos (autobiografia) 11
Estudo do texto 12
    Linguagem, texto e sentidos 13
Estudo e pesquisa
    Tomada de notas 14
Língua em foco
    Linguagem verbal e linguagem não verbal..... 15
    Língua falada e língua escrita 17
Escrita em foco
    Fonema e letra 18
    Sílaba: ditongo, tritongo e hiato 19
    Dígrafos e encontros consonantais 20

Capítulo 2 23
Texto – *Por parte de pai*, de Bartolomeu Campos de Queirós (autobiografia) 24
Estudo do texto 25
Gênero em foco
    Autobiografia 27
Língua em foco
    Entonação e pontuação 30
Oralidade em foco
    Relato de experiência pessoal 33
Oficina de produção
    Autobiografia 34

Retomar 36

Unidade 2 – Histórias dos outros 38

Capítulo 1 40
Texto – *Mãe de criança cadeirante cria playground inclusivo no interior de São Paulo*, de Fernanda Testa (notícia) 41
Estudo do texto 42
    Linguagem, texto e sentidos 44
Língua em foco
    Oração: sujeito e predicado 47
    Sintagma nominal e sintagma verbal 50
Estudo e pesquisa
    Esquema 53

Capítulo 2 54
Texto – *Cão dos bombeiros é treinado para ser salva-vidas em praias de SC*, G1 (notícia) 55
Estudo do texto 56
    Linguagem, texto e sentidos 59
Gênero em foco
    Notícia 60
Língua em foco
    Substantivo 63
Escrita em foco
    Acentuação 67
    Acentuação dos monossílabos tônicos e das oxítonas 67
Oficina de produção
    Notícia 71
Oralidade em foco
    Locução de notícia 73
Caleidoscópio
    Políticas de acessibilidade 74

Retomar 76

Unidade 3 – Encenações 78

Capítulo 1 80
Texto – *Maroquinhas Fru-Fru recebe uma serenata*, de Maria Clara Machado (texto teatral) 81
Estudo do texto 84
    Linguagem, texto e sentidos 86
Gênero em foco
    Texto dramático 88
Língua em foco
    Processos de formação de palavras 91
    Derivação e composição 91
Escrita em foco
    Uso de hífen em palavras compostas 95

Capítulo 2 97
Texto – *Como montar uma peça*, de Marilia Toledo (texto injuntivo) 98
Estudo do texto 100
Língua em foco
    Verbos – emprego dos tempos e modos 103
Oficina de produção
    Texto dramático 107
Oralidade em foco
    Encenação teatral 109

Retomar 112

Unidade 4 – Palavra poética 114

Capítulo 1 116
Texto – *Eu queria usar palavras de ave*, de Manoel de Barros (poema)..........................117
Estudo do texto 118
　Linguagem, texto e sentidos 120

Língua em foco
　Substantivos e adjetivos em uso – ordem e função 122

Capítulo 2 126
Texto – *Dorme, ruazinha... É tudo escuro...*, de Mario Quintana (poema)..........................127
Estudo do texto 128

Gênero em foco
　Poema 130

Escrita em foco
　Uso de **ch/x**; **g/j**; **x/s/z** 132

Oralidade em foco
　Leitura oral de poemas..............................134

Oficina de produção
　Escrita de poemas......................................136

Retomar 138

Unidade 5 – Aventuras 140

Capítulo 1 142
Texto – *Robinson Crusoé*, de Daniel Defoe (narrativa de aventura) 143
Estudo do texto 145
　Comparando textos 146
　Linguagem, texto e sentidos 150

Escrita em foco
　Acentuação das paroxítonas e proparoxítonas (revisão)................................153

Capítulo 2 154
Texto – *A ilha perdida*, de Maria José Dupré (narrativa de aventura) 155
Estudo do texto 157

Gênero em foco
　Narrativa de aventura 158

Língua em foco
　Substantivos, seus determinantes e modificadores – coesão textual e concordância nominal................................160

Estudo e pesquisa
　Quadro sinótico..164

Oficina de produção
　Narrativa de aventura 165

Oralidade em foco
　Contação de história – narrativa de aventura 167

Retomar 168

Unidade 6 – Pontos de vista 170

Capítulo 1 172
Texto – *Bamboleio – I* (blog)......................173
Estudo do texto 174
　Linguagem, texto e sentidos 176

Gênero em foco
　Blog..178

Escrita em foco
　Vocabulário dos meios digitais – estrangeirismos 180

Capítulo 2 182
Texto – *Bamboleio – II* (blog)....................183
Estudo do texto 185
　Linguagem, texto e sentidos 186

Gênero em foco
　Resenha..187

Língua em foco
　Coesão textual: nomes e pronomes..............189

Oficina de produção
　Resenha..192

Oralidade em foco
　Vídeo (*stories*) 194

Caleidoscópio
　Internet: um problema para a saúde?...........196

Retomar 198

Unidade 7 – Interações 200

Capítulo 1 202
Texto – *Vamos resgatar o Rio Pinheiros (SP) #VOLTAPINHEIROS* (abaixo-assinado).............203
Estudo do texto 204
    Linguagem, texto e sentidos 207
Gênero em foco
    Abaixo-assinado 209

Capítulo 2 212
Texto – *Fala, Niterói!, O Globo* (carta de reclamação) 213
Estudo do texto 215
Gênero em foco
    Carta de reclamação.................................216
        Comparando textos 217
Língua em foco
    Emprego dos tempos verbais do indicativo: passado, presente e futuro 219
Escrita em foco
    Há e **a** 223
Oralidade em foco
    Podcast 225
Oficina de produção
    Carta de reclamação.................................227

Retomar **228**

Unidade 8 – Propaganda e cidadania 230

Capítulo 1 232
Texto – Anúncio sobre trabalho infantil, Ministério do Trabalho e Emprego (anúncio)..233
Estudo do texto 234
    Linguagem, texto e sentidos.................... 235

Capítulo 2 238
Texto – Anúncio sobre desperdício de alimentos, Movimento Slow Food e alunos da Universidade Tecnológica Federal do Paraná (anúncio)..239
Estudo do texto 240
Gênero em foco
    Anúncio 241
Língua em foco
    Oração e período 244
    Período composto por coordenação.............244
Escrita em foco
    Pontuação: uso da vírgula........................248
Oralidade em foco
    Discussão 250
Oficina de produção
    Anúncio turístico 252

Retomar **254**

Referências **256**

UNIDADE 1

Tira de Adão Iturrusgarai, cartunista brasileiro que nasceu em 1965 e publicou sua primeira tira aos 17 anos. "Que tal tirar uma selfie com um E.T.", publicada no jornal *Folha de S.Paulo*, 3 maio 2014. Disponível em: <www1.folha.uol.com.br/folhinha/2014/05/1448798-que-tal-tirar-uma-selfie-com-um-et-veja-tirinhas-da-folhinha.shtml>. Acesso em: 13 mar. 2018.

Histórias de mim

Adão Iturrusgarai

Antever

1 Essa tirinha, composta de apenas um quadro, parece sugerir uma história. Converse com os colegas e, juntos, imaginem a história que poderia ser contada com base nela.

2 A tirinha destaca uma prática comum nos dias atuais. Com base nessa informação, como você interpretaria o humor da cena representada?

3 Compare a linguagem verbal, que você usou para imaginar uma história sugerida pela tira, com a linguagem própria da tira. Mostre por que elas são diferentes.

4 Examine o título da tira. De que modo ele ajuda a interpretá-la?

5 Você costuma tirar *selfies*? Por quê? O que faz com as fotografias?

Selfie é uma palavra da língua inglesa criada com base em outra, *self-portrait*, que significa "autorretrato" (*self* = auto; *portrait* = retrato). A palavra se espalhou pelo mundo e passou a ser usada por falantes de outras línguas em diversos países, como o Brasil.

Você posta todas as *selfies* que faz ou escolhe aquelas em que gosta mais de sua aparência, do cenário, das companhias? O que faz você escolher uma *selfie* entre outras para divulgar seu autorretrato? Que tal brincar de **jogo da verdade** com os colegas e discutir essas questões?

9

CAPÍTULO 1

Lázaro Ramos nasceu em 1978 em Salvador, Bahia. Aos 15 anos, entrou para o Bando de Teatro Olodum, formado por atores afrodescendentes. Hoje atua em cinema, teatro e TV. O ator e escritor é um ativista dos direitos humanos e de conscientização contra o racismo, tendo sido nomeado, em 2009, embaixador do Fundo das Nações Unidas para a Infância (Unicef). É também um dos criadores do projeto social Ler é Poder, em sua cidade natal, cujo objetivo é incentivar a leitura. Lázaro escreveu quatro livros infantis: *As paparutas* (2000), *A velha sentada* (2010), *O caderno de rimas de João* (2015) e *Caderno sem rimas da Maria* (2018).

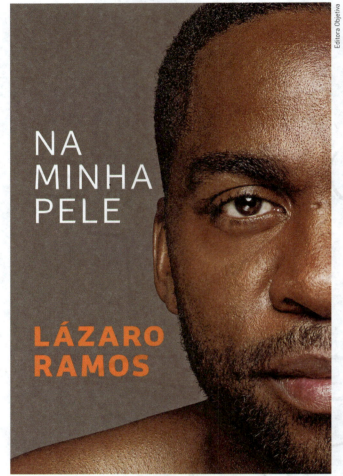

Capa do livro *Na minha pele*, de Lázaro Ramos (Objetiva, 2017).

Observe ao lado a capa do livro do qual você lerá um trecho.

1. Você reconhece a pessoa na fotografia?
2. Se você a conhece, o que sabe dela?
3. Por que, em sua opinião, a fotografia aparece em destaque na capa?
4. O título do livro pode remeter à expressão "estar na pele de alguém". Você conhece o significado dela? Que outra expressão poderia substituí-la?
5. Além de compor a expressão "estar na pele de alguém", o que a palavra **pele** pode significar no título e que relação ela ajuda a estabelecer entre esse título e a fotografia?
6. O título da obra e a fotografia do autor despertam sua curiosidade de leitor? Justifique sua resposta.

Com base nas informações identificadas na capa, converse com os colegas sobre algumas possibilidades relativas ao assunto da obra. Comparem as ideias e discutam quais parecem mais prováveis.

As hipóteses poderão ser discutidas ao longo das atividades de leitura do texto deste capítulo. Será que se confirmarão? A leitura indicará novos sentidos para a obra? É o que veremos a seguir.

A ilha

[...]

Minha história começa numa ilha com pouco mais de duzentos habitantes, na Baía de Todos os Santos. Uma fração de Brasil praticamente secreta, ignorada pelas modernidades e pelos mapas: nem o (quase) **infalível** Google Maps consegue encontrá-la. É nessa terra minúscula, a Ilha do Paty, que estão minhas raízes. O lugar é um distrito de São Francisco do Conde – município a 72 quilômetros de Salvador, próximo a Santo Amaro e conhecido por sua atual importância na indústria do petróleo. Na ilha, as principais fontes de renda ainda são a pesca, o roçado e ser funcionário da prefeitura.

No Paty, sapatos são muitas vezes acessórios dispensáveis. Para atravessar de um lado para o outro na maré de águas verdes, o transporte oficial é a canoa, apesar de já existirem um ou outro barco, cedidos pela prefeitura. Ponte? Nem pensar, dizem os moradores, em coro. Quando alguém está no "porto" e quer chegar até o Paty, só precisa gritar: "Tomaquê!".

Talvez você, minha companhia de viagem, não saiba o que quer dizer "tomaquê". É uma redução, como "oxente", que quer dizer "O que é isso, minha gente". Ou "Ó paí, ó", que é "Olhe pra isso, olhe". Ou seja, é simplesmente "me tome aqui, do outro lado da margem". É muito gostoso gritar "Tomaquê!".

Assim, algum voluntário pega sua canoa e cruza, a remo, um quilômetro nas águas verdes e calmas. Entre os dois pontos da travessia se gastam uns quarenta minutos. Essa carona carrega, na verdade, um misto de generosidade e curiosidade. Num lugar daquele tamanho, qualquer visita vira assunto, e é justamente o remador quem transporta a novidade.

Até hoje procuro visitar a ilha todos os anos. Gosto de entender minha origem e receber um abraço afetuoso dos mais velhos. Vou também para encontrar um sentimento de inocência, uma felicidade descompromissada, que só sinto por lá.

Graças à sua refinaria de petróleo, São Francisco do Conde é um dos municípios mais ricos do país. [...] Essa dinheirama, porém, não chega até o cotidiano de quem mora no Paty. Eles até conseguem ver vantagens na vida simples que levam: como não há violência, não há polícia na ilha, e as portas das casas estão sempre abertas para quem quiser entrar. O que faz falta mesmo é a água encanada. Para tudo: dar descarga nos banheiros, lavar pratos e roupas, tomar banho.

Não faz muito tempo, luz também era luxo. Na minha infância, a energia elétrica vinha de um único gerador, usado exclusivamente à noite, quando os televisores eram ligados nas novelas. As janelas da casa de meu avô, que teve uma das primeiras TVs do Paty, ficavam sempre cheias de gente. Era o nosso cineminha.

[...]

> **Glossário**
> **Infalível:** que não falha; que nunca se engana.

Fotografia de satélite da Ilha do Paty, São Francisco do Conde, Salvador, 2018.

Lázaro Ramos. *Na minha pele*. Rio de Janeiro: Objetiva, 2017. p. 16-17.

Estudo do texto

1. O texto está organizado em parágrafos, marcados por uma entrada em branco na mudança de linha e um sinal de pontuação final. Releia o primeiro parágrafo.

   a) A qual localidade referem-se as passagens abaixo?
   - "[...] ilha com pouco mais de duzentos habitantes, na Baía de Todos os Santos";
   - "Uma fração de Brasil praticamente secreta, ignorada pelas modernidades e pelos mapas [...]";
   - "[...] nem o (quase) infalível Google Maps consegue encontrá-la";
   - "[...] terra minúscula [...]".

   b) Que características do lugar são reforçadas pela caracterização feita pelo autor nas passagens acima?

   c) Com base em seu conhecimento de mundo, explique o que vem a ser o Google Maps. Por que ele seria "(quase) infalível", segundo o autor?

   d) O modo detalhado pelo qual o autor apresenta seu local de nascimento é importante para o leitor? Por quê?

2. Identifique no texto mais algumas informações sobre o autor.

   a) Ele ainda mora na ilha? Justifique sua resposta com uma passagem do texto.

   b) No último parágrafo, o autor fala de um tempo passado. Que lembranças ele traz para o texto?

   c) Com base nas informações do texto, como você imagina a infância do autor?

   d) Que sentimentos ele parece ter em relação à ilha? Escolha elementos do texto para explicar sua resposta.

3. O estilo de vida dos moradores da ilha é o mesmo da época em que o autor era criança? Justifique sua resposta.

4. Nas frases a seguir, aparecem elementos linguísticos, como verbos e pronomes, que indicam ser o próprio autor quem relata sua história.

   > Minha história começa numa ilha.
   > Até hoje procuro visitar a ilha todos os anos.

   a) Em que pessoa verbal foi escrito o relato?

   b) Destaque do texto mais uma passagem que confirme o uso dessa pessoa verbal.

   c) Indique as duas alternativas corretas. Esse tipo de relato:
   - produz um efeito de verdade, de que o autor conta o que de fato aconteceu na vida dele;
   - tem efeito de dissimulação e incerteza, porque o autor admite estar inventando tudo;
   - afasta autor e leitor, porque este último desconfia do que lê, já que tudo parece invenção;
   - constrói efeito de fantasia e ficção, porque nada do que se conta parece ter verdadeiramente acontecido;
   - aproxima autor e leitor, porque este último acredita na sinceridade do relato pessoal.

5. Na seção **Antes da leitura**, você e os colegas pensaram em algumas hipóteses sobre o conteúdo do livro *Na minha pele*. Depois de ler o texto, suas ideias iniciais se confirmaram? Justifique sua resposta com passagens do texto.

Paisagem da Ilha do Paty, 2015.

12

Linguagem, texto e sentidos

1 No texto aparecem algumas formas abreviadas, ou seja, reduzidas, de expressões, como **oxente**, que significa "O que é isso, minha gente", e **Ó paí, ó** em vez de "Olhe pra isso, olhe".

a) As expressões abreviadas usadas pelos habitantes da ilha mostram um uso próprio da região. Em que situações essas expressões são empregadas por eles?

b) O autor diz que é "mais gostoso" usar a forma abreviada **tomaquê** do que a frase completa "me tome aqui, do outro lado da margem".

- Quem são os falantes que usam a abreviação?
- Em que situação o fazem?

c) Você provavelmente utiliza expressões como essas ou outras abreviações em seu dia a dia. Discorra sobre algumas situações em que você as utiliza.

2 Releia a seguinte passagem do texto.

> Graças à sua refinaria de petróleo, São Francisco do Conde é um dos municípios mais ricos do país. [...] Essa dinheirama, porém, não chega até o cotidiano de quem mora no Paty.

a) Em vez de usar a palavra **dinheiro**, o autor preferiu dizer **dinheirama**. O que significa a palavra empregada?

b) O autor usa a palavra num contexto em que está criticando a distribuição do dinheiro arrecadado pelo município. Qual é a crítica que ele faz?

c) Pode-se dizer que o aumentativo empregado ajuda a construir a crítica? Por quê?

3 Releia outro fragmento do texto.

> As janelas da casa de meu avô, que teve uma das primeiras TVs do Paty, ficavam sempre cheias de gente. Era o nosso cineminha.

a) Identifique a forma diminutiva empregada nesse trecho.

b) Formule uma explicação para o emprego da forma diminutiva em lugar da forma normal da palavra.

A linguagem que empregamos ao escrever um recado a um amigo em uma rede social é diferente da linguagem empregada em um trabalho escolar.

Quando conversamos com amigos ou quando estamos em família, usamos o **registro informal** da linguagem, próprio do dia a dia.

Quando apresentamos oralmente uma pesquisa na escola ou vamos a uma entrevista de emprego, porém, empregamos o **registro formal**.

Registros são os diferentes usos da linguagem de acordo com a situação de comunicação.

No relato pessoal que você leu no texto deste capítulo, a informalidade da linguagem é um recurso usado para criar proximidade entre autor e leitor. Quem escreve parece estar conversando, trocando ideias com um amigo, nesse caso, o leitor.

---

4 No relato pessoal que você leu, o emprego de formas abreviadas e de diminutivos e aumentativos parece ser próprio:

- do registro formal?
- do registro informal da língua?

Justifique sua resposta.

5 Compare o trecho do texto que você leu com o trecho da apresentação de uma entrevista feita com Lázaro Ramos.

   I. Até hoje procuro visitar a ilha todos os anos. Gosto de entender minha origem e receber um abraço afetuoso dos mais velhos. Vou também para encontrar um sentimento de inocência, uma felicidade descompromissada, que só sinto por lá.

   II. No livro, Ramos narra episódios de discriminação, reflete sobre a questão racial, sabe que fala de uma posição de exceção, mas também dá voz aos outros, incorpora depoimentos e enriquece o debate. Das entrevistas realizadas para o programa *Espelho*, no qual conversa com personalidades sempre enfatizando aspectos da cultura negra, o ator trouxe muitos depoimentos preciosos.

   Nahima Maciel. Lázaro Ramos lança livro sobre pluralidade cultural e estigmatização. *Correio Braziliense*, 24 jul. 2017. Disponível em: <www.correiobraziliense.com.br/app/noticia/diversao-e-arte/2017/07/24/interna_diversao_arte,611918/lazaro-ramos-lanca-livro-sobre-pluralidade-cultural-e-estigmatizacao.shtml>. Acesso em: 28 maio 2018.

   a) Que diferença você pode assinalar entre os dois fragmentos em relação à pessoa do discurso e ao tipo de texto?
   b) Em qual dos trechos ocorre maior grau de afetividade e expressão pessoal do modo de ser do autor?

6 Releia o trecho a seguir.

   Talvez você, minha companhia de viagem, não saiba o que quer dizer "tomaquê".

   a) A quem o autor se dirige ao usar a expressão "minha companhia de viagem"?
   b) Que forma de tratamento o autor usa para dirigir-se a essa companhia?
   c) Com base nesses elementos, que relação o autor estabelece com o leitor?
   d) Pense na palavra **viagem** e em seus diferentes sentidos. Por que o autor considera que está fazendo uma viagem?

7 Em sua opinião, o registro usado no relato pessoal está adequado ao modo pelo qual o autor estabelece contato direto com o leitor?

  Estudo e pesquisa

Tomada de notas

Nesta seção, serão apresentadas algumas estratégias que facilitarão o estudo e a compreensão dos conteúdos desenvolvidos nas unidades.

Você fará agora uma tomada de notas, após reler o boxe da seção acima, sobre os registros formal e informal da linguagem. Tomar notas significa registrar as informações que considera mais importantes. As notas funcionam como dados que vão ativar sua memória quando quiser se lembrar dos conteúdos estudados. Elas podem ser numeradas ou apenas indicadas em lista com um travessão.

O boxe explica o que são registros da linguagem, quais são eles e oferece exemplos. Sintetize essas informações. Anote primeiro o que entendeu por registro da linguagem. Em seguida, escreva a explicação sobre cada registro. Se quiser, abaixo da explicação, anote um exemplo.

Depois de fazer esse exercício, reflita: Esse método ajudou você a compreender os conteúdos? Facilitou a organização das principais informações sobre o que você está estudando? Ao longo do ano letivo, você aprenderá outros tipos de anotação que constituem instrumentos auxiliares do estudo. Com o tempo, saberá escolher aquele que corresponde melhor a seu jeito de estudar.

Linguagem verbal e linguagem não verbal

Você observou, na abertura da unidade, que uma tira, assim como uma história em quadrinhos (HQ), pode unir duas linguagens: a verbal e a não verbal. A **linguagem verbal** é feita de palavras. A **linguagem não verbal** pode utilizar desenho, pintura, gestos, esculturas etc.

Algumas placas de sinalização utilizam apenas imagens e podem ser compreendidas por pessoas de quase todas as partes do mundo.

1 Indique as mensagens que as placas a seguir transmitem.

a) Em que situações essas placas poderiam ser usadas?

b) Na placa que transmite a ideia de proibição, que elemento é usado para essa finalidade?

2 Observe a fachada de um museu muito importante da Holanda, o Rijksmuseum, na cidade de Amsterdã.

Entrada do Rijksmuseum, na Holanda, 2015.

a) O que a placa acima da porta de entrada avisa aos visitantes?

b) Toda mensagem tem uma finalidade, um objetivo de comunicação. Por que, em sua opinião, o museu colocou a placa na entrada?

3 Leia a reportagem sobre a iniciativa do Rijksmuseum.

www.oviajante.uol.com.br

Museu em Amsterdã incentiva visitantes a desenhar em vez de fotografar

O Rijksmuseum, em Amsterdã, na Holanda, encontrou uma nova maneira de incentivar os visitantes a apreciar a arte: estimulando-os a desenhar as obras que veem, em vez de fotografá-las. O museu não proíbe o uso de câmeras ou de celulares, mas sugere que as pessoas deixem os equipamentos em casa.

Como o próprio museu explica em seu *site*, "uma visita ao museu é, com frequência, uma experiência passiva e superficial. Os visitantes se distraem facilmente e não experienciam de verdade toda a beleza, mágica e maravilha daquilo que veem".

Esse é o motivo pelo qual o Rijksmuseum desenvolveu a campanha #Startdrawing. Ao desenhar, é possível perceber proporções, linhas e detalhes que não seriam notados num simples clique de foto. Essa assimilação mais completa também permite uma aproximação e uma maior compreensão da obra do artista.

Não é necessário ser um *expert* em desenho para se juntar à campanha – a ideia é incentivar a participação de pessoas com diferentes níveis de habilidades. Trata-se de uma iniciativa que valoriza mais a experiência em si do que o resultado final.

Embora o Rijksmuseum esteja sempre aberto para desenhistas, é nos sábados que o museu oferece gratuitamente cadernos de desenho e lápis aos visitantes.

Erik Smits/Rijksmuseum

Museu em Amsterdã incentiva visitantes a desenhar em vez de fotografar. *O Viajante*, 25 nov. 2015. Disponível em: <www.oviajante.uol.com.br/museu-em-amsterda-incentiva-visitantes-a-desenhar-em-vez-de-fotografar>. Acesso em: 6 jun. 2018.

a) Qual é o objetivo do museu ao desestimular fotografias?
b) Por que, segundo o museu, o desenho é incentivado no lugar da fotografia?
c) No primeiro parágrafo, há uma informação que, de certa forma, contraria a placa colocada na entrada. Que informação é essa?
d) Considerando a resposta anterior, qual seria, então, a função da placa?
e) O que você pensa a respeito da iniciativa do Rijksmuseum?

4 No texto, vimos que a campanha do museu está expressa numa *hashtag* escrita em inglês: #Startdrawing.

a) Você sabe o que é uma *hashtag*? Se não sabe, pergunte o que é aos colegas ou pesquise na internet. Mostre qual é o símbolo usado em uma *hashtag*.
b) A mensagem, traduzida para o português, apareceria assim: #Comeceadesenhar. Na placa, ela está escrita em holandês, logo após o nome do museu. Quem poderia ler uma *hashtag* em cada uma dessas línguas? Por que, segundo a notícia, o museu usou a *hashtag* em inglês, na campanha?

c) Imagine que você é um visitante que não leu jornais, não frequentou as redes sociais e não se informou sobre a visita ao museu antes de ali chegar. Ao ler a placa, você compreenderia a campanha? Por quê?

> Na vida social, estamos mergulhados em linguagens. Todas elas juntas definem nosso modo de estar no mundo, de viver coletivamente, de produzir cultura, arte e conhecimento. Por meio das linguagens, estabelecemos comunicação e desenvolvemos a interação entre as pessoas. A **linguagem verbal** concretiza-se nas línguas, em suas modalidades oral e escrita. A **linguagem não verbal** concretiza-se em diferentes manifestações, como pintura, desenho, dança, música, gestos, histórias em quadrinhos, filmes, telenovelas etc.

Língua falada e língua escrita

Em nosso cotidiano, vivemos experiências de fala e de escrita. Reflita sobre isso respondendo às seguintes questões.

1. Em que momentos de seu dia você escreve?
2. Em que momentos você fala?
3. O que você escreve em seu dia a dia?
4. Que função ou importância tem cada momento de escrita de seu dia?
5. Para que você escreve?
6. Em que situações de comunicação os registros formal e informal da linguagem, na fala e na escrita, podem ser usados? Dê alguns exemplos, após conferir as notas que tomou na seção **Estudo e pesquisa**.

Língua e cultura

São faladas hoje no mundo quase 7 mil línguas. Só no Brasil usam-se aproximadamente 180 línguas.

Além da língua portuguesa, falam-se as línguas dos imigrantes, como o polonês, o italiano e o alemão, e as línguas indígenas, como o tucuna, o embiá e o nheengatu. A diversidade linguística é uma riqueza do país, representando as diferenças culturais e de identidade dos povos que habitam nossa terra.

Os territórios tradicionais dos indígenas estão sendo tomados pela exploração econômica e, com isso, os falantes se separam, se dispersam, e suas línguas vão morrendo. Além disso, essas línguas ameaçadas não têm uma escrita, e a maioria delas não é ensinada na escola. Por causa de tudo isso, podem desaparecer. Segundo os estudiosos das línguas indígenas, quase todos os idiomas dos indígenas brasileiros estão ameaçados de extinção nos próximos anos.

Se uma língua morre, a cultura, as ideias e os valores daqueles que a falam morrem junto. Uma língua forma nossa identidade, nosso modo de pensar e de olhar para o mundo e para as pessoas. Falamos e escrevemos para preservar quem nós somos, fazer história, estabelecer contatos, acolher afetos.

A escrita tem valor de registro, promove a fixação de histórias, pensamentos e relações entre pessoas.

Fontes: Línguas nativas do Brasil estão "entre as mais ameaçadas". *BBC Brasil*, 19 set. 2007. Disponível em: <www.bbc.com/portuguese/reporterbbc/story/2007/09/070919_linguasextincao_pu.shtml>; Ivy Farias. Quantas línguas são faladas no Brasil? *Superinteressante*, 31 jul. 2007. Disponível em: <https://super.abril.com.br/historia/quantas-linguas-sao-faladas-no-brasil/>. Acesso em: 4 abr. 2018.

Escrita em foco

Fonema e letra

1. No texto deste capítulo lemos parte do livro *Na minha pele*. Quando pronunciamos as palavras **minha**, **tinha** e **pinha**, que diferenças podemos perceber?

2. Algo parecido acontece quando pronunciamos **pele** e **pede**, por exemplo. Descreva o que ocorre.

3. Releia a seguinte passagem do texto deste capítulo.

    As janelas da casa de meu **avô**, que teve uma das primeiras TVs do Paty, ficavam sempre cheias de gente. Era o nosso cineminha.

    a) A palavra destacada termina com uma vogal fechada, grafada **ô**. O que aconteceria se substituíssemos esse som pelo **ó**, som aberto?

    b) Com base na resposta ao item **a**, o que pode acontecer com o sentido de uma frase se o som de uma letra de alguma palavra que a compõe é alterado?

4. Compare o som /s/ nas palavras **sempre**, **cineminha**, **começa**, **próximo** e **acessório**. Repare que o som foi indicado entre barras, porque estamos representando um fonema, que é a menor unidade sonora da língua.

    a) O som /s/ está representado por quais letras?

    b) A que conclusão você pode chegar a respeito da relação entre fonemas e letras com base na resposta anterior?

5. Compare mais algumas palavras para observar a relação entre fonema e letra.

    a) Em **casa** e **sempre**, que fonemas a letra **s** representa?

    b) E em **raízes** e **maré**, que fonemas a letra **r** representa?

    c) A que conclusão você pode chegar a respeito da relação entre sons e letras com base nas duas respostas anteriores?

6. Depois de fazer as atividades acima, você acha importante saber a relação entre fonema e letra? Por quê?

> **Fonema** é a menor unidade sonora da fala. Com um número limitado de fonemas da língua portuguesa podemos fazer várias combinações que formam inúmeras palavras. Para representar esses sons, usamos alguns símbolos entre barras oblíquas (/ /). Na escrita, os fonemas são representados pelas letras, também chamadas de **grafemas**.

Primeiras escritas

Por volta do ano 4000 a.C., na antiga Mesopotâmia, os sumérios inventaram a escrita cuneiforme; chamava-se assim porque a gravação era feita na pedra com instrumentos em forma de cunha.

No Egito, por volta dessa época, as paredes internas das pirâmides recebiam inscrições sobre a vida dos faraós. Tudo era registrado por meio de símbolos e desenhos que, quando organizados, formavam uma escrita.

O alfabeto que usamos hoje foi herdado dos latinos. Eles criaram um sistema reduzido de letras para representar os sons da fala.

Escrita cuneiforme, encontrada no Iraque.

Hieróglifos egípcios.

Sílaba: ditongo, tritongo e hiato

1 Leia a história em quadrinhos do Menino Maluquinho, personagem criada em 1980 pelo cartunista brasileiro Ziraldo.

PELA METADE

Ziraldo. *Curta o menino maluquinho*. São Paulo: Globo, 2007. v. 2. p. 14.

a) Explique por que o título dessa história é "Pela metade".

b) Como Sugiro Fernando expressa que ficou bravo com o que Maluquinho fez?

c) Que recursos dos quadrinhos mostram essa irritação do amigo?

d) Você já sabe que, quando falamos, os fonemas se organizam em unidades chamadas **sílabas**. Qual é a função da separação de sílabas nesse desenho?

19

2 Examine as sílabas da palavra **Maluquinho**.

a) Mostre, nas duas primeiras sílabas, quais fonemas são consoantes e quais são vogais.

b) Observe a última sílaba. Se não houvesse a vogal, a sílaba poderia ser pronunciada em português? Por quê?

3 Compare as palavras assinaladas nos dois fragmentos.

> Minha história começa numa ilha com pouco mais de duzentos habitantes, na **Baía** de Todos os Santos.
>
> Lázaro Ramos. *Na minha pele*. Rio de Janeiro: Objetiva, 2017.

> **Veterinário indica o tamanho ideal de uma baia para cavalo**
>
> Chamada do programa *Globo Rural*, da Rede Globo de Televisão, 22 dez. 2013. Disponível em: <https://globoplay.globo.com/v/3033656>. Acesso em: 19 mar. 2018.

a) De acordo com os diferentes contextos em que se encontram os fragmentos, explique o sentido das palavras destacadas. Se tiver dúvidas, consulte o dicionário.

b) Em língua portuguesa, o centro de uma sílaba será sempre uma vogal. Mostre a separação de sílabas em cada uma das palavras assinaladas explicando a diferença.

> Quando dois sons vocálicos formam uma única sílaba, ocorre um **ditongo**.
> Pronuncie a palavra **mau**, por exemplo. Observe como o primeiro som vocálico tem mais destaque do que o segundo. Dizemos, então, que esse encontro vocálico é um ditongo e que há uma vogal que serve de apoio para uma **semivogal**. Em língua portuguesa, apenas as vogais **i** e **u** podem funcionar como semivogais e formar ditongos.
> Agora, fale a palavra **baú**. Repare como, dessa vez, cada vogal tem o mesmo destaque na pronúncia e forma uma sílaba independente (**ba-ú**). Por isso, forma-se um **hiato** e não um ditongo.
> Existem casos em que duas semivogais acompanham uma vogal na mesma sílaba, formando um **tritongo**: saguão, averiguei, iguais.

4 Em relação às palavras **baía** e **baia**, aponte se são constituídas com ditongo ou com hiato.

5 Os nomes destes dois países sul-americanos têm uma sílaba em comum: **Uruguai** e **Paraguai**. Qual é? Com base no que você leu no boxe acima, que tipo de encontro vocálico ocorre na sílaba?

Dígrafos e encontros consonantais

1 Compare as palavras **filha** e **fila**.

a) Que diferença existe entre elas?

b) Em qual das duas palavras um fonema é representado por duas letras?

> Quando lemos a palavra **filha** em voz alta, percebemos que nem toda letra corresponde a um som. As letras **lh** formam um único fonema. O mesmo ocorre com a palavra **molha**, do verbo **molhar**. Sem o **h**, teríamos outra palavra: **mola**. Isso também acontece em palavras que se escrevem com **nh** e **ch**, como **manha** em comparação a **mana**, e **chave** em relação a **cave**, do verbo **cavar**. Sempre que duas letras representam um único fonema, ocorre um **dígrafo**.

2 Leia o trecho de uma carta.

Rio, mês de março.

Clara, amiga...

Não é milagre. Decidi escrever pra você só por um motivo: é que hoje não fui à aula, teve greve de ônibus e fiquei por aqui mesmo, olhando para as paredes e ouvindo as reclamações da minha mãe por causa da bagunça que eu faço sempre que estou em casa. Tenho um monte de coisas pra fazer e nenhuma vontade de nada. Tudo o que eu havia planejado foi por água abaixo: encontrar o Dani depois da aula, capoeira, ginástica etc. etc. etc.

[...]

E você? Finalmente pergunto por você! Como vai aí no mato?

Francamente! Não sei como você aguenta. Já ficou com aquele garoto da última carta? Tem algum gatinho na tua turma? Pô! Escreve pra mim! Olha, eu amo receber cartas e ninguém me escreve...

Suzana Vargas, publicada no livro *Porta a porta*, de Roseana Murray e Suzana Vargas. São Paulo: Saraiva. p. 4-7.

a) A carta é escrita em que registro: formal ou informal? Justifique sua resposta considerando a situação de comunicação.

b) O que significa a expressão "foi por água abaixo"?

c) Por que os planos da menina foram por água abaixo?

d) Pronuncie em voz alta as palavras: **água**, **aguenta** e **ninguém**. Em qual delas ocorre um dígrafo, isto é, duas letras representam um só fonema? Destaque o dígrafo.

e) Repare: **água**, **guarda**, **guaraná**. Nesses casos, o **u** é pronunciado. Qual seria a regra para a pronúncia do **u**?

f) Observe agora: **ninguém**, **águia**, **guerra**, **guitarra**. Ocorre dígrafo nessas palavras? Por quê?

g) Compare **ninguém** e **aguenta**. Nessas duas palavras ocorre a mesma sequência de letras: g-u--e. Nesses casos, é nossa experiência de falantes da língua portuguesa que nos mostra como pronunciá-las. Explique a afirmativa.

> **Gu** e **qu** formam dígrafos quando as duas letras são pronunciadas como um só fonema quando seguidas de **e** ou **i**. É o caso de **guerra**, **guindaste**, **querida**, **quieto**.
>
> Nas sequências **gua** e **qua**, como em **guarda** e **quando**, não existe dígrafo, mas ditongo, já que as duas vogais são pronunciadas. O mesmo ocorre nas sequências **guo** e **quo**: **ambíguo**, **oblíquo**.
>
> No caso da sequência **gue** e **gui**, em geral, temos dígrafos, mas poderá haver ditongo, como em **aguentar** e **pinguim**. Nossa experiência de falantes nos dirá se temos um dígrafo ou um ditongo.

3 De acordo com o que você aprendeu sobre dígrafo, como analisa as letras repetidas em **terra** e **travessia**?

4 Leia em voz alta mais um fragmento do livro *Na minha pele* e considere as palavras destacadas.

Entre os dois pontos da **travessia** se gastam uns quarenta **minutos**. **Essa carona carrega**, na verdade, um misto de **generosidade** e curiosidade. Num lugar **daquele tamanho**, qualquer visita vira assunto [...].

a) Copie o quadro a seguir no caderno e preencha-o adequadamente com as palavras destacadas.

Palavras com o mesmo número de letras e fonemas	Palavras em que há diferença entre o número de letras e o de fonemas

b) Nas palavras da coluna da direita, que letras representam um único fonema?

c) Destaque a palavra da coluna da direita em que há um encontro consonantal, ou seja, em que as duas consoantes são pronunciadas.

5 Em voz alta, pronuncie os dois grupos de palavras a seguir.

> GRUPO 1: tórax, exame, enxugar, próximo, externo

> GRUPO 2: assar, azar, achar, espelho

a) No grupo 1, a letra **x** representa o mesmo som em todas as palavras?

b) Em que palavra do grupo 1 a letra **x** representa o mesmo som que as letras destacadas em:
- a**ss**ar?
- a**z**ar?
- e**s**pelho?
- a**ch**ar?

c) Em que palavra do grupo 1 a letra **x** representa mais de um fonema?

6 Entre as afirmativas seguintes, indique as verdadeiras para resumir o que aprendeu sobre a relação entre letras e fonemas.
- Uma letra pode representar fonemas diferentes.
- Um fonema pode ser representado, na escrita, por letras diferentes.
- O número de letras e fonemas de uma palavra é sempre o mesmo.
- Nas sequências **gue**, **gui**, **que** e **qui**, o conjunto **gu** forma sempre dígrafo.
- Encontro consonantal é o encontro de duas consoantes na mesma sílaba ou em sílabas diferentes.
- Ditongos e tritongos são tipos de encontros vocálicos.
- Ocorre um hiato quando duas vogais que estão juntas na palavra formam sílabas diferentes.

7 Que tal praticar mais um pouco? Depois de o professor corrigir as atividades, forme grupo com os colegas. Vocês deverão criar listas de palavras para exemplificar cada afirmativa verdadeira da atividade anterior.

CAPÍTULO 2

  Antes da leitura

Bartolomeu Campos de Queirós nasceu em 1944, em Minas Gerais, e passou sua infância na pequena cidade de Papagaio, onde viveu experiências que depois incorporou em seus livros de caráter autobiográfico. Ele escreveu mais de 40 obras, entre romances, novelas, poemas e livros didáticos. Foi traduzido em diversas línguas e recebeu inúmeros prêmios por sua atuação como escritor e também como educador. Bartolomeu Campos de Queirós morreu em 2012, na cidade de Belo Horizonte.

Bartolomeu Campos de Queirós, 2007.

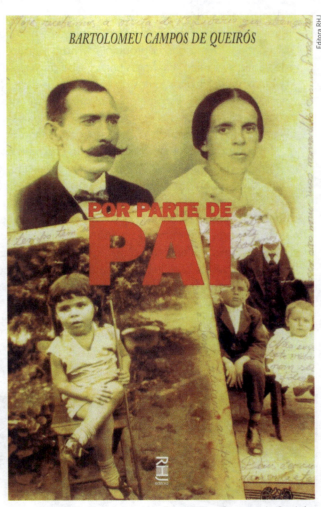
Capa do livro *Por parte de pai*, de Bartolomeu Campos de Queirós (RHJ, 1995).

O texto que você lerá a seguir foi publicado no livro *Por parte de pai*, do escritor mineiro Bartolomeu Campos de Queirós. Antes de lê-lo, observe a capa do livro.

1. Na capa foi feita uma montagem de fotografias. Em sua opinião, que fotografias são essas? Relacione-as ao título do livro.

2. Qual é a cor predominante na capa? O que ela indica?

3. Na capa do livro, aparecem anotações que se sobrepõem às imagens. Em sua opinião, o que elas representam?

4. Discuta com os colegas, com base nos elementos dessa capa, o tema de que deverá tratar o texto a seguir.

Por parte de pai

Debruçado na janela meu avô **espreitava** a Rua da Paciência, inclinada e estreita. Nascia lá em cima, entre casas miúdas e se **espichava** preguiçosa, morro abaixo. Morria depois da curva, num largo com sapataria, armazém, armarinho, farmácia, igreja, tudo perto da escola Maria Tangará, no Alto de São Francisco. Não me lembro onde ficava a casa paroquial e vivia o vigário vestido com batina preta e sapato de verniz e elástico. Em horas certas, operários desciam e subiam a Paciência. Eles se revezavam nos muitos turnos da fábrica de tecidos. Meus avós trabalharam nela, sem muitos embaraços. Escolheram o mesmo horário para dormir e acordar juntos, contavam. Isso foi antes, quando criavam os filhos presos em caixotes, para dar sossego à minha avó nos deveres da cozinha e na lida da casa. Um menino do grupo dizia que educação vinha do berço e eu me sentia mal-educado. [...]

Todo acontecimento da cidade, da casa, da casa do vizinho, meu avô escrevia nas paredes. Quem casou, morreu, fugiu, caiu, matou, traiu, comprou, juntou, chegou, partiu. Coisas simples como a agulha perdida no buraco do assoalho, ele escrevia. A história do açúcar sumido durante a guerra, estava anotado. Eu não sabia por que os soldados tinham tanta coisa a adoçar. Também desenhava tesouras desaparecidas, serrotes sem dentes, facas perdidas. E a casa, de corredor comprido, ia ficando bordada, estampada de cima a baixo. As paredes eram o caderno do meu avô. Cada quarto, cada sala, cada cômodo, uma página. Ele subia em cadeira, trepava em escada, ajoelhava na mesa. Para cada notícia escolhia um canto. Conversa mais indecente, ele escrevia bem no alto. Era preciso ser grande para ler, ou aproveitar quando não tinha ninguém em casa. Caso de visitas, ele anotava o dia, a hora, o assunto ou a falta de assunto. Nada ficava no esquecimento, em vaga lembrança: "A Alice nos visitou às 14 horas do dia 3 de outubro de 1949 e trouxe recomendações da irmã Júlia e do filho Zé Maria, lá de Brumado". [...]

Enquanto ele escrevia, eu inventava histórias sobre cada pedaço da parede. A casa do meu avô foi o meu primeiro livro.

Bartolomeu Campos de Queirós. *Por parte de pai*. Belo Horizonte: RHJ, 1995. p. 7-8 e 10-12.

> **Glossário**
> **Espichar:** esticar, estender, alongar.
> **Espreitar:** observar, espiar.

Sobrado Maria Tangará, em Pitangui (MG), cidade do avô paterno de Bartolomeu Campos de Queirós. Fotografia de 2007.

Estudo do texto

1. Observe o título do texto e responda às questões.

   Por parte de pai

   a) Você já ouviu essa expressão?

   b) A expressão "por parte de" significa "partindo de", "vindo de". Com base nessa informação, explique o título do livro.

   c) Na continuação da narrativa, o autor contará que tem medo de descobrir que seu pai não é, de fato, seu pai, mas o medo dele não se resume apenas a perder o pai.
   Leia:

   > [...] Meu avô pregava todas as palavras na parede, com lápis quadrado de carpinteiro, sem separar as mentiras das verdades. Tudo era possível para ele e suas letras. Não ser filho do meu pai era perder meu avô. O pesar estava aí. E se isso estivesse no teto, em alguma parte bem alta da casa onde eu só pudesse ler depois de grande?

   Bartolomeu Campos de Queirós. *Por parte de pai*. Belo Horizonte: RHJ, 1995. p. 18-19.

   - O substantivo **pesar**, no contexto, quer dizer "tristeza", "mágoa", "desgosto". Qual era o grande pesar do menino?

   d) Considerando a passagem transcrita no item **c** e o título da obra, descubra o que é revelado sobre o parentesco entre o autor e o avô dele.

2. Releia o sentido da palavra **espreitar** no glossário e explique a ação do avô no trecho: "Debruçado na janela meu avô espreitava a Rua da Paciência".

3. Releia a descrição da Rua da Paciência.

   > [...] Nascia lá em cima, entre casas miúdas e se espichava preguiçosa, morro abaixo. Morria depois da curva, num largo com sapataria, armazém, armarinho, farmácia, igreja, tudo perto da escola Maria Tangará, no Alto de São Francisco. [...]

   a) Que expressões indicam o lugar em que a rua iniciava e terminava?

   b) Nos textos, as palavras podem ganhar um sentido novo, incomum, fora do habitualmente usado. Que palavras, nas expressões que designam o início e o fim da rua, foram usadas num sentido novo, incomum? Explique.

   c) Veja os significados que o *Dicionário Houaiss* traz para a palavra **preguiça**.

   > ▶ **preguiça** *substantivo feminino*
   >
   > 1. aversão ao trabalho; ócio, vadiagem [...]
   >
   > 2. estado de prostração e moleza, de causa orgânica ou psíquica [...]
   >
   > 3. falta de pressa ou de empenho; morosidade, lentidão [...]

   Dicionário Houaiss da língua portuguesa. Rio de Janeiro: Objetiva, 2009. Versão eletrônica.

   Em sua opinião, o que significa dizer que a rua "se espichava preguiçosa"? Se precisar, retorne ao glossário do texto para retomar o significado de **espichar**.

25

> Se vamos à loja de flores e pedimos uma flor, usamos a palavra em seu sentido habitual, **denotativo**. No entanto, se chamamos uma pessoa de "minha flor", a palavra ganha um novo sentido, um sentido **conotativo**.
>
> Alguns textos, sobretudo os literários, atribuem novos sentidos às palavras. A linguagem literária surpreende, diferencia-se da linguagem do dia a dia. Para isso, prefere a **conotação**, o uso figurado e inovador das palavras, à **denotação**, seu uso habitual e comum.

d) As palavras **nascia**, **morria** e **preguiçosa** foram usadas em seu sentido denotativo ou conotativo? Por quê?

4 Observe a passagem: "Não me lembro onde ficava a casa paroquial e vivia o vigário vestido com batina preta e sapato de verniz e elástico".

a) Que expressão indica que o autor esqueceu alguns detalhes de suas recordações?

b) Do que ele se esqueceu?

c) Que detalhes ele conserva na memória?

d) Em sua opinião, as memórias narradas são recentes ou antigas? Por quê?

5 No trecho: "Quem casou, morreu, fugiu, caiu, matou, traiu, comprou, juntou, chegou, partiu", o autor enumera várias ações anotadas pelo avô.

a) Que sentido essa enumeração cria? O que o leitor pode supor a respeito das anotações do avô?

b) Por que o avô anotava todos os acontecimentos nas paredes de casa?

6 Releia o trecho a seguir.

> [...] Isso foi antes, quando criavam os filhos presos em caixotes, para dar sossego à minha avó nos deveres da cozinha e na lida da casa. [...]

O modo de educar os filhos e cuidar das crianças muda com o tempo, de acordo com a visão que a sociedade tem da infância, a cultura de um país, as condições de vida das pessoas. Compare o que aparece no texto com o modo pelo qual você e os colegas são criados. Há semelhanças? Há diferenças? O que essas semelhanças e diferenças revelam sobre a cultura do local em que você e os colegas vivem?

7 Em: "Enquanto ele escrevia, eu inventava histórias sobre cada pedaço da parede".

a) Identifique as personagens a que se referem os pronomes **eu** e **ele**.

b) Qual era a atitude do autor diante das anotações?

8 O autor do romance *Dois irmãos*, o escritor amazonense Milton Hatoum, afirma:

> [...] a memória inventa, mesmo quando quer ser fiel ao passado.
>
> Milton Hatoum. *Dois irmãos*. São Paulo: Companhia das Letras, 2000. p. 90.

a) Você concorda com a afirmação dele? Acha que, quando uma pessoa conta as próprias histórias, mistura realidade e imaginação?

b) Em sua opinião, o autor do texto do Capítulo 2 também inventa partes de sua história? Justifique sua resposta.

9 Antes da leitura, você formulou hipóteses sobre a história a ser contada no livro de Bartolomeu Campos de Queirós. Elas se confirmaram? Por quê?

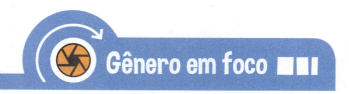

Autobiografia

1 Compare os trechos destacados.

I. "Minha história começa numa ilha com pouco mais de duzentos habitantes, na Baía de Todos os Santos. [...]" (Texto do Capítulo 1)

II. "[...] Não me lembro onde ficava a casa paroquial e vivia o vigário vestido com batina preta e sapato de verniz e elástico. [...]" (Texto do Capítulo 2)

Ilustrações: Isabela Santos

a) Que pessoa do discurso é usada nos dois trechos? Destaque palavras que justifiquem sua resposta.

b) O modo de narrar causa determinados efeitos de sentido. Dizemos "efeitos" porque não existe um sentido único, fixo, mas efeitos criados pelo diálogo entre autor e leitor. Anote os itens que indicam alguns dos efeitos de sentido criados nos dois textos.
- Efeito de verdade, de que o que se conta aconteceu de fato.
- Efeito de subjetividade, porque o sujeito que escreve conta suas memórias de acordo com o próprio ponto de vista, sua maneira própria de pensar.
- Efeito de objetividade, porque o ponto de vista dos trechos é imparcial, não se submete a um sujeito particular.
- Efeito de mentira e ilusão, porque se percebe logo que ambas as narrativas inventam tudo sobre o passado dos narradores.

2 Leia este fragmento e faça o que se pede.

[...] As paredes eram o caderno do meu avô. Cada quarto, cada sala, cada cômodo, uma página. [...]

a) Que palavras se relacionam com a atividade da escrita?

b) Que palavras nomeiam partes de uma casa?

c) Ao relacionar a atividade da escrita às partes da casa, o autor revela algo de especial na maneira de escrever do avô. Explique.

Na vida em sociedade, a comunicação é feita por meio de textos variados. Conversa, notícia, conto, bilhete, entrevista, postagem nas redes sociais, receitas são exemplos de texto. Os textos agrupam-se em **gêneros textuais** de acordo com suas características e finalidade. Uma notícia, por exemplo, circula na esfera pública, ou seja, circula para todos, em jornais, revistas e *sites*, com o objetivo geral de informar. Já um bilhete circula na esfera cotidiana com o propósito de fazer um pedido, dar um aviso. Alguns gêneros usam a modalidade escrita da língua, como uma receita, uma bula de remédio; outros são próprios da modalidade oral, como um seminário, uma palestra. Há gêneros que podem ocorrer nas duas modalidades, como a entrevista.

27

3 O relato da vida de alguém é chamado de biografia. **Bio** quer dizer "vida" e **grafia** significa "escrita". Na abertura desta unidade, você discutiu a ideia de que uma *selfie* é um autorretrato. Associe essas informações e responda: O que é uma autobiografia? Justifique sua resposta com base em cada elemento formador da palavra.

4 Releia o trecho final do texto do Capítulo 2.

> Enquanto ele escrevia, eu inventava histórias sobre cada pedaço da parede. A casa do meu avô foi o meu primeiro livro.

a) Que sentimentos transparecem no modo como o autor fala sobre o que viveu na casa dos avós?

b) A casa do avô é comparada a quê?

c) A figura do avô é importante para o autor. E para você? Que figura importante em sua vida certamente apareceria em sua autobiografia?

5 Além de falar das pessoas que o cercavam, que outros assuntos o autor da autobiografia comenta?

6 Releia o início do texto do Capítulo 2.

> Debruçado na janela meu avô espreitava a Rua da Paciência, inclinada e estreita. Nascia lá em cima, entre casas miúdas e se espichava preguiçosa, morro abaixo. Morria depois da curva, num largo com sapataria, armazém, armarinho, farmácia, igreja, tudo perto da escola Maria Tangará, no Alto de São Francisco. [...]

a) Por meio desse trecho, o autor caracteriza o avô e o lugar em que vivia. O que você pode dizer sobre a personalidade do avô? E sobre o lugar em que vivia? Justifique suas respostas.

b) Nesse trecho, o autor mostra um estado permanente da Rua da Paciência, descreve como ela era no passado a que se refere. Destaque os verbos que descrevem a rua.

c) Quais os elementos enumerados pelo narrador para descrever o largo onde a rua terminava?

7 Compare o trecho analisado acima com este, que vem logo em seguida ao trecho lido no texto do Capítulo 2.

> Enquanto ele escrevia, eu inventava histórias sobre cada pedaço da parede. A casa do meu avô foi meu primeiro livro. Até história de assombração tinha. Era de Maria Turum, preta que foi escrava, não sei se veio de navio negreiro, e ajudou a criar os filhos. Antes de morta, já tinha bicho no corpo de tanto ficar na cama, fraca, inválida, velha. Eu olhava para ela e pensava que viver era encolher, diminuir, subtrair. Cada dia ela ficava menor. Sua alma costumava passear no terreiro em noites de sextas-feiras, assustando cachorros, gatos, galinhas. Andava também pelo corredor da casa, rangendo as tábuas do assoalho, implorando missa.
>
> Bartolomeu Campos de Queirós. *Por parte de pai*. Belo Horizonte: RHJ, 1995. p.12-13.

a) Nesse trecho, há uma história sendo contada. Sobre quem o autor fala?

b) O autor rememora o passado dessa personagem, dizendo como provavelmente chegou ao Brasil, qual era sua condição e o que fazia na casa do avô. Localize essas informações no fragmento e copie-as no caderno.

c) Dê uma ordem aos fatos narrados em relação à personagem. Diga o que aconteceu enquanto ela viveu na casa, antes e depois de sua morte.

> Numa autobiografia, usam-se **sequências descritivas**, que apresentam personagens e ambientes, e **sequências narrativas**, que encadeiam as ações no tempo, mostrando a sucessão dos acontecimentos e as transformações ocorridas.

8 Leia a seguir trechos do livro *Infância*, do escritor alagoano Graciliano Ramos (1892-1953). Nessa autobiografia, o autor percorre um período que vai de seus 2 anos de idade até a puberdade.

I. "[...] Meu pai e minha mãe conservavam-se grandes, **temerosos**, incógnitos. Revejo pedaços deles, rugas, olhos raivosos, bocas irritadas e sem lábios, mãos grossas e calosas, finas e leves, transparentes. [...]"

Graciliano Ramos. *Infância*. São Paulo: Record, 1995. p. 11.

II. "Mergulhei numa comprida manhã de inverno. O açude **apojado**, a roça verde, amarela e vermelha, os caminhos estreitos mudados em riachos, ficaram-me na alma. Depois veio a seca. Árvores pelaram-se, bichos morreram, o sol cresceu, bebeu as águas, e ventos mornos espalharam na terra queimada uma poeira cinzenta. [...]"

Graciliano Ramos. *Infância*. São Paulo: Record, 1995. p. 17.

III. "A nossa casa era na Rua da Palha, junto à de d. Clara, pessoa grave que tinha diversos filhos, um gato, marido invisível. Uma parenta dela, irmã ou sobrinha, dessas criaturas que não pedem, não falam, não desejam, aparecem quando são úteis e logo se somem, fogem aos agradecimentos, familiarizou-se conosco, tomou conta dos arranjos da instalação. Espanou, esfregou, arrumou as cadeiras pretas, os armários, os baús cobertos de **sola**, enfeitados de **brochas**. Findos os trabalhos, ausentou-se. Até o nome dela se perdeu. [...]"

Graciliano Ramos. *Infância*. São Paulo: Record, 1995. p. 53.

Glossário

Apojado: cheio.
Brocha: correia de couro usada no pescoço do boi.
Sola: couro curtido do boi.
Temeroso: assustado, amedrontado.

a) No fragmento I, a descrição dos pais indica que tipo de sentimento do narrador em relação a eles?

b) No fragmento II, por meio da descrição do ambiente, o narrador mostra uma transformação. Explique qual foi ela.

c) Para marcar a mudança, o narrador, no fragmento II, usa um marcador temporal, uma palavra que indica o momento do tempo a partir do qual houve a transformação. Localize esse marcador.

d) No fragmento III, destaque a sequência narrativa que mostra tudo o que a parenta da vizinha fez pela família.

e) Que transformação é narrada no fragmento III por meio das ações da parenta da vizinha?

9 Após ter lido e analisado narrativas autobiográficas, responda às questões a seguir, sobre as características gerais do gênero.

a) Que assuntos são tratados nas autobiografias?

b) Como se caracteriza, quanto à pessoa verbal, a escrita da autobiografia? Que efeitos isso produz?

c) Por que a autobiografia mescla sequências descritivas e narrativas?

d) Os fatos relatados em uma autobiografia são reais ou inventados pelo autor?

Entonação e pontuação

1 Leia um trecho do livro *Se a memória não me falha*, de Sylvia Orthof, em que a autora recria, em escrita autobiográfica, um episódio ocorrido na escola que frequentava quando menina.

> [...]
> Dona Sylvia não adoecia. Tinha a mania odiosa de, no meio da aula, de repente, me descobrir, sumida, lá na última carteira... e dizer, com voz meio cantada:
> – Minha xará... ao quadro! (Eu sentava na última carteira, na aula de Matemática.)
> Lá ia eu, tremendo. E começava o desespero: se um trem a tantos quilômetros vai de *A* a *B*, e outro, com velocidade de *xyz*, trafega de *B* a *A*, em qual ponto da reta eles se encontrarão?
> [...]
>
> Sylvia Orthof. *Se a memória não me falha*. Rio de Janeiro: Nova Fronteira, 1987. p. 53.

a) Para dar mais vivacidade à narrativa, a narradora transcreve a fala direta da professora. Explique como isso é feito.

b) Que sinal de pontuação foi usado na fala da professora? O que essa pontuação indica?

c) A aula era de que matéria?

d) Que sinal de pontuação foi usado na pergunta feita pela professora?

> Em situações de fala, seguimos certo ritmo e melodia que fazem com que uma pergunta seja diferente de uma afirmação ou de uma negativa, por exemplo. O ritmo e a melodia próprios a cada frase caracterizam sua **entonação**.
> Uma frase é um enunciado com sentido completo e ritmo próprio, marcado pela entonação, na modalidade **oral**, e pela **pontuação**, na modalidade **escrita** da língua.

2 Imagine que você é a aluna Sylvia e foi chamada pela professora à lousa para resolver um problema. Elabore frases para dizer à professora:

a) que você não sabe a resposta do problema;

b) que você sabe a resposta na ponta da língua e está contente por isso;

c) que você tem uma dúvida naquele problema. Formule uma pergunta sobre sua dúvida.

Se a memória não me falha,
de Sylvia Orthof (Nova Fronteira).

O livro autobiográfico da escritora carioca Sylvia Orthof (1932-1997) tem jeito de ficção. Na narrativa, são rememorados bailes da escola, o primeiro beijo, sustos e emoções, histórias familiares e conversas entre amigos. Tudo isso vem contado com muito humor e vivacidade. Não deixe de ler.

3. Leia a tira da personagem Caramelo, de *Bichinhos de jardim*, da cartunista Clara Gomes.

Clara Gomes. Novos hábitos. *Bichinhos de jardim*: histórias mequetrefes, 11 jan. 2017.
Disponível em: <http://bichinhosdejardim.com/novos-habitos>. Acesso em: 29 mar. 2018.

a) Que história a tira narra?
b) Em apenas um dos quadros há um balão de fala. Que tipo de frase foi usado?
c) Que sentimentos da personagem as frases indicam?

4. Observe este cartaz de filme.
a) Qual é a função comunicativa do cartaz de um filme? O que ele pretende?
b) O nome do filme é uma pergunta. Como sabemos disso?
c) Que frases do cartaz fazem um apelo ao público expressando a qualidade do filme?
d) Ao ver esse cartaz, você tem vontade de assistir ao filme? Por quê?

Cartaz do filme *Que horas ela volta?*, de Anna Muylaert (2015).

5. No livro *O sofá estampado*, de Lygia Bojunga, a escritora conta a história de Vítor, um tatu muito quieto, que se apaixonou pela gata Dalva, mas não tinha coragem de contar a ela o que sentia. Depois de muitas dúvidas e hesitações, Vítor resolve confessar seu amor a Dalva. Leia este trecho da narrativa.

> Aí o Vítor não aguentou mais: se agarrou no telefone e desabafou:
> – Dalva, eu quero te namorar!
> – Tá.
> O Vítor nem acreditou:
> – Tá??
> – Tá, ué.
> – Então eu vou aí te visitar! – e saiu voando.
>
> Lygia Bojunga. *O sofá estampado*. Rio de Janeiro: José Olympio, 1998. p. 95.

a) Vítor esperava a resposta de Dalva? Como o leitor pode saber disso?

b) A resposta de Dalva ("Tá.") demonstra entusiasmo, indiferença ou que outro sentimento?

c) Transforme a resposta de Dalva usando outro sinal de pontuação e explique que novo efeito ele causou na frase.

6. Leia a tira a seguir e reescreva os diálogos no caderno com a pontuação que considerar adequada.

Mauricio de Sousa. Tira Turma da Mônica nº 8580 publicada no expediente da revista *Saiba Mais, Profissões*, nº 56, Editora Panini.

Os tipos de frase podem estar associados a sinais de pontuação:

Sinal de pontuação	Tipo de frase
ponto final	frase declarativa
ponto de exclamação	frase exclamativa, imperativa ou apelativa
ponto de interrogação	frase interrogativa

Usamos ponto final para fazer uma declaração, negativa ou afirmativa.
O ponto de exclamação é empregado em frases que expressam ordem, admiração ou alegria.
O ponto de interrogação serve para indicar perguntas.

Ampliar

O sofá estampado, de Lygia Bojunga (Casa Lygia Bojunga).

O sofá estampado é um dos livros mais conhecidos de Lygia Bojunga. No *site* da editora você pode encontrar alguns dados biográficos dessa grande escritora brasileira e um resumo de seus livros. Não deixe de conhecer a obra de Lygia!

Acesse: ‹www.casalygiabojunga.com.br/pt/obras.html›. Acesso em: 6 jun. 2018.

Relato de experiência pessoal

Nesta unidade, você leu vários trechos autobiográficos, em que os autores relatam experiências da própria vida. Para isso, eles usaram sequências descritivas e narrativas e ativaram a memória com a finalidade de relembrar acontecimentos, pessoas e situações vividas.

Você fará agora um relato de experiência pessoal, oralmente. Preste atenção às etapas da atividade.

Preparação

1. Busque na memória alguma experiência importante que tenha vivido, um acontecimento que tenha marcado sua vida e mudado alguma coisa em você. Pode ser um banho de mar, uma festa de aniversário, um encontro com amigos, uma viagem...
2. Registre no caderno fatos, nomes, lugares, frases sobre o acontecimento.
3. Com base nas notas, escreva um roteiro de seu relato. Do que você vai falar primeiro? Do lugar em que tudo ocorreu? Das pessoas que estavam lá? Ou vai começar com um choque, contando logo o que ocorreu, e depois explicará como tudo aconteceu?
4. Pense no que viveu, recupere suas emoções. Você sentiu medo? Alegria? Assustou-se?
5. Você deverá falar em 1ª pessoa ao expressar suas emoções.
6. O roteiro que você elaborou deve servir de base a seu relato; portanto, reveja-o de vez em quando para não se perder. No entanto, a atividade é oral e você deve ser espontâneo, natural, para que sua fala tenha vivacidade e desperte o interesse dos ouvintes.
7. Pense um pouco na linguagem que utilizará. Você não está numa conversa pessoal, familiar, mas na sala de aula, em uma situação pública. Seja informal, mas cuide da linguagem.

Realização

8. Conte sua experiência prestando atenção ao encadeamento dos fatos, às ligações entre as partes do relato. Os colegas precisam entender sua história.
9. Mantenha sua voz em volume nem muito baixo nem muito alto. Retome os conhecimentos sobre entonação aprendidos na seção **Língua em foco**. Regule a entonação de acordo com a emoção que deseja transmitir ao auditório.
10. Quando o colega estiver fazendo o relato dele, ouça-o com atenção e silêncio.
11. Ao final da atividade, procure os colegas cujo relato tenha impressionado você. Manifeste seu interesse, faça perguntas, comente. Todo mundo gosta de saber se o que fala interessa ao outro.

Autoavaliação

12. Após sua apresentação, faça uma autoavaliação:
    - Você conseguiu contar tudo o que havia planejado?
    - A organização do relato foi adequada para que os ouvintes acompanhassem a história?
    - As sequências descritivas apresentaram o ambiente e as pessoas envolvidas em sua lembrança?
    - As sequências narrativas foram bem encadeadas, de modo a tornar o relato compreensível?
    - Você prestou atenção à reação dos colegas a seu relato? O que pôde perceber?
    - Como lidou com a emoção vivida ao contar o fato?
    - Você percebeu como fez a entonação, se a usou de forma adequada?
    - O que você precisa aperfeiçoar para a próxima vez?

33

Oficina de produção

Autobiografia

Você escreverá agora um trecho de sua autobiografia. Lembra-se de algumas das características principais do gênero? Vamos fazer um bate-bola, ou seja, uma seção de perguntas e respostas rápidas? Sobre autobiografia:
- Em que pessoa se escreve? O que relata?
- Que sequências aparecem nela?
- Que sequências encadeiam os fatos em sucessão?

Você já pode começar!

Preparação

Resgate suas memórias

1. Onde você nasceu? Em uma maternidade? Em casa? Em algum outro lugar? Em qual cidade e estado? É a mesma cidade em que você vive hoje? Do que você gosta nessa cidade? Se nasceu em outro lugar, você é capaz de descrever esse lugar? Você já esteve lá outras vezes?
2. Escreva um pequeno parágrafo no caderno, como o modelo do texto a seguir, completando-o com seus dados.

> Minha história começa no(a) ★, localizado(a) na cidade de ★, no bairro de ★, perto de ★. Nasci no dia ★, às ★. Lá estavam ★. Todos se sentiam ★ e ficaram ★ com a minha chegada.

Planejamento

3. Para escrever sobre os primeiros anos de sua vida, registre no caderno as seguintes informações:
   - Onde e quando sua vida começou?
   - Que pessoas foram marcantes em seus primeiros anos?
   - Como você se sentiu durante esses primeiros anos?
   - Que lembrança em especial você gostaria de resgatar?
   - Você vai escrever um texto mais factual, como Lázaro Ramos, ou mais literário, como Bartolomeu Campos de Queirós?
4. Organize as informações registradas.

Escrita

5. Redija um texto autobiográfico, destinado a ser lido pelos colegas de turma. Você pode também mostrá-lo a seus familiares e amigos. Cuide da linguagem, pense na pontuação mais adequada, empregue a 1ª pessoa. Você pode usar o roteiro a seguir.
   - No primeiro parágrafo, escreva como tudo começou. Se quiser, inicie o texto com o parágrafo desenvolvido no item **Resgate suas memórias**.

- No segundo parágrafo, fale um pouco de sua família: seus pais, avós, irmãos, primos. Nesse momento, você deverá usar as sequências descritivas para caracterizar, descrever os parentes. Eles ainda vivem com você? O que você sente por eles?
- No terceiro parágrafo, escolha um acontecimento marcante do passado. É hora de relatar, com sequências narrativas, um fato que ocorreu. Quando aconteceu? Quem estava com você? Onde aconteceu? O que você sentiu na época? Você pode começar esse parágrafo assim: "Quando eu tinha X anos, um acontecimento extraordinário marcou minha vida para sempre...".
- No quarto parágrafo, comente o que você narrou e conclua o texto. Como se sente hoje em relação ao que aconteceu no passado?

Revisão

6. Releia o texto quantas vezes for necessário.
   - Verifique se a linguagem está adequada, se você cuidou bem da ortografia e da pontuação.
   - Confira a escolha das palavras, amplie seu vocabulário. Consulte o dicionário para escolher sinônimos e não repetir palavras. Se quiser fazer uma narrativa literária, dê sentido conotativo a palavras e expressões.
   - Observe os marcadores temporais. Estão adequados? Determinaram com clareza o tempo e a sequência dos acontecimentos?
   - Que efeitos de sentido você criou? Verdade? Subjetividade? Humor? Suspense?
7. Antes de considerar seu texto pronto, releia-o, refaça-o, elimine o que for desnecessário, deixe claro o que estiver confuso. Passe-o a limpo quando considerar que chegou à versão final e lhe dê um título que desperte a curiosidade e o interesse dos leitores.
8. Troque de texto com um colega. Você avaliará o texto dele, e ele, o seu. Leia o texto dele com atenção e interesse. Verifique os pontos a seguir:
   - O texto está escrito em 1ª pessoa?
   - Há sequências descritivas e narrativas?
   - O encadeamento das ideias está bem feito? Foram usados marcadores temporais?
   - Há repetição desnecessária de palavras? Se houver, sugira mudanças.
   - A pontuação foi usada adequadamente?
   - O título é apropriado? Criativo?

   Após analisar o texto do colega, converse com ele. Exponha suas críticas respeitosamente e ouça as dele. As críticas são uma maneira de ampliar a aprendizagem em conjunto.
9. Se necessário, refaça seu texto e passe-o a limpo com letra bem legível para que todas as pessoas interessadas em ler sua narrativa possam compreendê-la.
10. Após a correção do professor, reveja as anotações e, se preciso, reescreva o texto mais uma vez. Para aperfeiçoar a escrita, é importante reescrever muitas vezes.

Quem sabe você dará início, com esse texto autobiográfico, à sua carreira de escritor ou escritora? Que tal fazer um *blog* da turma e publicar as autobiografias produzidas? Discuta com o professor e os colegas essa possibilidade.

Guarde seu texto em uma pasta ou digite-o e crie um arquivo de textos. Com certeza, no futuro, você gostará de reler a autobiografia que escreveu na escola.

Retomar

Você conhece o escritor português José Saramago (1922-2010)? Ele é o único escritor de língua portuguesa que ganhou o Prêmio Nobel de Literatura, maior honraria literária do mundo. Leia um trecho da autobiografia dele, escrita na variante do português de Portugal, para responder às questões.

---

www.josesaramago.org/autobiografia-de-jose-saramago

Autobiografia de José Saramago

Nasci numa família de camponeses sem terra, em Azinhaga, uma pequena povoação situada na província do Ribatejo, na margem direita do Rio Almonda, a uns cem quilómetros a nordeste de Lisboa. Meus pais chamavam-se José de Sousa e Maria da Piedade. José de Sousa teria sido também o meu nome se o funcionário do Registo Civil, por sua própria iniciativa, não lhe tivesse acrescentado a **alcunha** por que a família de meu pai era conhecida na aldeia: Saramago. (Cabe esclarecer que *saramago* é uma planta **herbácea** espontânea, cujas folhas, naqueles tempos, em épocas de carência, serviam como alimento na cozinha dos pobres.) Só aos sete anos, quando tive de apresentar na escola primária um documento de identificação, é que se veio a saber que o meu nome completo era José de Sousa Saramago... Não foi este, porém, o único problema de identidade com que fui **fadado** no berço. Embora tivesse vindo ao mundo no dia 16 de novembro de 1922, os meus documentos oficiais referem que nasci dois dias depois, a 18 [...].

José Saramago, França, 1988.

Fui bom aluno na escola primária: na segunda classe já escrevia sem erros de ortografia, e a terceira e quarta classes foram feitas em um só ano. Transitei depois para o **liceu**, onde permaneci dois anos, com notas excelentes no primeiro, bastante menos boas no segundo, mas estimado por colegas e professores, ao ponto de ser eleito (tinha então 12 anos...) **tesoureiro** da associação académica... Entretanto, meus pais haviam chegado à conclusão de que, por falta de meios, não poderiam continuar a manter-me no liceu. A única alternativa que se apresentava seria entrar para uma escola de ensino profissional, e assim se fez: durante cinco anos aprendi o ofício de serralheiro mecânico. O mais surpreendente era que o plano de estudos da escola, naquele tempo, embora obviamente orientado para formações profissionais técnicas, incluía, além do Francês, uma disciplina de Literatura. Como não tinha livros em casa (livros meus, comprados por mim, ainda que com dinheiro emprestado por um amigo, só os pude ter aos 19 anos), foram os livros escolares de Português, pelo seu carácter "**antológico**", que me abriram as portas para a **fruição** literária: ainda hoje posso recitar poesias aprendidas naquela época distante. Terminado o curso, trabalhei durante cerca de dois anos como serralheiro mecânico numa oficina de reparação de automóveis. Também por essas alturas tinha começado a frequentar, nos períodos nocturnos de funcionamento, uma biblioteca pública de Lisboa. E foi aí, sem ajudas nem conselhos, apenas guiado pela curiosidade e pela vontade de aprender, que o meu gosto pela leitura se desenvolveu e apurou.

[...]

José Saramago. *Autobiografia de José Saramago*. Fundação José Saramago. Disponível em: <www.josesaramago.org/autobiografia-de-jose-saramago>. Acesso em: 29 mar. 2018.

Glossário

Alcunha: apelido, nome não oficial criado para identificar alguém com base em uma característica específica dessa pessoa.
Antológico: algo notável, exemplar, que merece ser lembrado; pertencente a uma antologia ou coletânea de textos.
Fadado: destinado (a algo).
Fruição: prazer.
Herbáceo: relativo ou semelhante a erva.
Liceu: estabelecimento em que antigamente era ministrado o Fundamental II e o Ensino Médio.
Tesoureiro: pessoa responsável pelo dinheiro e pelas finanças de uma empresa, instituição etc.

1 Você deve ter percebido que a grafia de certas palavras do texto é diferente da grafia delas no português do Brasil.

a) Observe as palavras **quilómetros** e **académica**. Como são grafadas no Brasil? O que a diferença indica?

b) Em certas palavras, os portugueses usam consoantes que indicam uma particularidade da pronúncia deles, diferente da pronúncia brasileira. Encontre no texto a forma da palavra **noturnos** tal como é usada em Portugal.

c) Em outros casos, os portugueses eliminam uma consoante, como na palavra **registo**. Qual é a forma usada no português do Brasil?

2 O tema principal do trecho lido é:

a) o surgimento do gosto pela literatura.

b) a pobreza dos camponeses portugueses.

c) os problemas de identidade do narrador.

d) a dificuldade de estudar francês e literatura em uma escola de ensino profissional.

3 Releia o trecho a seguir.

[...] Como não tinha livros em casa (livros meus, comprados por mim, ainda que com dinheiro emprestado por um amigo, só os pude ter aos 19 anos), foram os livros escolares de Português, pelo seu carácter "antológico", que me abriram as portas para a fruição literária: ainda hoje posso recitar poesias aprendidas naquela época distante. [...]

Consulte o glossário e responda às questões.

a) Por que o autor afirma que os livros escolares de Português têm caráter antológico?

b) Por que, segundo o autor, a leitura desses livros abriu para ele as portas para a "fruição literária"?

4 O trecho em que o autor da autobiografia aparece em 1ª pessoa é:

• "A única alternativa que se apresentava seria entrar para uma escola de ensino profissional [...]."

• "(Cabe esclarecer que *saramago* é uma planta herbácea espontânea, cujas folhas, naqueles tempos, em épocas de carência, serviam como alimento na cozinha dos pobres.)"

• "E foi aí, sem ajudas nem conselhos, apenas guiado pela curiosidade e pela vontade de aprender, que o meu gosto pela leitura se desenvolveu e apurou."

• "O mais surpreendente era que o plano de estudos da escola, naquele tempo, embora obviamente orientado para formações profissionais técnicas, incluía, além do Francês, uma disciplina de Literatura."

5 Releia o trecho a seguir e responda às questões.

Fui bom aluno na escola primária: na segunda classe já escrevia sem erros de ortografia, e a terceira e quarta classes foram feitas em um só ano. Transitei depois para o liceu, onde permaneci dois anos, com notas excelentes no primeiro, bastante menos boas no segundo, mas estimado por colegas e professores, ao ponto de ser eleito (tinha então 12 anos...) tesoureiro da associação académica... Entretanto, meus pais haviam chegado à conclusão de que, por falta de meios, não poderiam continuar a manter-me no liceu.

a) Predominam sequências de que tipo?

b) Qual marcador temporal introduz a passagem do narrador de uma fase escolar a outra?

UNIDADE 2

Histórias dos outros

Antever

Converse com os colegas sobre as questões a seguir.

1. Vocês costumam ver bancas como essa em sua cidade? O que se vende nelas?

2. Já pararam em uma banca de jornais? Para fazer o quê?

3. Com a concorrência dos jornais que circulam na internet, vocês acham que caiu o interesse pelo jornal de papel?

4. Vocês se interessam pela leitura de notícias? Caso se interessem, preferem ler notícias no jornal impresso ou na tela de um computador, *tablet* ou celular? Que tipo de notícia gostam de ler?

5. Qual parece ser, para vocês, a principal função da notícia? Para quem uma notícia deve ser importante?

Você sabia que:
- a primeira banca de jornal de que se tem notícia no Brasil foi montada no Rio de Janeiro pelo imigrante italiano Carmine Labanca?
- atribui-se ao sobrenome dele (Labanca) a denominação de **banca** para os pontos de venda de jornais?
- no Brasil, por volta de 1910, as primeiras bancas de jornal eram montadas em caixotes de madeira?

Banca de jornal em Goiânia (GO), 2015. Nesse tipo de estabelecimento, é possível encontrar jornais e revistas sobre os mais variados assuntos.

39

CAPÍTULO 1

Antes da leitura

Converse com os colegas sobre as questões a seguir, antes de mergulhar na leitura da notícia, que será o texto deste capítulo.

1 Observe a referência que aparece após a notícia:

<www1.folha.uol.com.br/cotidiano/2018/05/mae-de-crianca-cadeirante-cria-playground-inclusivo-no-interior-de-sao-paulo.shtml>.

a) A referência mostra que a notícia foi publicada em que tipo de jornal: impresso ou *on-line*? Justifique como percebeu isso.

b) De onde a notícia foi extraída?

c) Do que a notícia vai tratar?

d) Em que mês e ano a notícia foi publicada?

2 Veja ao lado mais um conjunto de informações que aparece antes da notícia.

a) A data corresponde ao que vocês haviam descoberto anteriormente?

b) Por que aparece um horário?

c) De quem seria o nome indicado?

d) Que relação teria o local indicado com a notícia?

11 maio 2018 às 17h00
Fernanda Testa
RIBEIRÃO PRETO

3 Veja ao lado o cabeçalho do jornal em sua edição *on-line*.

a) O que significa a informação "desde 1921"?

b) Qual é a importância dessa informação para o leitor?

c) Leia a informação a seguir.

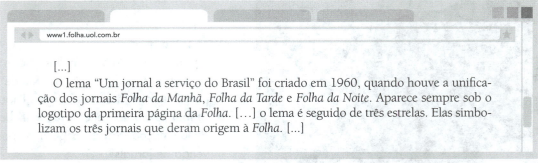

[...]
O lema "Um jornal a serviço do Brasil" foi criado em 1960, quando houve a unificação dos jornais *Folha da Manhã*, *Folha da Tarde* e *Folha da Noite*. Aparece sempre sob o logotipo da primeira página da *Folha*. [...] o lema é seguido de três estrelas. Elas simbolizam os três jornais que deram origem à *Folha*. [...]

Disponível em: <www1.folha.uol.com.br/folha/circulo/manual_projeto_f.htm>. Acesso em: 6 jun. 2018.

- Os nomes dos três jornais que deram origem à *Folha de S.Paulo* sugerem o quê?
- Que recursos tecnológicos existem hoje para satisfazer à necessidade constante de informações do público leitor?

4 Pensando em tudo o que descobriu antes da leitura, o que você imagina que lerá no texto deste capítulo?

www1.folha.uol.com.br/cotidiano/2018/05/mae-de-crianca-cadeirante-cria-playground-inclusivo-no-interior-de-sao-paulo.shtml

Mãe de criança cadeirante cria *playground* inclusivo no interior de São Paulo

Projeto tem brinquedos com cinto de segurança e gangorras com travas

11 maio 2018 às 17h00
Fernanda Testa
RIBEIRÃO PRETO

A cena de Maria Eduarda, 10, brincando com o irmão João Lucas, 6, no gira-gira do parquinho em uma praça de Ribeirão Preto, no interior de São Paulo, parece comum não fosse o detalhe do brinquedo: ele tem espaço para uma cadeira de rodas, o que permite a Duda, que não anda nem fala, fazer parte da brincadeira.

Graças à mãe dela, Selma Meneses Nalini, 34, a menina e outras crianças com deficiência têm a oportunidade de brincar em *playgrounds* 100% acessíveis. Desde 2016, Selma conduz o projeto Duda Nalini, que implanta parquinhos inclusivos em diferentes regiões do município.

Maria Eduarda, 10, brinca com o irmão, João, 6, em *playground* inclusivo.

Três espaços (nas zonas sul, norte e leste) já foram contemplados com os *playgrounds*, e um quarto local deve ser inaugurado até o fim deste ano.

Além do gira-gira com acesso para cadeira de rodas, os *playgrounds* têm brinquedos como balanços com cinto de segurança específico, gangorras com travas e assentos maiores, com cinto ajustável. Os equipamentos também têm painéis de comunicação alternativa – para pessoas sem fala ou sem escrita funcional.

Desde que soube da má-formação congênita da filha, no início da gravidez, Selma procura meios de garantir qualidade de vida para a menina.

Portadora de agenesia cerebelar (ausência de cerebelo), Duda nasceu sem expectativa de sobrevida. No decorrer dos anos, no entanto, passou por inúmeras internações e cirurgias e segue estável, prestes a completar 11 anos.

Nas idas e vindas de hospitais, Selma conheceu famílias semelhantes à dela. Começou a organizar, em casa, eventos como piqueniques e festinhas temáticas para promover o encontro entre mães e crianças.

"As mães trocavam experiências. Era um ambiente de apoio e, ao mesmo tempo, lazer", diz. Com o passar do tempo, o grupo de mães cresceu e o espaço ficou pequeno. Também Selma viu que o caçula queria um meio de brincar mais com a irmã.

Ela passou a pesquisar a acessibilidade em outros países. "Vi que existiam fábricas de brinquedos inclusivos, e pensei que com esses brinquedos eu poderia fazer algo permanente para as crianças. Foi aí que veio a ideia de instalá-los em áreas públicas".

Em 2016, protocolou um projeto na prefeitura. Após tramitar por seis pastas diferentes, foi finalmente aprovado no início do ano seguinte.

Com ajuda da iniciativa privada, Selma consegue a doação, implantação e manutenção dos brinquedos em áreas públicas. Cabe à prefeitura apenas autorizar o uso dessas áreas para que os *playgrounds* sejam construídos.

O primeiro espaço foi inaugurado em junho do ano passado, na zona sul; o segundo, em outubro em uma praça na zona leste. Em abril deste ano, um parque na zona norte foi contemplado. Outro espaço, na zona sul, deve ganhar o parque inclusivo ainda este ano.

Glossário

Acessibilidade: possibilidade de acesso, de entrada e saída de lugares.
Cadeirante: pessoa que se locomove em cadeira de rodas.
Cerebelo: parte do cérebro responsável pela coordenação dos movimentos.
Congênito: que se manifesta desde o nascimento.
Inclusivo: que possibilita a inclusão, o acolhimento, a integração.
Playground: palavra da língua inglesa que significa "área com brinquedos usada para recreação de crianças".

Característica comum a todos os locais, os brinquedos permitem que crianças com e sem deficiência brinquem juntas. "Não queria algo somente para pessoas com deficiência. Quero acabar com essa cultura da exclusão e do isolamento. Colocando todos juntos, acredito que podemos diminuir o preconceito".

Disponível em: <www1.folha.uol.com.br/cotidiano/2018/05/mae-de-crianca-cadeirante-cria-playground-inclusivo-no-interior-de-sao-paulo.shtml>.
Acesso em: 6 jun. 2018. FOLHAPRESS

 Estudo do texto

1 Observe o título da notícia e responda às questões. Se necessário, consulte o glossário.
- Quem é a pessoa de quem se fala? O que ela fez? Por que a ação noticiada é importante?

2 O subtítulo acrescenta quais informações? Por que elas são importantes?

3 No primeiro parágrafo da notícia:
a) Quem são as pessoas citadas? Onde elas estão? O que estão fazendo?
b) Que dados numéricos a respeito delas são citados?

4 Indique a alternativa correta. A cena descrita no primeiro parágrafo:
a) contém todos os detalhes da notícia.
b) apresenta as pessoas envolvidas, mas não diz o que faziam.
c) mostra o lugar onde tudo ocorreu, sem nada informar sobre a ação desenvolvida.
d) resume os elementos fundamentais a serem desenvolvidos no restante do relato feito pela notícia.

5 No segundo parágrafo, a notícia tem continuidade.
a) Que outra pessoa é citada? Que dado se informa sobre ela?
b) Com base no glossário, explique o que caracteriza um *playground* 100% acessível.
c) O nome do projeto faz referência a que pessoa citada na notícia?

6 Releia o trecho a seguir.

Desde que soube da má-formação congênita da filha, no início da gravidez, Selma procura meios de garantir qualidade de vida para a menina.
Portadora de agenesia cerebelar (ausência de cerebelo), Duda nasceu sem expectativa de sobrevida. No decorrer dos anos, no entanto, passou por inúmeras internações e cirurgias e segue estável, prestes a completar 11 anos.
Nas idas e vindas de hospitais, Selma conheceu famílias semelhantes à dela. Começou a organizar, em casa, eventos como piqueniques e festinhas temáticas para promover o encontro entre mães e crianças.

a) No trecho transcrito, que tempo verbal predomina: presente, passado ou futuro?
b) O que esse tempo verbal indica a respeito das ações relatadas?
c) Coloque em ordem a sequência de acontecimentos de acordo com a notícia.
- No início da gravidez, Selma soube da má-formação congênita da filha.
- Selma conheceu famílias semelhantes à dela.
- Duda passou por internações e cirurgias.
- Selma organizou eventos em casa para promover encontros entre mães e crianças.
- Duda nasceu sem expectativa de sobrevida.

d) Lembre-se do que aprendeu na Unidade 1 a respeito das sequências descritivas e narrativas e identifique o tipo de sequência predominante no trecho destacado. Justifique sua resposta.

42

7 Observe o trecho a seguir.

"As mães trocavam experiências. Era um ambiente de apoio e, ao mesmo tempo, lazer", diz.

a) Quem fala nesse trecho?
b) Você considera que é importante ouvir as pessoas envolvidas na notícia? Por quê?

8 Relembre as características que você já observou na notícia.
- Relato bem apresentado do fato noticiado.
- Localização do acontecimento no tempo e no espaço.
- Citação de nomes e dados das pessoas envolvidas.
- Fala direta das pessoas envolvidas.

Esses procedimentos indicam que a notícia oferece informações:

a) comprováveis, que levam o leitor a confiar na notícia.
b) duvidosas, pois não podem ser conferidas e deixam o leitor em dúvida sobre o fato.
c) desnecessárias, uma vez que o leitor não precisa saber de nada disso para compreender o fato noticiado.
d) verdadeiras, mas pouco importantes, porque não garantem a confiança do leitor na notícia.

9 Os jornalistas têm seu trabalho regulado por um código de ética, que estabelece o que deve ser feito, o que não deve ser feito e os procedimentos em relação aos fatos noticiados. Leia dois artigos desse código.

www.abi.org.br/institucional/legislacao/codigo-de-etica--dos-jornalistas-

Art. 3º – A informação divulgada pelos meios de comunicação pública se pautará pela real ocorrência dos fatos e terá por finalidade o interesse social e coletivo.

[...]

Art. 7º – O compromisso fundamental do jornalista é com a verdade dos fatos, e seu trabalho se pauta pela precisa apuração dos acontecimentos e sua correta divulgação.

Disponível em: <www.abi.org.br/institucional/legislacao/codigo-de-etica-dos-jornalistas-brasileiros>. Acesso em: 18 jul. 2018.

Movimento Mundial pela Educação Inclusiva

O Movimento Mundial pela Educação Inclusiva é uma ação que apoia um aprendizado sem discriminação. Sua base são os direitos humanos, que defendem a igualdade de direitos entre as pessoas.

Nas escolas, a intenção é incluir, nas salas de aula e nas ações do dia a dia, alunos com deficiência ou aqueles que têm necessidades especiais. Um mapa tátil pode ajudar um aluno com deficiência visual; jogos e brincadeiras favorecem a aprendizagem de alunos com problemas de atenção; atividades diversificadas podem atender alunos com diferentes níveis de conhecimento e capacidade de aprender.

Incluir é respeitar cada individualidade e reconhecer que cada criança tem suas facilidades e dificuldades na hora de aprender. Toda a escola – professores, equipe administrativa, alunos e pais – deve estar envolvida nesse processo. Os governos têm a obrigação legal de oferecer as condições para o trabalho diferenciado, mas cada um pode fazer muito se estiver atento ao que acontece com o colega ao lado. Uma conversa pode ajudar tanto quanto um equipamento especializado.

Marinamays/Dreamstime.com

43

a) Em relação ao artigo 3º, analise a notícia que você leu. Ela baseou-se na real ocorrência dos fatos? Por quê? Serviu ao interesse social e coletivo? Por quê?

b) Considerando o artigo 7º, a jornalista responsável pela notícia preocupou-se com a apuração correta dos acontecimentos (isto é, com a pesquisa cuidadosa a respeito dos fatos citados)? Por quê?

10 Antes de ler a notícia você já tinha pensado na dificuldade que crianças como Duda têm para brincar e se divertir em brinquedos públicos? Para você, foi importante tomar conhecimento disso?

Linguagem, texto e sentidos

1 Releia a seguinte passagem:

Ela passou a pesquisar a acessibilidade em outros países. "Vi que existiam fábricas de brinquedos inclusivos, e pensei que com esses brinquedos eu poderia fazer algo permanente para as crianças. Foi aí que veio a ideia de instalá-los em áreas públicas".

a) No início do parágrafo, a quem a repórter se refere ao dizer **ela**?

b) Quem fala no trecho entre aspas?

c) Compare os trechos e copie no caderno o único comentário adequado sobre eles.

I. "Ela passou a pesquisar a acessibilidade em outros países."

II. "[...] pensei que com esses brinquedos eu poderia fazer algo permanente para as crianças. [...]"

- Em I quem fala é a repórter, usando a 3ª pessoa. Em II, quem fala é Selma, em 1ª pessoa.
- Em I e II quem fala é a jornalista, em 3ª pessoa.
- Em I quem fala é a jornalista. Em II quem fala é Selma. Ambas usam a 3ª pessoa.
- Em I e II quem fala é Selma, em 1ª pessoa.

2 Imagine a seguinte situação: A repórter que apurou a notícia está em dúvida sobre como escrevê-la. Ela ouviu a mãe da menina cadeirante e anotou suas falas. Agora precisa decidir se usa as falas da mãe transcritas diretamente na notícia ou se relata o que ela disse. Para decidir, a repórter lançou, na coluna A, as falas diretas da mãe e, na coluna B, seu relato sobre as falas dela.

a) Em seu caderno, faça a correspondência entre A e B.

A I. "Pensei que poderia fazer algo importante."
II. "Eu organizava eventos para famílias semelhantes à minha."
III. "Quero acabar com a cultura da exclusão".

B • Ela disse que organizava eventos para famílias semelhantes à dela.
- A mãe da menina declarou que quer acabar com a cultura da exclusão.
- Ela pensou que poderia fazer algo importante.

b) Você dará um conselho à repórter sobre o que fazer no texto que ela vai escrever. Você dirá a ela quais das formas do item anterior, as da coluna A ou as da coluna B, têm mais força na notícia.

- Quais delas têm mais efeito de sentido de verdade, de que a pessoa foi ouvida e sua fala está sendo respeitada?

- Quais delas põem a fala dentro do relato da repórter?
- Que efeito de sentido isso causa?
- Ela deve usar só uma dessas formas?

Escreva uma mensagem para a repórter dando sua opinião.

Há duas maneiras de citar a fala de alguém num texto: o **discurso direto** e o **discurso indireto**. No primeiro, usam-se aspas ou travessões, e a pessoa fala diretamente, em 1ª pessoa. No segundo, aquele que narra ou relata conta, em 3ª pessoa, o que a pessoa ou personagem disse.
Discurso direto: Ela disse: – O parque inclusivo é uma ótima iniciativa.
Discurso indireto: Ela disse que o parque inclusivo é uma ótima iniciativa.

---

3 Releia mais um trecho.

Característica comum a todos os locais, os brinquedos permitem que crianças com e sem deficiência brinquem juntas. "Não queria algo somente para pessoas com deficiência. Quero acabar com essa cultura da exclusão e do isolamento. Colocando todos juntos, acredito que podemos diminuir o preconceito."

a) Quem fala em discurso direto nesse trecho da notícia?
b) O que possibilita afirmar que a fala está em discurso direto?
c) Por que a transcrição do discurso direto foi importante nesse trecho da notícia?

4 Leia a seguir trecho da notícia "Projeto com aulas de dança para cadeirantes abre turma para adultos", de Gabriel Menezes, publicada no jornal *O Globo*, em 24 de maio de 2018:

www.oglobo.globo.com/rio/bairros/projeto-com-aulas-de-danca-para-cadeirantes-abre-turma-para-adultos-22706776

RIO – Desde 2012, a dança vem transformando a vida de crianças e jovens cadeirantes na Tijuca. Elas são participantes do projeto "Carioca sobre rodas", da Escola Carioca de Dança, que promove aulas gratuitas de dança de salão nas quais eles interagem com alunos sem deficiência. A iniciativa deu tão certo que a escola abrirá, mês que vem, a sua primeira turma para adultos.

– Além de ser uma oportunidade muito grande de inclusão e interação entre os alunos andantes e cadeirantes, a dança proporciona enormes benefícios físicos e mentais. Muitos participantes, hoje, conseguem manusear a sua cadeira com muito mais facilidade e ganharam confiança para sair sozinhos às ruas – explica Marcelo Martins, diretor da escola.

[...]

Com 21 anos, Mariana Chaves é aluna do projeto há seis.

– A dança teve um impacto muito grande na minha vida. Hoje eu sou outra. Fiquei muito menos tímida e ganhei confiança – conta.

[...]

Já o químico aposentado Everaldo Ferreira, que frequenta as aulas regulares da escola, entrou para o projeto há cerca de um ano. Ele conta que o contato com os alunos cadeirantes tem sido [uma] experiência muito gratificante.

– As pessoas podem achar que nós (os alunos andantes) é que estamos ajudando a integrar esses jovens, mas a realidade é que eles nos mostram um universo totalmente novo. É uma troca muito grande, em que ambas as partes ganham – frisa.

[...]

Disponível em: <www.oglobo.globo.com/rio/bairros/projeto-com-aulas-de-danca-para-cadeirantes-abre-turma-para-adultos-22706776>.
Acesso em: 5 jun. 2018.

a) De que assunto trata a notícia? Qual é a principal característica do projeto?

b) Quais pessoas falam em discurso direto no trecho selecionado da notícia? Aponte seus nomes, profissões e a relação que mantêm com o projeto.

c) Como se sabe que tais falas estão em discurso direto?

d) O repórter foi cuidadoso ao escolher quem falaria na notícia? Por quê?

5) Releia o trecho a seguir.

Já o químico aposentado Everaldo Ferreira, que frequenta as aulas regulares da escola, entrou para o projeto há cerca de um ano. **Ele conta que o contato com os alunos cadeirantes tem sido [uma] experiência muito gratificante**.

a) Quem fala nesse trecho? Justifique sua resposta.

b) No trecho destacado, como foi citada a fala do aluno? Que expressão introduz a fala dele?

c) Escreva de outra forma a citação da fala do aluno.

6) Leia a notícia a seguir.

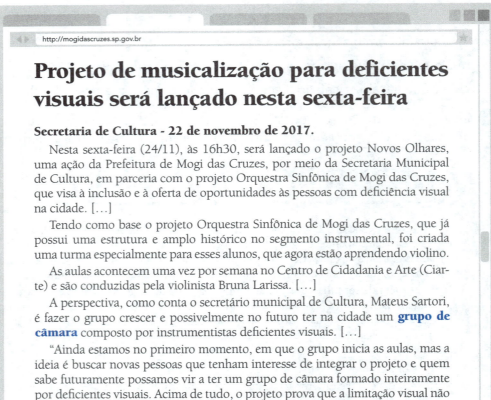

Glossário

Grupo de câmara: pequeno grupo de músicos que se reúne para tocar música erudita.

a) Qual iniciativa da Prefeitura de Mogi das Cruzes é noticiada? Que autoridade é ouvida na notícia?

b) Em que trecho da notícia ele fala em discurso direto? Resuma o que ele diz sobre o que está acontecendo e o que ainda acontecerá.

c) Que indicações são feitas para que o leitor perceba que se trata de discurso direto?

d) Releia o penúltimo parágrafo transcrito e reescreva-o usando o discurso direto. Faça as adaptações necessárias.

Oração: sujeito e predicado

1 Leia as manchetes nas capas de jornal. As duas tratam da paralisação de caminhoneiros e de suas consequências em todo o Brasil, em maio de 2018.

Capa do jornal *Diário Gaúcho* de 25 de maio de 2018.

Capa do jornal *Folha de S.Paulo* de 25 de maio de 2018.
Disponível em: <www1.folha.uol.com.br/fsp>. Acesso em: 6 jun. 2018.

a) Escreva em seu caderno a manchete de capa dos dois jornais.

b) Indique no caderno as afirmativas que se referem à manchete de cada capa. Use I para o *Diário Gaúcho* e II para a *Folha de S.Paulo*.

- A notícia tem caráter local.
- A notícia tem alcance nacional.
- A manchete é mais explicada e fornece todas as informações necessárias (Quem? O quê? Para quem?).
- A manchete é mais sintética e o contexto foi dado pela fotografia e pelo título acima dela.

c) Na Unidade 1, você estudou o que são frases. As duas manchetes são exemplos de frases? Explique sua resposta.

d) Qual dos dois enunciados que constituem as manchetes se organiza em torno de um verbo?

> Um enunciado que se organiza em torno de um verbo é uma oração. Na manchete "Contribuinte pagará conta do diesel mais barato para caminhoneiros", temos uma oração, organizada em torno do verbo **pagará**.

2 Releia o título da primeira notícia analisada nesta unidade e leia outros títulos de notícia, extraídos de diferentes jornais.

I.
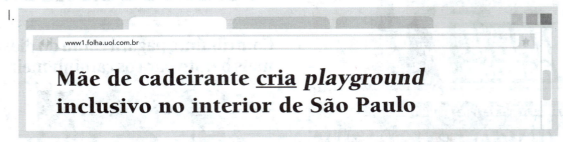

Disponível em: <www1.folha.uol.com.br/cotidiano/2018/05/mae-de-crianca-cadeirante-cria-playground-inclusivo-no-interior-de-sao-paulo.shtml>. Acesso em: 6 jun. 2018.

II.

Disponível em: <www1.folha.uol.com.br/ciencia/2017/02/1859671-cientistas-identificam-novo-continente-no-hemisferio-sul-a-zelandia.shtml>. Acesso em: 6 jun. 2018.

III.

Disponível em: <www.correiobraziliense.com.br/app/noticia/capa-do-dia/2018/05/25/interna_capa_do_dia,683324/confira-a-capa-do-jornal-correio-braziliense-do-dia-25-05-2018.shtml>. Acesso em: 6 jun. 2018.

Em geral, ações e eventos são descritos por verbos. Observe os verbos assinalados em cada título de notícia. Eles estão no plural ou no singular? Explique por que essa variação acontece.

3 Releia os títulos I e II.

a) Imagine que várias mães de cadeirantes tivessem criado um *playground* inclusivo. Como ficaria o título?

b) Se, em II, o título se referisse a apenas um cientista, como deveria ser reescrito?

c) Em cada uma das situações acima, que alterações você fez?

4 Leia mais um título.

Disponível em: <https://odia.ig.com.br>. Acesso em: 6 jun. 2018.

a) Imagine que o título fosse apenas "Anuncia acordo com caminhoneiros" e estivesse fora da capa do jornal ou do texto da notícia. Você conseguiria compreendê-lo totalmente? Explique sua resposta.

b) Reescreva o título, imaginando que:
- o acordo com os caminhoneiros tivesse sido anunciado por **governadores**.
- o governo tivesse anunciado **vários acordos** com os caminhoneiros.

Descreva as alterações que você fez em cada caso.

c) Com base nos itens anteriores, que palavras fazem com que o verbo **anunciar** varie sua forma?

> O verbo relaciona-se com outros termos da oração. Um desses termos faz com que o verbo varie sua forma em singular ou plural: é o **sujeito** da oração. Em geral, o **sujeito** da oração indica o termo que está relacionado à ação do verbo.

5 Agora leia o título abaixo.

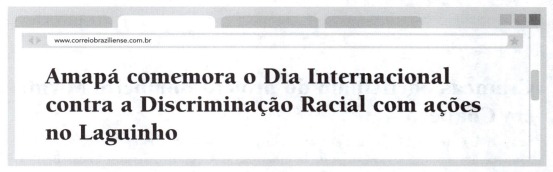

Disponível em: <www.diariodoamapa.com.br/cadernos/nota-10/amapa-comemora-o-dia-internacional-contra-a-discriminacao-racial-com-acoes-no-laguinho>. Acesso em: 21 mar. 2018.

a) Que comentário se faz sobre o Amapá?

b) Nesse comentário, a que palavra a expressão "o Dia Internacional contra a Discriminação Racial" está diretamente ligada?

c) Imagine que o título fosse "Amapá comemora" e não estivesse na capa ou no texto da notícia. Haveria uma informação completa? Por quê?

d) Laguinho é um bairro do município de Macapá, capital do estado do Amapá. Se o título estivesse num jornal que tratasse apenas do bairro Laguinho, alguma informação poderia ser retirada? Explique sua resposta.

e) Com base nas reflexões que fez nos itens anteriores, que palavras ligadas ao verbo são indispensáveis para que se entenda o título?

6 Leia mais um título de notícia.

Disponível em: <https://istoe.com.br/nao-chove-ha-44-dias-em-sao-paulo>. Acesso em: 25 ago. 2018.

a) Que palavra indica o fenômeno mencionado no título?
b) Há algo ou alguém que pratique a ação descrita?
c) O verbo varia de acordo com alguma palavra nesse título?

> Nas orações, os verbos também podem se ligar a outros termos necessários para complementar seu sentido. O verbo e seus complementos formam o **predicado** da oração. O **predicado**, em geral, acrescenta informações novas sobre certo tema ou sobre o sujeito da oração.
>
> Em certas orações, só há predicado e o sujeito não existe (**sujeito inexistente**). Quando descrevemos fenômenos da natureza, por exemplo, temos apenas a ação ou o evento relacionado ao verbo: "**Choverá** amanhã".

Sintagma nominal e sintagma verbal

7 Leia o título e o subtítulo de uma notícia sobre um projeto que envolve crianças da cidade de Chapecó, em Santa Catarina.

Disponível em: <www.diariodoiguacu.com.br/noticias/detalhes/criancas-participam-do-projeto-bombeiro-mirim-em-chapeco-41577>. Acesso em: 6 jun. 2018.

a) Observe a expressão "40 estudantes da Escola Básica Municipal Vila Real". Que palavra é o núcleo, ou seja, que palavra é o elemento central nesse caso?
b) Considere a palavra **crianças** usada no título e a expressão "40 estudantes da Escola Básica Municipal Vila Real".
 • Tanto uma quanto outra são o sujeito da oração em que aparecem?
 • Quanto à forma, que diferença você percebe entre a palavra usada no título e a expressão que aparece no subtítulo?
 • Pense na função dos títulos em notícias e tente explicar essa diferença. Para ajudar você a refletir, releia os outros títulos que viu nas atividades anteriores.

8 Leia os títulos a seguir.

I.

Disponível em: <www.odia.ig.com.br/_conteudo/rio-de-janeiro/2017-10-15/novas-rotas-de-ciclovias-ja-estao-sendo-estudadas-pela-prefeitura.html>. Acesso em: 6 jun. 2018.

II.
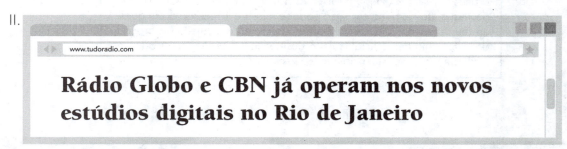

Disponível em: <www.tudoradio.com/noticias/ver/19436-radio-globo-e-cbn-ja-operam-nos-novos-estudios-digitais-no-rio-de-janeiro>. Acesso em: 6 jun. 2018.

a) Ambos os títulos são orações? Por quê?
b) De que forma os títulos se organizam?
c) O que se diz sobre a prefeitura no título I?
d) Nesse comentário, que palavra tem papel central, ou seja, que palavra é o núcleo?
e) No sujeito **Prefeitura**, há mais de um núcleo? E no sujeito "Rádio Globo e CBN"?
f) A palavra que forma o núcleo das expressões do item anterior pertence a qual dessas classes: substantivo, adjetivo ou verbo?

> O sujeito e o predicado das orações organizam-se em partes, chamadas **sintagmas**. Um **sintagma** é um conjunto de elementos que formam uma unidade em torno de um núcleo. Quando o núcleo é um substantivo, temos um **sintagma nominal (SN)**. Se o núcleo é um verbo, temos um **sintagma verbal (SV)**.
>
> SUJEITO — Os estudantes
> PREDICADO — participaram do projeto.
>
> SN (núcleo: **estudantes**)   SV (núcleo: **participaram**)
>
> Se o sujeito tem apenas um núcleo, como no exemplo acima, ele é considerado **simples**. Quando tem mais de um núcleo, o sujeito é **composto**. Veja:
>
> SUJEITO — Rádio Globo e CBN
> PREDICADO — já operam nos novos estúdios digitais no Rio de Janeiro.
>
> SN (núcleos: **Rádio Globo/CBN**)   SV (núcleo: **operam**)

9 Leia este trecho do texto do Capítulo 1 e faça as atividades da página seguinte.

Ela passou a pesquisar a acessibilidade em outros países. "**Vi** que existiam fábricas de brinquedos inclusivos, e **pensei** que com esses brinquedos eu poderia fazer algo permanente para as crianças. Foi aí que veio a ideia de instalá-los em áreas públicas".

Em 2016, **protocolou** um projeto na prefeitura. Após tramitar por seis pastas diferentes, **foi** finalmente **aprovado** no início do ano seguinte.

a) As formas verbais **vi** e **pensei** referem-se a que sujeitos? Ao mesmo sujeito ou a sujeitos diferentes? Como é possível identificar o sujeito dessas formas verbais?

b) É possível identificar o sujeito do verbo **protocolou**?

c) A que sujeito se refere a locução **foi aprovado**?

d) Com base nos itens acima, formule uma conclusão sobre a forma dos verbos e sua relação com o sujeito das orações.

> As terminações dos verbos podem ajudar a revelar o sujeito das orações. Veja o exemplo: "**Desenvolvi** uma nova teoria". O verbo em destaque, que termina em **-i**, só pode se referir à 1ª pessoa do singular: **eu** (eu desenvolvi uma nova teoria). Assim, **eu** é o sujeito da oração, descrito como desinencial (**sujeito desinencial**), porque é indicado pelas terminações (desinências) que o verbo traz.

10 Leia esta tirinha de um cartunista brasileiro.

Rubens Bueno. Disponível em: <www.ivoviuauva.com.br/olha-amor-roubaram-nosso-carro>. Acesso em: 2 abr. 2018.

a) O que a mulher relata?

b) Com base na oração "Roubaram nosso carro" e na narrativa completa, o que se pode deduzir sobre quem cometeu o roubo?

c) Nesse contexto, seria importante revelar quem cometeu o crime? Por quê?

d) Em que forma o verbo **roubar** aparece?

e) Por que inicialmente o homem aparenta estar tranquilo apesar da notícia?

f) Como se pode explicar o humor da tirinha?

11 Numa notícia sobre o bloco de carnaval Mudança do Garcia, que costuma sair há mais de 80 anos no Carnaval de Salvador, Bahia, há o seguinte trecho:

> Fantasiados, de abadá, ou roupa comum, os foliões percorreram as ruas do Garcia, **subiram** e **desceram** ladeiras, **pularam** atrás do trio, e ainda **encontraram** tempo para protestar.

Disponível em: <www.g1.globo.com/bahia/carnaval/2017/noticia/2017/02/com-festa-e-protesto-mudanca-do-garcia-animou-foliao-em-salvador.html>. Acesso em: 6 jun. 2018.

a) Em que pessoa os verbos em destaque estão flexionados?

b) Nesse caso, o uso dos verbos tem a mesma função do uso de **roubaram** na tira? Explique sua resposta.

c) Reescreva o trecho usando **eles** antes dos verbos destacados.

d) Agora tente explicar: Por que **eles** não foi usado antes dos verbos em destaque?

Quando não se sabe ou não se deseja revelar o sujeito da oração, pode-se usar o verbo na 3ª pessoa do plural, como em "**Roubaram** nosso carro".

Nesse caso, nem o texto nem a situação possibilitarão identificar o sujeito relacionado ao verbo. O sujeito será **indeterminado**. Nem sempre, porém, o verbo na 3ª pessoa do plural indica que o sujeito não está revelado. É preciso examinar o contexto e as orações que vieram antes, para verificar se o sujeito já havia aparecido no texto. Lembre-se do exemplo: "os foliões percorreram as ruas do Garcia, **subiram** e **desceram** ladeiras, **pularam** atrás do trio, e ainda **encontraram** tempo para protestar". Nesse caso, o sujeito é **eles**, que pode ser identificado no sujeito da oração anterior, **foliões**.

Estudo e pesquisa

Esquema

Uma forma de registrar os conteúdos aprendidos é anotar, sob a forma de esquemas, as principais informações de um texto, de uma aula, de um vídeo. Um esquema organiza visualmente um assunto por meio de sinais, como setas e chaves, que estabelecem relações entre os conceitos principais.

Você ouvirá a leitura, feita pelo professor, de uma síntese de alguns conteúdos aprendidos na seção **Língua em foco**. Preste atenção e registre, na forma de esquema, a síntese do texto.

Em seu esquema, devem ser respondidas as seguintes questões: O que é um sintagma? O que é um sintagma nominal (SN)? O que é um sintagma verbal (SV)? Esses são os três tópicos principais.

Você pode usar canetas coloridas e escolher uma cor para escrever os tópicos principais, seguidos de setas, que indicarão a correspondência entre o termo e o conceito.

Assim:

SINTAGMA → ★ ★ ★ ★ ★ ★ ★ ★ ★ ★ ★ ★ ★ ★ ★ ★ ★ ★ ★

SINTAGMA NOMINAL → ★ ★ ★ ★ ★ ★ ★ ★ ★ ★ ★ ★ ★ ★ ★ ★

SINTAGMA VERBAL → ★ ★ ★ ★ ★ ★ ★ ★ ★ ★ ★ ★ ★ ★ ★ ★

Ouça a leitura com atenção e prepare seu esquema. Escolha as cores que usará e, se fizer o tipo de esquema sugerido acima, substitua as linhas com estrelas pelos conceitos de cada tópico. Se tiver dúvidas, ou não se lembrar de alguma coisa, consulte os quadros de conceitos apresentados ao longo da seção. Depois que o esquema estiver pronto, mostre-o a um colega, compare seu esquema com o dele e verifique se as principais informações foram identificadas.

CAPÍTULO 2

Antes da leitura

Antes de ler a próxima notícia, cujo destaque é um cão chamado Ice, reflita um pouco sobre a situação dos animais à sua volta.

1. Você tem animais em casa? Costuma observar animais em ambientes abertos e livres? Percebe como vivem de modo diferente os animais urbanos e os do campo, ou da floresta?

2. Como você costuma tratar os animais? Sabia que existe uma Declaração Universal dos Direitos dos Animais? Leia alguns trechos no boxe ao lado e depois responda às seguintes questões.

   a) Você conhece casos de espécies selvagens que são criadas fora de seu ambiente natural? Quais? Onde? Como?
   b) Conhece casos de animais que sofrem maus-tratos? Em que situações?

3. Entre os animais domésticos, o cão é considerado por muitas pessoas o "melhor amigo do homem". Mas você já parou para pensar que os cães podem ser muito mais do que companheiros de diversão doméstica?

Observe as imagens e reflita com os colegas.

Direitos dos animais

A Declaração Universal dos Direitos dos Animais foi proclamada pela Unesco em 27 de janeiro de 1978. Veja o que ela diz.

Sobre a relação entre o homem e os outros animais

"O homem, enquanto espécie animal, não pode atribuir-se o direito de exterminar os outros animais ou explorá-los [...]. Ele tem o dever de colocar a sua consciência a serviço dos outros animais."

Sobre os animais selvagens

"Cada animal que pertence a uma espécie selvagem tem o direito de viver livre no seu ambiente natural terrestre, aéreo ou aquático e tem o direito de reproduzir-se."

Sobre os animais domésticos

"Cada animal que pertence a uma espécie, que vive habitualmente no ambiente do homem, tem o direito de viver e crescer segundo o ritmo e as condições de vida e de liberdade que são próprias da sua espécie."

Disponível em: <www.suipa.org.br/index.asp?pg=leis.asp>. Acesso em: 5 jun. 2018.

Mulher cega e seu cão-guia.

Cão salva-vidas.

a) Qual é a atividade de um cão-guia? Qual relação se estabelece entre o cão e seu dono nessa situação?
b) E um cão de salvamento? O que ele pode fazer?
c) Em quais outras atividades o cachorro pode ser útil a uma pessoa e à sociedade?
d) Você já leu em jornais, revistas e *blogs* algum texto sobre a atividade dos cães que ajudam as pessoas?

Cão dos bombeiros é treinado para ser salva-vidas em praias de SC

Labrador Ice faz parte de um projeto para salvamento aquático. Além dele, oito labradores dos bombeiros serão treinados para o verão.

Além de auxiliar nas buscas após o rompimento das barragens de Mariana, em Minas Gerais, [...] o cão Ice, do Corpo de Bombeiros de Santa Catarina, agora será salva-vidas nas praias, como mostrou o *Hora 1* desta quarta-feira (6).

O herói de quatro patas passará o verão se arriscando para resgatar banhistas. O labrador premiado está em treinamento em um projeto para preparar cães com habilidades na água.

O animal, acostumado a trabalhar em buscas em meio a escombros ou até na mata fechada, encara o novo desafio no mar como uma grande diversão. Basta um bombeiro simular um afogamento para Ice correr e prestar socorro. "Apesar de ele ter iniciado recentemente com este treinamento, já executa o exercício corretamente", disse o soldado Erton Marotta.

Cão rebocador

Segundo o treinador do cão, sargento Evandro Amorim, Ice participaria, por exemplo, do salvamento simultâneo de três vítimas. "É um cão rebocador: os dois salva-vidas se deslocariam até as três vítimas, utilizando o cão junto. Esses dois salva-vidas retirariam duas vítimas, e o cão se deslocaria para a terceira, levaria o *life belt* (um flutuador) até essa vítima e rebocaria, até que os salva-vidas conseguissem apoiá-la, para retirar da água", explicou.

Um cão para a história

Ice está fazendo história. Ele foi selecionado para a missão pelo currículo típico de campeão. Com oito prêmios internacionais, faz parte da quarta geração de cães de resgate de Santa Catarina.

Além dele, oito labradores dos bombeiros do Estado também receberão o treinamento. Os habilitados para a nova função passam a trabalhar como salva-vidas em dezembro de 2016.

Em João Pessoa (PB), o Corpo de Bombeiros Civil e Voluntário da Paraíba também treina desde 2015 um labrador chamado Valentino para o trabalho de guarda-vidas.

Ice faz treinamentos na praia.

G1, 6 jul. 2016. Disponível em: <www.g1.globo.com/sc/santa-catarina/noticia/2016/07/cao-dos-bombeiros-e-treinado-para-ser-salva-vidas-em-praias-de-sc.html>. Acesso em: 6 jun. 2018.

Estudo do texto

1. De acordo com a notícia, qual é a raça de Ice? Faça uma breve pesquisa, na internet ou com amigos que conhecem cães, sobre essa raça e, depois, explique a passagem a seguir.

   "[...] Apesar de ele ter iniciado recentemente com este treinamento, já executa o exercício corretamente", disse o soldado Erton Marotta.

2. No texto, Ice é chamado de "cão rebocador". Veja o verbete **rebocador** extraído de um dicionário *on-line*.

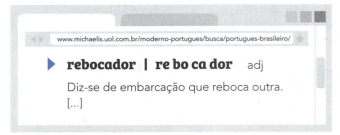

Michaelis: dicionário brasileiro da língua portuguesa. Disponível em: <www.michaelis.uol.com.br/moderno-portugues/busca/portugues-brasileiro/rebocador>. Acesso em: 6 jun. 2018.

- Veja abaixo a imagem de um barco rebocador. Com base na comparação entre os sintagmas **cão rebocador** e **barco rebocador**, explique o sentido do verbo **rebocar** e sua relação com a função de Ice.

Parceria que dá certo

Cães como Ice trabalham sempre com um bombeiro, que os conduz durante as atividades de busca e resgate. O cão tem a função de auxiliar o bombeiro, para que este possa prestar o socorro adequado à pessoa em situação de risco.

A parceria do animal com o bombeiro é tão importante que o cão mora e convive com o profissional que o conduz; quando este precisa permanecer em serviço durante a noite, é necessário providenciar um local adequado para o cão repousar.

Os bombeiros contam ainda com cães treinados para, por meio do faro, ajudar a localizar vítimas em escombros.

Os cães-bombeiro Moli e Vasty, São Paulo, 2018.

Barco rebocador puxando um navio.

3. De acordo com o texto, Ice tem "currículo típico de campeão".

a) Você sabe o que é um currículo? Leia o verbete a seguir.

> ▶ ²**currículo**
>
> ■ **substantivo masculino** documento em que se reúnem dados relativos às características pessoais, formação, experiência profissional e/ou trabalhos realizados por um candidato a emprego, atividade de autônomo, cargo específico etc.; *curriculum vitae*.

Dicionário Houaiss da língua portuguesa. Rio de Janeiro: Objetiva, 2009. Versão eletrônica.

b) Por que o currículo de Ice é considerado "típico de campeão"?

c) No segundo parágrafo da notícia, há duas expressões que antecipam que o currículo de Ice é muito bom. Quais são elas?

d) A caracterização de Ice feita pela notícia revela uma avaliação positiva ou negativa em relação ao cão? Por quê?

O presente
Alemanha, 2014. Direção: Jacob Frey, 4 min.

Essa emocionante animação conta a história de um menino que adora *video game* e ganha de presente um cachorrinho especial. Em um primeiro momento, o menino rejeita o animal. Por que será? O que acontecerá em seguida? O filme é um curta-metragem, isto é, um filme de curta duração. Premiado no mundo inteiro, foi baseado na HQ *Perfeição*, de 2012, do brasileiro Fabio Coala, que você pode ler em: <www.mentirinhas.com.br/perfeicao> (acesso em: 6 jun. 2018).

4. Como ocorre a sucessão de acontecimentos na vida de Ice? Para reconstituir essa linha do tempo, leia alguns trechos da notícia e responda às questões.

a) "O herói de quatro patas **passará o verão se arriscando** para resgatar banhistas. O labrador premiado **está em treinamento** em um projeto para preparar cães com habilidades na água."

• Qual seria a ordem, numa linha do tempo, dos acontecimentos relatados nesse trecho?

• As formas verbais **passará** e **está** referem-se a que momentos do tempo?

b) "O animal, acostumado a trabalhar em buscas em meio a escombros ou até na mata fechada, encara o novo desafio no mar como uma grande diversão. [...]"

• O que Ice fazia antes do novo desafio de salvar vidas no mar?

• Que verbo situa esse novo desafio no momento presente da vida de Ice?

5. Destaque, das passagens transcritas na atividade anterior, palavras e expressões que identifiquem os lugares em que se passa a história de Ice.

6. De acordo com as indicações de tempo e de espaço, você diria que a vida de Ice é dinâmica (movimentada) ou estática (sem movimento)? Por quê?

7. Considerando o que você analisou nas questões anteriores e pensando no que você já estudou a respeito de sequências narrativas e descritivas, responda: Que tipo de sequência predomina na notícia?

> Em uma **notícia** predominam as **sequências narrativas**, que relatam a sucessão dos acontecimentos, situando-os no **tempo** e no **espaço**.

8. Antes de iniciar a leitura da notícia, você refletiu sobre a relação dos animais com as pessoas.

a) Em que outras situações, além da relatada na notícia, um cão pode proteger e ajudar pessoas?

57

b) Leia os textos a seguir.

I.

https://emais.estadao.com.br/noticias/comportamento,lei-autoriza-visita-de-pets-em-hospitais-de-sao-paulo,70002182100

Lei autoriza visita de pets em hospitais de São Paulo

REDAÇÃO – O ESTADO DE S. PAULO
07/02/2018, 19:40

A partir de hoje, pacientes internados em hospitais municipais de São Paulo podem receber a visita de seus animais de estimação. A lei foi publicada nesta quarta-feira, no Diário Oficial do Município.

A proposta de lei é do vereador Rinaldi Digilio (PRB), que defende que a visita do animal pode contribuir com o tratamento, pois é uma forma de levar "carinho e alegria" ao paciente internado.

[...]

Para receber a visita dos bichinhos, no entanto, foram determinadas algumas regras básicas. É preciso pedir autorização do médico responsável pelo paciente e agendar a visita na administração da unidade de saúde.

O pet deve estar limpo, vacinado e possuir laudo veterinário que ateste as boas condições de saúde. Eles devem ser levados em caixa de transporte adequados, além de utilizar guias e coleiras.

A entrada no hospital dependerá de autorização da comissão de infectologia e cada instituição poderá determinar outras normas e procedimentos específicos para organizar o tempo e o local de encontro entre dono e animal de estimação.

[...]

Disponível em: <https://emais.estadao.com.br/noticias/comportamento,lei-autoriza-visita-de-pets-em-hospitais-de-sao-paulo,70002182100>. Acesso em: 6 jun. 2018.

II.

http://g1.globo.com/sao-paulo/sorocaba-jundiai/mundo-pet/noticia/2016/07/projeto-leva-caes-para-visitar-idosos-em-asilo-de-marilia.html

26/07/2016 07h15 – Atualizado em 26/07/2016 17h03

Projeto leva cães para visitarem idosos em asilo de Marília

Animais "arrancaram" sorrisos dos moradores do abrigo. Vinte cachorros e voluntários de uma ONG participaram da ação.

O projeto "Anjos de Patas" busca fazer a diferença para os idosos de asilos que aguardam a semana toda por uma visita. No asilo São Vicente de Paulo, em Marília (SP), os cães visitaram os idosos e arrancaram sorrisos dos novos amigos neste fim de semana.

Os animais levaram um pouco de alegria para os moradores que já passaram dos 60 anos.

[...]

A intenção foi justamente essa, quebrar o gelo e preencher o espaço com o calor humano e animal.

TV TEM. Disponível em: <www.g1.globo.com/sao-paulo/sorocaba-jundiai/mundo-pet/noticia/2016/07/projeto-leva-caes-para-visitar-idosos-em-asilo-de-marilia.html>. Acesso em: 6 jun. 2018.

O que você pensa sobre as duas iniciativas? Que laços de afeto costumam ser criados entre os animais domésticos e as pessoas que com eles convivem?

Linguagem, texto e sentidos

1) Releia o título da notícia: "Cão dos bombeiros é treinado para ser salva-vidas em praias de SC".

   a) No primeiro parágrafo, você encontrará o nome representado pela sigla SC. Qual é esse nome?

   b) Como é formada essa sigla?

   c) Considerando o que você já observou nos títulos de notícia ao longo da unidade, explique por que, no título acima, foi usada a sigla e não o nome por extenso.

   d) Qual outra sigla podemos encontrar na notícia sobre Ice? O que ela representa?

   e) Qual é a sigla do estado em que você vive?

2) Pesquise com os colegas o significado das siglas assinaladas nos seguintes títulos de notícias.

   I.

   http://ultimosegundo.ig.com.br/educacao/2017-11-05/enem.html

   Enem tem maior índice de faltas desde 2009, com abstenção de 30% dos candidatos

   Disponível em: <www.ultimosegundo.ig.com.br/educacao/2017-11-05/enem.html>. Acesso em: 6 jun. 2018.

   II.

   https://g1.globo.com/educacao/noticia/mec-facilita-abertura-de-cursos-superiores-a-distancia-e-preve-uso-na-educacao-basica.ghtml

   MEC facilita abertura de cursos EaD e prevê uso em 'situações emergenciais' na educação básica

   Disponível em: <www.g1.globo.com/educacao/noticia/mec-facilita-abertura-de-cursos-superiores-a-distancia-e-preve-uso-na-educacao-basica.ghtml>. Acesso em: 6 jun. 2018.

   III.

   http://agenciabrasil.ebc.com.br/economia/noticia/2017-01/contribuinte-podera-atualizar-cpf-pela-internet-partir-da-proxima-semana

   Contribuinte poderá atualizar CPF pela internet a partir da próxima semana

   Disponível em: <www.agenciabrasil.ebc.com.br/economia/noticia/2017-01/contribuinte-podera-atualizar-cpf-pela-internet-partir-da-proxima-semana>. Acesso em: 6 jun. 2018.

> **Sigla** é um tipo de abreviação que reduz algumas palavras com o objetivo de tornar mais ágil a comunicação.
> A sigla é formada pelas letras iniciais que compõem a expressão – como **SC** para **S**anta **C**atarina ou **CEP** para **C**ódigo de **E**ndereçamento **P**ostal. Nesses casos, as letras da sigla são todas maiúsculas.
> Ela pode também ser formada por partes das palavras – como em **Embrapa** para **Em**presa **Bra**sileira de **P**esquisa **A**gropecuária. Em casos como esse, a sigla aparece, em geral, apenas com a primeira letra maiúscula.

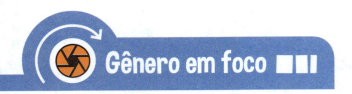

Notícia

1 Nas notícias lidas no texto do Capítulo 1 e no texto do Capítulo 2 desta unidade, você observou algumas características próprias do gênero. Vamos relembrar?

Texto do Capítulo 1

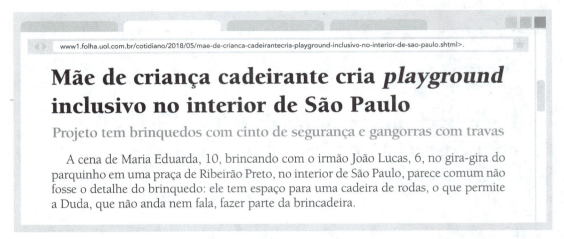

Texto do Capítulo 2

a) Nos dois trechos, para que serve a informação dada na linha que vem abaixo do título?

b) Identifique, no primeiro parágrafo de cada notícia, os seguintes elementos:
- De quem se fala?
- Onde se passa o fato relatado?
- Qual é o assunto a ser desenvolvido na notícia?

c) Que função tem o parágrafo inicial de uma notícia?

d) Essa parte inicial de uma notícia, formada por título, subtítulo e primeiro parágrafo, tem a função de:
- explicar todo o desenvolvimento da notícia para poupar o leitor de ler o restante.
- detalhar o conteúdo da notícia para um leitor interessado em ler atentamente todo o jornal.

- apresentar de forma resumida o conteúdo da notícia e despertar o interesse do leitor em lê-la.
- resumir pontos menos importantes da notícia, deixando o leitor curioso para ler o restante.

> O **título** de uma notícia contém os elementos principais dela, apresentados sinteticamente. Abaixo do título aparece o subtítulo, chamado de **linha fina**, que complementa o título. O título e a linha fina, ou subtítulo, apresentam os principais pontos da notícia.
>
> O primeiro parágrafo de uma notícia chama-se **lide** (ou *lead*, em inglês). No lide é apresentado resumidamente o assunto ou se destaca o fato essencial. Ao escrever o lide, deve-se responder às questões básicas de toda notícia: **O quê? Quem? Quando? Onde? Como? Por quê?**
>
> A função desses três elementos que compõem a notícia é atrair a atenção do leitor, despertar sua vontade de ler o texto completo.

2 Observe a fotografia da notícia "Cão dos bombeiros é treinado para ser salva-vidas em praias de SC".

a) Quem é retratado na fotografia? Como ele aparece?

b) O que a fotografia pretende ressaltar?

c) Qual é a função da fotografia na notícia?

d) A presença da fotografia provoca que efeito de sentido na notícia?

3 Destaque da notícia sobre o cão Ice o que se pede.

a) Uma informação que valoriza o currículo de Ice dada sob a forma de números.

b) Datas, explicando a que se referem.

c) Explique qual é o efeito de sentido causado por informações comprovadas por dados numéricos.

4 Nas notícias lidas, você identificou depoimentos das pessoas envolvidas. Relembre:

a) Quem falou sobre a importância de criar brinquedos que favoreçam a inclusão de crianças deficientes no texto do Capítulo 1?

b) De quem são as falas citadas em discurso direto na notícia sobre Ice no texto do Capítulo 2?

c) Para que servem as falas citadas em discurso direto nas notícias?

5 O jornalista que escreve a notícia:

a) usa que pessoa verbal?

b) opina, expõe seu ponto de vista? Por quê?

> Uma notícia é escrita em 3ª pessoa e não costuma apresentar a opinião do jornalista que a escreve. A notícia deve ser objetiva e imparcial em seu relato. Para reforçar o efeito de sentido de objetividade e imparcialidade, a notícia apresenta **dados concretos** e sujeitos a comprovação e **cita falas** de pessoas envolvidas no fato noticiado. As fotografias que ilustram uma notícia costumam reforçar o efeito de sentido de verdade e objetividade. Tudo isso cria a credibilidade da notícia e possibilita ao leitor que acredite na verdade do que lê.

6 Você examinou, na abertura desta unidade, a fotografia de uma banca de jornal. Nela são vendidos jornais impressos (que também podem ser entregues em casa, para quem for assinante). Traga para a escola alguns jornais do dia e, com os colegas, observe as capas ou as primeiras páginas para discutir as questões a seguir.

a) Que assuntos aparecem nas capas? São de interesse local? Nacional? Internacional?

b) As notícias dos jornais diários tratam de acontecimentos ocorridos em que momento do tempo?

c) Que notícias da capa poderiam interessar a um leitor que gosta de ler sobre: Futebol? Política? Economia? Cultura? Que outros assuntos aparecem? Interessam a que leitor?

7 Ainda em grupo, procure na internet as primeiras páginas dos jornais que você e os colegas examinaram na atividade acima. Compare com o que você observou nos jornais impressos. Existem diferenças quanto:

a) aos assuntos noticiados?

b) ao momento no tempo em que acontece o fato relatado na notícia?

c) ao público que se espera atingir?

Ampliar

Joca
www.jornaljoca.com.br

Portal para jovens e crianças que traz notícias e reportagens sobre o Brasil e o mundo. Trata do universo infantojuvenil com linguagem simples e de fácil compreensão. Em 2011, passou a ser publicado em versão impressa, mantida até hoje.

> ↑ Um jornal costuma divulgar notícias atuais de interesse público sobre acontecimentos **locais**, **nacionais** e **mundiais**. A diversidade de assuntos num jornal procura atender aos diferentes interesses dos leitores.

Você sabia que...

...o primeiro jornal brasileiro não nasceu no Brasil, mas em Londres, na Inglaterra, em junho de 1808? Era o *Correio Braziliense*, fundado por Hipólito José da Costa. O jornal tinha circulação mensal e seu objetivo era criticar a administração do governo instalado no Brasil.

...para ser lido no Brasil, o *Correio Braziliense* vinha de navio, clandestinamente, e demorava cerca de um mês para chegar aqui?

...esse jornal existe ainda hoje e estampa em sua capa a informação sobre sua fundação?

...que também em 1808 foi impresso o primeiro jornal em território brasileiro? Era a *Gazeta do Rio de Janeiro*, que circulava duas vezes por semana e era editado pela Imprensa Régia, a editora criada por D. João VI em sua chegada ao Brasil. Publicava principalmente atos governamentais.

...que o jornal mais antigo em circulação na América Latina é o *Diário de Pernambuco*? Ele foi criado em 1825 e continua em circulação até hoje.

Capa do jornal *Correio Braziliense*, volume I, fundado em 1808.

Capa do jornal *Gazeta do Rio de Janeiro* de 10 de setembro de 1808.

Capa do jornal *Diário de Pernambuco* de 2 de maio de 1994.

Língua em foco

Substantivo

1 Nesta unidade, você leu uma notícia sobre um cão muito especial. Releia o título e a linha fina.

> http://g1.globo.com/sc/santa-catarina/noticia/2016/07/cao-dos-bombeiros-e-treinado-para-ser-salva-vidas-em-praias-de-sc.html
>
> ### Cão dos bombeiros é treinado para ser salva-vidas em praias de SC
>
> Labrador Ice faz parte de um projeto para salvamento aquático. [...]

a) No título, que sintagma nominal indica o sujeito da oração?

b) Na linha fina, que expressão retoma o sujeito identificado no título?

c) A expressão que aparece na linha fina é mais geral ou mais específica do que a que aparece no título? Explique sua resposta.

d) Releia os três primeiros parágrafos da notícia. Localize todas as palavras ou expressões que se referem ao cão dos bombeiros.

e) Agora reescreva o trecho a seguir substituindo todas as palavras e expressões que se referem a Ice por "o cão".

> O herói de quatro patas passará o verão se arriscando para resgatar banhistas. O labrador premiado está em treinamento em um projeto para preparar cães com habilidades na água.

f) Compare a versão que reescreveu no item anterior ao texto original da notícia.
   • Houve diferença quanto às informações lidas em cada caso? Por quê?
   • Que versão é mais adequada para o texto da notícia? Explique sua resposta.

g) Com base nos itens anteriores, explique por que, ao longo da notícia, palavras ou expressões diferentes são usadas para designar o cão.

Para falar de seres e objetos, bem como de sentimentos, estados e lugares, usamos palavras que pertencem ao grupo dos **substantivos**. Assim, tanto **cão** quanto **herói** são exemplos de substantivos. Na notícia, substantivos como **cão** e **labrador** funcionam como núcleo dos sintagmas nominais e servem para **organizar**, **relacionar** e **acrescentar** informações em um texto.

Usar variados substantivos nos sintagmas nominais evita repetições, mantém o tema e adiciona dados sobre o assunto em questão.

2. Leia a tirinha *Coletivos*, de Adão Iturrusgarai.

Adão Iturrusgarai. Disponível em: <http://acervo.folha.uol.com.br/fsp/2005/04/30/32>. Acesso em: 20 out. 2017.

a) Em sua opinião, por que o título da tirinha é *Coletivos*? **atividade oral**
b) No último quadrinho, o que seria esperado de acordo com a lógica do texto?
c) Qual seria, de fato, o coletivo de abelha? Se necessário, faça uma breve pesquisa.
d) Por que a tirinha se torna divertida?

> Os substantivos também podem indicar um grupo ou conjunto de seres ou objetos. No cotidiano, usamos, por exemplo, **substantivos coletivos** como **multidão**, **cacho** e **biblioteca** para indicar, respectivamente, uma grande reunião de pessoas, um conjunto de frutas ou de fios de cabelo e um conjunto de livros.

3. O cartaz a seguir apresenta as personagens da série de tiras chamada Galera da Praia, criada por Renato Barreto em parceria com o Projeto Tamar – uma das mais importantes iniciativas brasileiras para a conservação de espécies marinhas ameaçadas de extinção.

Disponível em: <www.tamar.org.br/galera_da_praia.php>. Acesso em: 6 jun. 2018.

a) A que a palavra **galera** se refere no cartaz?
b) Trata-se de um substantivo coletivo? Explique sua resposta.
c) Essa palavra geralmente é usada em situações formais?
d) Agora imagine que substantivo coletivo você usaria ao cumprimentar um grupo de colegas:

- no início de uma apresentação oral de uma pesquisa na escola?
- depois de uma partida de futebol na quadra da escola?

4 Leia alguns destaques selecionados em notícias.

a) O primeiro destaque relata o curioso atraso de uma equipe jornalística brasileira ao cobrir um evento na África do Sul, em 2011.

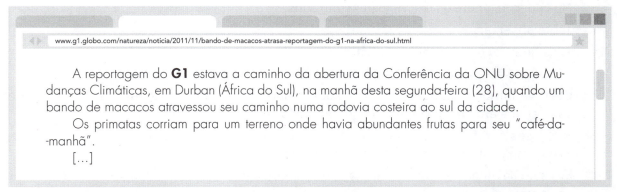

Dennis Barbosa. Bando de macacos "atrasa" reportagem do G1 na África do Sul. *Portal G1*, 28 nov. 2011. Disponível em: <www.g1.globo.com/natureza/noticia/2011/11/bando-de-macacos-atrasa-reportagem-do-g1-na-africa-do-sul.html>. Acesso em: 6 jun. 2018.

- Que sintagmas nominais, na notícia, nomeiam os animais envolvidos?
- Que verbos concordam com esses sintagmas nominais?
- Justifique o uso dos verbos no singular e no plural.
- Qual dos núcleos dos sintagmas nominais identificados é um substantivo coletivo?

b) O segundo destaque mostra o título e o início da notícia sobre um hospital público do estado do Rio de Janeiro.

Disponível em: <www.noticias.r7.com/rio-de-janeiro/balanco-geral-rj/videos/multidao-enfrenta-fila-em-hospital-universitario-de-niteroi-23052018>. Acesso em: 6 jun. 2018.

- Que substantivo coletivo aparece acima? Explique seu significado.
- Em que forma estão os verbos que se referem ao substantivo que você identificou no item **a**?
- Com base no que observou nos itens **a** e **b**, escreva uma conclusão sobre o uso de substantivos coletivos e os verbos que os acompanham.

> O substantivo coletivo indica um grupo ou conjunto, mas é uma palavra no singular, usada com verbos no singular. Veja: Multidão **enfrenta** fila no hospital. Nos textos, o uso dos substantivos coletivos contribui tanto para evitar a repetição de palavras quanto para antecipar, retomar e relacionar ideias.

5 Faça esta atividade em grupo.

- Pesquise em jornais e revistas o uso de outros substantivos coletivos.
- Depois, compare o resultado de sua pesquisa a exemplos de substantivos coletivos em gramáticas de língua portuguesa.
- Para isso, visite a biblioteca da escola ou da região.

a) No caderno, anote os exemplos encontrados.

b) Tente observar:
- os que são mais comuns no cotidiano;
- os que são usados em situações mais formais.

c) Observe também os substantivos coletivos apresentados nas gramáticas que, em geral, não são usados em nosso cotidiano nem em textos de jornais e revistas.
- Nesses casos, pense nas palavras ou expressões que comumente usamos para expressar o mesmo conteúdo dos coletivos encontrados nas gramáticas.

d) Em sala de aula, compare o resultado da pesquisa feita por seu grupo ao resultado encontrado por outros colegas.

6 Releia um trecho da notícia sobre o cão rebocador e responda às questões.

> Além de auxiliar nas buscas após o rompimento das barragens de Mariana, em Minas Gerais, [...] o cão Ice, do Corpo de Bombeiros de Santa Catarina, agora será salva-vidas nas praias, como mostrou o *Hora 1* desta quarta-feira (6).

No trecho, há vários substantivos.

a) Qual indica o nome do cachorro?

b) Quais indicam nomes de cidade e estado?

c) Quais indicam o nome de instituições e órgãos públicos?

7 Leia mais um trecho.

> Segundo o treinador do cão, sargento Evandro Amorim, Ice participaria, por exemplo, do salvamento simultâneo de três vítimas. [...]

a) Que substantivo se refere ao nome da espécie de Ice?

b) Que substantivo nomeia a função do sargento Evandro quando ele está cuidando de Ice?

c) O animal treinado pelos bombeiros é designado ora por um nome comum a todos de sua espécie, ora por seu nome individual.
- Quais são esses nomes?

d) Isso também acontece com o sargento bombeiro.
- Que substantivo indica sua função e qual o particulariza como indivíduo?

e) Que diferença de grafia existe entre os nomes que designam seres ou lugares da mesma espécie e os nomes próprios de um indivíduo, lugar ou corporação?

Além de coletivos, os substantivos podem ser comuns ou próprios.

Os **substantivos comuns** indicam os seres ou objetos de um grupo de forma geral. São grafados com letra inicial minúscula, como **cão, cidade** e **estado**.

Os **substantivos próprios** particularizam ou individualizam o nome dos seres ou de lugares. São grafados com a letra inicial maiúscula, como **Ice, Mariana** e **Minas Gerais**.

Acentuação

1 Leia esta tirinha da personagem Armandinho, de Alexandre Beck, em voz alta, pronunciando atentamente as palavras.

Alexandre Beck. Disponível em: <www.tirasarmandinho.tumblr.com>.
Acesso em: 10 abr. 2018.

a) A tira tem o objetivo de valorizar uma profissão. Qual?

b) Na forma escrita do nome dessa profissão, aparece um acento agudo. Você saberia citar outros nomes de profissão que tenham a mesma terminação e o mesmo acento?

c) Fale em voz alta e bem devagar a palavra **aventuras**. De que maneira você pronunciou o fonema final /**s**/?

d) Você já viu pessoas que pronunciam o /**s**/ final dessa palavra de modo diferente do seu? De que modo pronunciam?

e) Em sua opinião, que fatores influenciam as diferentes pronúncias das palavras?

f) As palavras que podem ser pronunciadas de modos diferentes são escritas de modos diferentes? Por quê?

Acentuação dos monossílabos tônicos e das oxítonas

1 Compare os itens a seguir.

I. É bom conhecer muito de **nós** mesmos.

II. É bom que **nos** conheçamos muito.

a) Quantas sílabas têm as palavras destacadas?

b) Qual das duas palavras tem um acento agudo?

2 No primeiro quadrinho da tira de Armandinho, considere o trecho "Para aventuras em lugares distantes..." e responda às questões.

a) Quantas sílabas tem a palavra **em**?

b) Leia em voz alta o trecho "Conhecer um pouco".

- Que palavra de apenas uma sílaba você identifica?

3 Faça uma experiência! Pronuncie, atentamente, os dois trechos anteriores e responda: as palavras de apenas uma sílaba têm força própria ou a pronúncia de cada uma apoia-se em outra palavra? Explique sua resposta.

4 Com base na experiência, retome o trecho analisado na atividade 1 "...E muito de nós mesmos.". De que modo a palavra **nós** se relaciona com as palavras vizinhas? Ela tem força própria ou a pronúncia da palavra apoia-se nas outras?

> As palavras que têm apenas uma sílaba são chamadas **monossílabos** (**mono**, do grego, quer dizer "um"). Os monossílabos podem ser **átonos** ou **tônicos**. São átonos quando precisam apoiar-se no acento tônico de uma palavra vizinha. Se eu digo a expressão "aventura em lugares distantes", o monossílabo **em** se apoia na sílaba anterior e pode mesmo juntar-se a ela na fala (*aventuraem lugares distantes ou *aventurem lugares distantes).
>
> Já os **monossílabos tônicos** são emitidos fortemente, têm acento próprio e não precisam apoiar-se em outra palavra. Em "muito de **nós** mesmos", o monossílabo em destaque é **tônico** porque, quando pronunciamos o trecho, a palavra **nós** é falada com força e não se apoia em nenhuma outra.

5 Leia a sinopse do livro *O menino monossilábico*, de Daniel Goltcher.

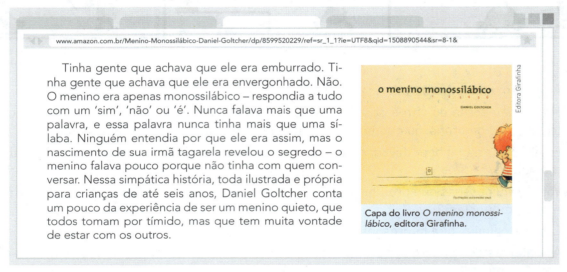

Sinopse de divulgação do livro *O menino monossilábico*. Disponível em: <www.amazon.com.br/Menino-Monossilábico-Daniel-Goltcher/dp/8599520229/ref=sr_1_1?ie=UTF8&qid=1508890544&sr=8-1&keywords=o+menino+monossilábico>. Acesso em: 4 abr. 2018.

a) Explique o sentido da palavra **monossilábico**, de acordo com o texto.
b) Por que o menino era monossilábico?
c) Você conhece alguma pessoa monossilábica? Ou você mesmo é ou já ficou monossilábico em algum momento da vida? Por quê?
d) Identifique as palavras que o menino usa para responder. Essas palavras são monossílabos átonos ou tônicos? Justifique sua resposta.
e) Qual dos monossílabos recebeu acento?

6 Observe este trecho e faça o que se pede: "Daniel Goltcher conta um pouco da experiência de ser um menino quieto".

a) Que monossílabos aparecem nele?
b) Qual monossílabo é tônico e quais são átonos?
c) Explique como você fez para identificar de que tipo são os monossílabos.

7 Leia a tira da personagem Snoopy e faça o que se pede.

Charles M. Schulz. *Ser cachorro é um trabalho de tempo integral*. São Paulo: Conrad, 2004. p. 61.

a) Destaque o monossílabo tônico que se repete no último quadro. Por que ele se repetiu?

b) Na tira, que monossílabos tônicos receberam acento agudo? O que eles têm em comum?

c) Assim como **pés**, as palavras **pás**, **pós**, **pé**, **pá** e **pó** também são monossílabos tônicos. Compare-os.

d) Com base nas atividades, formule uma regra de acentuação para os monossílabos tônicos.

> Acentuam-se os monossílabos tônicos terminados em **-a**, **-e**, **-o**, seguidos ou não de **-s**: **pá**, **pé**, **pó**, **pás**, **pés**, **pós**.
> Com alguns verbos, usa-se o acento circunflexo para diferenciar as formas do plural (**têm** e **vêm**) das formas do singular (**tem** e **vem**).

8 Releia um trecho da sinopse do livro.

> […] Ninguém entendia por que ele era assim, mas o nascimento de sua irmã tagarela revelou o segredo […].

a) Qual palavra recebe acento agudo? Separe suas sílabas.

b) Quantas sílabas tem? Em que sílaba está o acento?

c) Nas palavras **assim** e **revelou**, qual é a sílaba tônica (a de pronúncia mais forte)?

> As palavras **ninguém**, **assim** e **revelou** são oxítonas. Palavras oxítonas são aquelas com acento tônico na **última** sílaba.

d) Compare as escritas de **ninguém** e **armazém**. A que conclusões você chega em relação à acentuação dessas palavras?

e) Flexione **armazém** no plural. Não se esqueça do acento.

f) Reescreva a regra de acentuação sugerida nas atividades anteriores completando as lacunas.

Acentuam-se as palavras oxítonas terminadas em ★, ★.

9 Releia outro trecho da sinopse.

> […] Nessa simpática história, toda ilustrada e própria para crianças de até seis anos […].

a) Identifique a palavra oxítona que recebe acento gráfico.

b) Compare essa palavra com **café**. O que é possível observar?

10 Leia este trecho de uma reportagem sobre um senhor que começou a conhecer o mundo, na companhia do neto, aos 97 anos.

> [...] Antonio, tão alto, exibe uma energia de outros tempos. Senta-se no sofá e, só quando está quieto seu corpo manda sinais, confia e demonstra sua verdadeira idade: 97. "Tenho uma energia que nem eu acredito. Mas só percebo se estou de pé e em movimento. Se me sento já é outra coisa. É que fiz muito esporte, sabe?", diz Antonio [...].
>
> Virginia Mendoza. Mochileiro aos 97: este avô começou a conhecer o mundo com seu neto. *El País*, 1º jan. 2018. Disponível em: <https://brasil.elpais.com/brasil/2017/12/18/internacional/1513613064_845460.html>. Acesso em: 9 ago. 2018.

a) Que atos de Antonio demonstram sua verdadeira idade?

b) Quando ele percebe que tem energia incomum para sua idade?

c) Para responder às atividades anteriores, você usou palavras do texto que levam acento gráfico. Aproveite para destacar do trecho da reportagem uma palavra oxítona e quatro monossílabas graficamente acentuadas.

11 Leia agora o trecho de um artigo de opinião que fala das avós.

Quando você se torna avó

> Se <u>mãe</u> só tem uma, <u>avó</u> há muitas. As que trabalham fora de casa e as que só o fazem em casa; as que têm um avô ao lado e as que o deixaram ao longo do caminho; [...] avós caseiras e avós viajantes; as que cozinham magnificamente e as que pedem uma pizza na esquina. Avós que querem netos [...] e avós que se dividem entre que os netos as chamem de vovó, vó ou qualquer outro nome identificável, ou apenas pelo seu nome de batismo.
>
> Marta Neto. *El País*, 26 jul. 2017. Disponível em: <https://brasil.elpais.com/brasil/2017/04/02/cultura/1491151306_588830.html>. Acesso em: 9 ago. 2018.

a) Que nomes são usados para referir-se à figura que é tema do artigo?

b) Todos esses nomes são palavras que recebem acento gráfico. Qual deles é um monossílabo tônico? E quais são oxítonos?

c) Destaque, do título, a forma de tratamento usada pela autora.

12 Com base nos exemplos das duas atividades anteriores, escreva a regra de acentuação que pode ser depreendida.

Dominó da acentuação

Para você se divertir um pouco com as regras de acentuação dos monossílabos e oxítonos, que tal um jogo de dominó? Reúna-se em grupo com os colegas para fazer as peças e dar início ao jogo.

Para fazer as peças, usem tiras largas de papel ou cartolina, divididas ao meio por um traço grosso. Numa das partes, escrevam um exemplo de palavra monossílaba tônica ou oxítona acentuada. Na outra parte, uma regra de acentuação aprendida na unidade. Veja o exemplo.

Não se esqueça de fazer peças que possam combinar-se ao longo do jogo, ou seja, para cada exemplo haverá uma regra correspondente. Feitas as peças, seu grupo deve entregá-las para outro, que vai jogar. Da mesma maneira, um outro grupo destinará ao seu as peças que fez. Ganha o jogo o grupo que primeiro montar o dominó. Cada grupo autor de um jogo confere se o outro (o que recebeu o jogo) acertou as combinações e os encaixes.

Cristiane Viana

Oficina de produção

Notícia

Você escreverá uma notícia a respeito de algum fato ocorrido na escola. Ela será fixada no jornal mural da sala de aula. Assim, poderá ser lida não só pelos colegas de turma mas também por todos os que trabalham e estudam na escola.

Antes de começar, que tal fazer uma breve revisão sobre o gênero notícia?

1. Dois estudantes de Ensino Médio da cidade de Irecê, na Bahia, preocupados com os colegas com deficiência visual que não dispunham de material próprio para compreender um mapa geográfico, resolveram mudar essa situação. Pesquisaram, buscaram a orientação de uma professora e criaram um mapa inclusivo. Com materiais como retalhos de tecido e papel camurça, eles criaram um mapa tátil, em que, com o toque das mãos, é possível perceber, por exemplo, no mapa do Brasil, onde está a Floresta Amazônica e o oceano.

Você vai criar o lide dessa notícia, que, como aprendeu, resume, no primeiro parágrafo do texto, os elementos principais do relato e busca chamar a atenção do leitor. Depois de pronto o lide, crie também um título atraente. Os leitores serão seus colegas de turma. Os elementos do lide são:

Quem?	Estudantes do 1º e 2º ano do Ensino Médio do Colégio Estadual Luiz Viana Filho.
Onde?	Irecê, na Bahia.
O quê?	Criaram o mapa *Brasil acessível*, com dispositivos em diferentes texturas para cada região.
Para quê?	Para auxiliar os colegas com deficiência visual.

2. Caso você tivesse de dar continuidade à redação da notícia, teria de contar com depoimentos das pessoas envolvidas e dados para incluir nela. Quem você entrevistaria para colher depoimentos? De que dados precisaria para elaborar a notícia?

Produção da notícia

3. Cada um escreverá uma notícia, que será pendurada no mural depois da revisão de texto. A turma poderá fazer a inauguração do mural num dia especial, convidando professores, diretores e colegas da escola para o evento. Considerando que, na seção **Oralidade em foco**, deverá ser feita a locução de notícias escritas, no mesmo dia do evento de inauguração do mural pode ser organizada uma sessão de locução de algumas delas.

Preparação

4. **Escolha o fato a ser relatado.** Você deve escolher um fato a ser relatado na notícia. Pode ser uma festa, um problema, uma campanha. Desenvolva sua capacidade de observação e destine um tempo para observar o que se passa na escola. Está havendo uma campanha de doação de livros? Aconteceu uma festa comemorativa? O refeitório

está fechado por algum problema? Há lixo acumulado no pátio? Observe, converse com as pessoas, registre o que vem acontecendo na escola. Como resultado de sua observação cuidadosa, analise: Que fato daria uma boa notícia? Lembre-se de que o fato deve ter importância para a comunidade.

5. **Apure o fato.** Um bom jornalista é um bom observador. Tome notas sobre o que vê e escuta, entreviste pessoas para inserir seus depoimentos na notícia, apure dados objetivos e transforme-os em números. Se quiser, tire fotografias e escolha uma para ilustrar sua notícia.

6. **Escreva o rascunho do lide.** Com os registros de sua apuração em mãos, escreva uma primeira versão do lide da notícia. Nele, responda a todas ou a algumas das perguntas fundamentais que resumem a notícia para o leitor: O quê? Quem? Quando? Onde? Como? Por quê?

Realização

7. Retome o lide esboçado acima e dê forma final a ele. Em seguida, redija o restante da notícia, procurando encadear os fatos numa ordem compreensível para o leitor. No relato, inclua depoimentos em discurso direto de pessoas envolvidas e apresente dados. Sua notícia deve ter credibilidade, despertar confiança no leitor.

8. Use sequências narrativas para apresentar a sucessão dos acontecimentos. Situe os fatos no tempo e nos lugares em que ocorreu.

9. Use a 3ª pessoa e não manifeste sua opinião pessoal. A notícia deve ser imparcial e objetiva.

10. Releia a notícia. Escolha um título adequado, que contenha os elementos principais da matéria e possa despertar o interesse dos leitores. Abaixo dele, escreva a linha fina, com algumas informações complementares.

Revisão

11. Releia seu texto quantas vezes forem necessárias.

12. Verifique se a linguagem está adequada, se você cuidou bem da ortografia e da pontuação. Observe se fez adequadamente a concordância entre sujeito e predicado nas orações.

13. Confira a escolha das palavras, amplie seu vocabulário. Consulte o dicionário para escolher sinônimos e não repetir palavras.

14. Observe se as seguintes características do gênero foram contempladas.
    - O título, a linha fina e o lide resumem os pontos principais da notícia e estão adequados para chamar a atenção do leitor?
    - As sequências narrativas mostram o encadeamento dos acontecimentos?
    - Foram inseridos depoimentos em discurso direto?
    - Há dados informativos suficientes para conferir credibilidade à notícia?
    - O texto está escrito em 3ª pessoa, com objetividade e imparcialidade?

15. Depois de conferir todos os itens de revisão, passe a limpo a notícia e peça ao professor que a leia e apresente sugestões para você melhorar ainda mais seu texto.

Publicação

16. Feita a revisão final, prepare a notícia para publicação no jornal mural. Digite-a no computador ou escreva à mão, com capricho. Ilustre, se quiser, com uma fotografia. Com os colegas e o professor, monte um painel das notícias elaboradas pela turma. Convide colegas de outras salas, professores e diretores para a inauguração do jornal mural.

Locução de notícia — atividade oral

Você fará agora a locução da notícia que redigiu na **Oficina de produção**. Inspire-se nos apresentadores dos noticiários de televisão, chamados de **âncoras**. Eles não decoram as notícias apresentadas, mas as leem em um aparelho chamado *teleprompter*, que fica acoplado à câmera e não pode ser visto pelos telespectadores. Dessa forma, leem a notícia e, ao mesmo tempo, olham para a câmera, o que cria um efeito de naturalidade.

Preparação

1. Para narrar a notícia, é preciso lê-la muitas vezes, buscando a entonação e a gestualidade adequadas. Mantenha o ritmo lendo de maneira equilibrada, nem rápido demais nem lentamente. Você deve ler a notícia olhando, de vez em quando, para os espectadores. O olhar dirigido ao espectador cria contato, estabelece uma ligação entre quem fala e quem ouve.
2. Assista a alguns telejornais, observe como se comportam os **âncoras**, seu modo de falar, suas expressões faciais e gestuais.
3. Improvise um *teleprompter*. Você pode escrever o texto com letras grandes em cartolinas e consultá-las de vez em quando; ou pode digitar o texto em letras grandes, imprimi-lo e colá-lo em cartolinas, que serão passadas diante de você por um colega; ou ainda digitar o texto e passá-lo em um monitor.
4. Leia seu texto várias vezes para se acostumar com ele. A leitura precisa ser natural, sem vacilações nem tropeços.
5. A sala deve ser arrumada de forma diferente. Uma mesa com uma cadeira será colocada de frente para as demais. As apresentações podem ser gravadas para avaliação posterior.

Realização

6. Na hora da apresentação da notícia, a turma deve ficar em total silêncio para não distrair nem atrapalhar o apresentador em sua leitura.
7. Durante a leitura, olhe diretamente para a câmera ou para um ponto fixo e não faça gestos bruscos. A leitura deve apresentar um ritmo equilibrado. Faça pausas e apresente sua notícia de forma leve, com entonação que destaque as informações mais importantes. Evite expressões faciais que demonstrem emoção ou julgamento do fato narrado. O tom de voz deve ser equilibrado, nem alto nem baixo demais. Um âncora deve ser confiável. Para isso, precisa demonstrar serenidade, equilíbrio e firmeza.

Autoavaliação

8. Depois da leitura, avalie seu desempenho na locução da notícia. Se a apresentação foi gravada, assista à gravação. Caso não tenha sido gravada, pense no que você sentiu e na reação dos colegas. Para sua avaliação, considere as questões a seguir.

   - Sua leitura foi natural e fluente?
   - Você manteve uma postura imparcial e objetiva?
   - O auditório ficou atento? Como você lidou com a emoção vivida ao contar o fato?
   - Você percebeu como foi sua entonação, se a usou de forma adequada?
   - O que você precisa aperfeiçoar para a próxima vez?

Caleidoscópio

POLÍTICAS DE ACESSIBILIDADE

As ações de políticas de acessibilidade destinam-se a criar oportunidades iguais de acesso a bens e serviços a todas as pessoas de um grupo social. São vários os exemplos de iniciativas que fazem parte das políticas de acessibilidade. Veja alguns:

Instalação de rampas para cadeirantes

Sinalização sonora para pessoas cegas ou com deficiência visual

Presença de intérpretes de Libras (Língua Brasileira de Sinais) em eventos públicos para pessoas com deficiência auditiva

Você sabia?

Do total da população do Brasil (209.210.989 habitantes, em 4 de julho de 2018, conforme o IBGE), **6,2% declararam ter algum tipo de deficiência**.

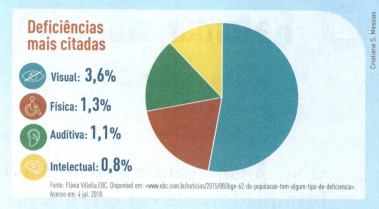

Deficiências mais citadas
- Visual: **3,6%**
- Física: **1,3%**
- Auditiva: **1,1%**
- Intelectual: **0,8%**

Fonte: Flávia Villella. EBC. Disponível em: <www.ebc.com.br/noticias/2015/08/ibge-62-da-populacao-tem-algum-tipo-de-deficiencia>. Acesso em: 4 jul. 2018.

No Brasil, a Lei nº 7.853/89 (de 1989) e o Decreto nº 3.298/99 (de 1999) viabilizaram a política nacional para a integração da pessoa com deficiência. Essa legislação garante o acesso igualitário aos bens e serviços do espaço urbano às pessoas com deficiência.

Mas, se você observar seu entorno, verá que nem sempre a lei é cumprida. Muitas vezes a pessoa com deficiência tem dificuldade para se locomover nos espaços públicos das cidades, precisando da ajuda de outras pessoas.

E sua escola? Ela é inclusiva? Converse com os colegas sobre as questões a seguir.

1. Os alunos que têm alguma dificuldade de mobilidade por deficiência visual, auditiva ou física conseguem se movimentar pelos espaços da escola com autonomia?
2. Quais são as dificuldades que esses alunos enfrentam para circular pela escola com autonomia?
3. Que suportes sua escola oferece a esses alunos para garantir igualdade de acesso a todas as instalações?
4. É possível aprimorar o acesso desses alunos aos serviços da escola? Como? Que iniciativas ou soluções você sugere?

Retomar

Leia o texto a seguir e responda às questões.

www.agenciabrasil.ebc.com.br/educacao/noticia/2017-10/ong-buscavoluntarios-para-montar-brinquedotecas-em-creches-do-pais

ONG busca voluntários para montar **brinquedotecas** em creches do país

A organização não governamental (ONG) Visão Mundial abriu campanha nacional em busca de voluntários que ajudem na montagem de brinquedotecas em creches comunitárias no país e também de doações de brinquedos, livros e **mobília** para esses espaços. A intenção é beneficiar diretamente cerca de 2 mil crianças, segundo a assessora nacional de Educação da ONG, Andreia Freire.

Serão atendidas instituições de Recife, São Paulo, Salvador, Fortaleza, Maceió, do Rio de Janeiro, de Brasília e dos sertões alagoano e do Rio Grande do Norte.

A ONG tem foco na proteção à infância e atua em comunidades brasileiras há mais de 42 anos, desenvolvendo ações em prol do bem-estar das crianças. "Uma das ferramentas **pedagógicas** que a gente utiliza para desenvolver essas ações é o calendário dos direitos", destaca Andreia.

Esse calendário anual elege algumas datas vinculadas ao direito da infância. Neste mês de outubro, é dada ênfase ao brincar, em comemoração ao Dia da Criança, porque a prática tem relação com a infância e com o seu desenvolvimento. A partir da experiência no contato e no diálogo com escolas e creches municipais das comunidades onde atua, a Visão Mundial percebeu a ausência de espaços que promovam o brincar e o espaço **lúdico** necessário para que as crianças tenham esse ambiente favorável ao seu desenvolvimento.

"Daí surgiu a ideia de focar essa data, este ano, na **primeira infância** e na promoção de uma **mobilização** das pessoas das cidades, em prol da estruturação das brinquedotecas", diz Andreia. O objetivo é envolver as pessoas das cidades para que percebam a importância do brincar para a criança, **sobretudo** na primeira infância.

[...]

Brinquedoteca, Piracicaba (SP), 2013.

Glossário

Brinquedoteca: coleção de jogos e brinquedos organizada num espaço destinado a estimular a criança a brincar.
Lúdico: recreativo, que serve para divertir e dar prazer.
Mobília: conjunto de móveis de um ambiente.
Mobilização: envolvimento; aliança em torno de uma causa comum.
Pedagógico: destinado ao ensino.
Primeira infância: os primeiros seis anos de vida.
Sobretudo: principalmente.

Alana Gandra. ONG busca voluntários para montar brinquedotecas em creches no país. *EBC*, 7 out. 2017. Disponível em: <www.agenciabrasil.ebc.com.br/educacao/noticia/2017-10/ong-busca-voluntarios-para-montar-brinquedotecas-em-creches-do-pais>. Acesso em: 6 jun. 2017.

1. Releia o título e o lide.

   a) No título, qual é o sujeito da ação de buscar voluntários para montar brinquedotecas?

   b) No lide, como esse sujeito é apresentado?

   c) O título informa para que serão montadas brinquedotecas? E o lide? Justifique sua resposta com a localização de um trecho da notícia.

   d) Com base nessa comparação, o que você pode dizer sobre a função do lide em relação ao título da notícia?

2. Releia os trechos a seguir.

   I. "A ONG tem foco na proteção à infância e atua em comunidades brasileiras há mais de 42 anos, desenvolvendo ações **em prol** do bem-estar das crianças".

   II. "Daí surgiu a ideia de focar essa data, este ano, na primeira infância e na promoção de uma mobilização das pessoas das cidades, **em prol** da estruturação das brinquedotecas, [...]".

   a) Considerando o contexto em que foi empregada, você saberia substituir a expressão "em prol", nos dois trechos, por outra de sentido equivalente?

   b) Volte ao texto da notícia e localize os dois trechos. Indique qual deles está em discurso direto e de quem é a fala.

   c) Explique a importância da transcrição da fala de pessoas envolvidas numa notícia.

3. Segundo a notícia:

   a) Qual é o objetivo da campanha promovida pela ONG Visão Mundial?

   b) Qual é a importância da criação de brinquedotecas?

   c) Que tipo de mobilização vem sendo desenvolvido pela ONG?

4. Que regras explicam a acentuação das palavras em destaque a seguir?

   a) "A intenção **é** beneficiar [...]"

   b) "[...] e **também** de doações [...]"

5. Releia este trecho.

   [...] A partir da experiência no contato e no diálogo com escolas e creches municipais das comunidades onde atua, a Visão Mundial **percebeu** a ausência de espaços que promovam o brincar e o espaço lúdico necessário para que as crianças tenham esse ambiente favorável ao seu desenvolvimento.

   a) Que sintagma nominal exerce a função de sujeito do verbo em destaque?

   b) Por que esse verbo foi empregado no singular?

   c) O substantivo que exerce a função de sujeito é próprio ou comum? Justifique sua resposta.

77

UNIDADE 3

Encenações

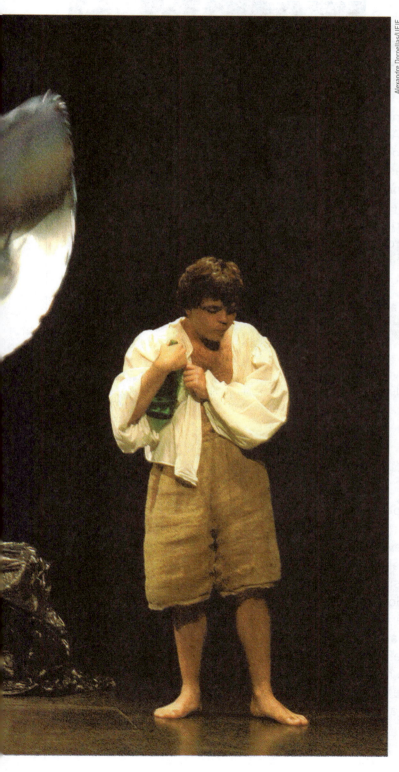

Antever

1. Observe a fotografia ao lado. O que parece estar acontecendo?

2. Que personagens compõem a cena? Como estão distribuídos? Em que lugar? Quais são as cores das vestimentas? Há algum jogo de luz e sombra? Se houver, o que ele valoriza na cena?

3. Você imagina que história está sendo contada?

4. Leia a legenda da fotografia e verifique se sua impressão se confirma.

5. Você já assistiu a alguma peça de teatro? Conte aos colegas como foi essa experiência. Não se esqueça de mencionar o nome da peça, onde e quando ela foi encenada. Responda também: O que você sentiu? Que elementos compõem uma peça teatral? Em sua opinião, o que é teatro?

Nesta unidade você descobrirá a magia do teatro. Arte que acompanha a vida social desde os tempos mais antigos, o teatro expressa a dor e a alegria do ser humano em encenações que buscam comover e inquietar o espectador.

Fotografia de cena da peça *A tempestade*, de Shakespeare, encenada pelo grupo Divulgação, da Universidade Federal de Juiz de Fora, em 2006. A fotografia foi apresentada em uma exposição realizada em 2014 no Fórum da Cultura da Universidade Federal de Juiz de Fora (UFJF). A peça conta a história de um duque que tem o título roubado pelo próprio irmão e faz de tudo para recuperar sua posição.

CAPÍTULO 1

Antes da leitura

Você sabe quem é a pessoa na fotografia ao lado?

Nesta unidade você lerá uma peça teatral escrita por ela. Atriz, professora, diretora e escritora, Maria Clara Machado nasceu em 1921, em Belo Horizonte. Em 1951 fundou, no Rio de Janeiro, o grupo teatral O Tablado. Na sede do grupo passou a montar suas peças e a dar aulas de teatro. Ao longo de mais de trinta anos, Maria Clara formou atores, diretores e profissionais de artes cênicas, escreveu e dirigiu várias peças. *Pluft, o Fantasminha*, que estreou em 1951, é sua obra mais conhecida e foi traduzida para diversos idiomas. Maria Clara Machado faleceu em 2001, no Rio de Janeiro.

Em seu livro *A aventura do teatro & Como fazer teatrinho de bonecos*, Maria Clara escreveu:

> A coisa mais importante do teatro é o ator. O escritor de teatro tem uma ideia na cabeça. Ele escreve uma peça. Esta peça tem que ser contada no palco, pois é só no palco que a história de teatro pode viver. O compositor que escreve uma música precisa de um instrumento para poder comunicá-la. No teatro, o intérprete e o instrumento são a mesma coisa: o ator.
>
> [...]

Maria Clara Machado. *A aventura do teatro & Como fazer teatrinho de bonecos*. Rio de Janeiro: Singular, 2009. p. 19.

Maria Clara Machado segurando o troféu Mambembe, recebido pelos 45 anos de O Tablado, na categoria Grupo, Movimento ou Personalidade, durante evento no Rio de Janeiro, 1997.

Que tal interpretar como um ator?

Este é um jogo em que ninguém fala, usa apenas a expressão do corpo. Fique de pé na sala de aula ou no pátio da escola. O professor vai marcar o ritmo batendo palmas ou usando um instrumento de percussão, como um tambor. Os alunos devem andar de acordo com o ritmo e concentrar-se nos movimentos das pernas, dos braços e na respiração. Depois o professor dará vários comandos, como: andar alegre, andar triste, com medo, despreocupado, andar com alguma dor, andar atrasado para a escola, andar como se estivesse sendo perseguido etc. Você deve executar os comandos livremente, de acordo com suas próprias experiências. Preste atenção a seus movimentos e aos dos colegas. Se não se sentir à vontade para participar da atividade, permaneça em seu lugar e observe. Você pode dar importantes contribuições na roda de conversa que virá a seguir.

No final da atividade, todos falarão, em uma roda de conversa, sobre o que acharam do jogo e o que descobriram sobre a capacidade do corpo de expressar ideias, emoções e afetos.

O teatro une a expressão corporal à fala dos atores com base em um texto que é escrito para ser encenado. Pense nisso ao ler o texto a seguir.

MAROQUINHAS FRU-FRU RECEBE UMA SERENATA

> **Personagens:** Maroquinhas (dama loura, frágil, indefesa) – Zé Meloso (poeta) – Pedrito (guarda-noturno, valente, noivo de Maroquinhas) – Empregados

> CENÁRIO: Uma praça com a casa de Maroquinhas ao fundo. Uma janela com cortina leve. É noite. (*Surge Zé Meloso com grande capa preta e chapéu de abas. Sob a capa, um violão*).

Ato único

ZÉ MELOSO: Onde será? Onde será a casa dela? É aqui. Não. Sei que é o número 35, mas está tão escuro que nada vejo. Sinto cheiro de jasmim... Ouço um suspiro forte de moça. De onde virá? Daqui? Não, este ainda não é o número 35. É o 33. Diga 33, Zé Meloso, para ver se acalma o seu coração. Estou perto, 33, 33, 33, eis o 35. Vou começar a agir agora mesmo. E vocês verão que do Zé Meloso ninguém ganha. (*Cantando*). Ai! Ai! Quem tem cavanhaque é bode. Com Zé Meloso ninguém pode! (*Joga a capa preta na beira do palco e tira um violão.*). Lá...lá...lá...(*Cantando*). Ma...Ma... Ma...roquinhas...Maroquinhas...

Meu morango, minha uva, meu abacate,
Meu chuchu, meu repolhinho, meu mamão,
Teus olhinhos
Me derretem o coração...

Oh! Beleza encantadora...Oh! Senhora...Fru-Fru! Fru das Fru-Frus... (*Pausa*) Vejo luz no quarto da minha bela, oh! oh!

MAROQUINHAS: (*Aparecendo à janela*) Oh! Desconhecido, de onde vindes? Quem sois vós que a esta avançada hora vindes despertar-me dos meus sonhos?

ZÉ MELOSO: Sou o Zé de Sousa Meloso, vim de Minas Gerais, e trouxe para a senhora lindos presentes da minha terra. Um filhote de zebu, um santinho de pedra-sabão e uma água-marinha. E trago ainda um pote de melado, um papagaio falador e um xale de tricô.

MAROQUINHAS: Um pote de melado! Oh, senhor Meloso, que delicadeza! Estava mesmo sonhando com um pote de melado... Um papagaio! Um xale de tricô! Ai, meu Deus!

ZÉ MELOSO: Então sonhavas comigo! (*Noutro tom*) Que perigo!
MAROQUINHAS: Nem tanto, senhor, nem tanto!
ZÉ MELOSO: E agora, minha empada, meu tutu, meu pastelão,
Minha rosa, meu cravo, meu jasmim
Comecem a música, pi-rim-pim-pão…
E tragam os presentes, pi-rim-pim-pim…
(*Começam a desfilar os presentes trazidos pelos criados*). (*Pedrito, o guarda, aparece num canto e fica muito surpreso.*)
PEDRITO (*Para o público*): Que vejo, meu Deus, que vejo! Será um ladrão? Sou o guarda Pedrito e tenho que vigiar a casa de Maroquinhas Fru-Fru. Oh! É uma serenata. Vou me esconder. (*Esconde-se*)
MAROQUINHAS: Oh, senhor Meloso! Que presentes tão lindos!
ZÉ MELOSO: E agora, minha senhora Fru-Fru, posso começar a serenata?
MAROQUINHAS: Pode, sim.
ZÉ MELOSO: Vim de longe do sertão,
Passei serra, passei mundo,
Tô cansado, tô imundo,
Queridoca, tô aqui
Pra pedir a tua mão.
(*Noutro tom*) Senhora, vim pedi-la em casamento.
MAROQUINHAS: Oh! Oh! Oh!
PEDRITO (*Para o público*): Em casamento! Ora vejam só!
ZÉ MELOSO: Sou solteiro, batizado e vacinado, tenho casa com jardim e galinheiro. Senhora Fru-Fru, quer casar comigo? (*Noutro tom*). Também tenho dinheiro.
MAROQUINHAS: Oh senhor … senhor! Sou noiva… (*Bem melodramática*)
PEDRITO (*Aliviado*): Ah!
ZÉ MELOSO: Quem é o noivo?
MAROQUINHAS: O guarda Pedrito.
PEDRITO (*Para o público*): Eu.
ZÉ MELOSO: O guarda Pedrito? Ha… ha…ha… (*Rindo*).
PEDRITO (*Com um pau na mão*): Ha… ha… ha… o quê?
ZÉ MELOSO (*Sempre sem ver Pedrito*): Aquele guarda é um bobão…
MAROQUINHAS: Oh!
ZÉ MELOSO: Que nem sabe tocar violão!
MAROQUINHAS: Ah! Isto é verdade.
PEDRITO: Oh!
ZÉ MELOSO: E nem sabe cantar as modinhas da cidade.
MAROQUINHAS: Ah, isto é verdade.
PEDRITO: Oh!
ZÉ MELOSO: E nem sabe dar lindos presentes.
MAROQUINHAS: Isto é verdade.
ZÉ MELOSO: Ele por acaso já deu tão ricos presentes?
MAROQUINHAS: Somente um saco de pipocas. (*Sempre com voz declamatória*)
ZÉ MELOSO: E estavam gostosas?
MAROQUINHAS: De-li-ci-o-sas…
ZÉ MELOSO: Espere um pouco. (*Sai de cena e volta logo depois, seguido de um empregado, carregando um enorme saco de pipocas*)
MAROQUINHAS (*Içando o saco e provando as pipocas*): Estas também estão deliciosas!
ZÉ MELOSO: Senhora Fru-Fru, em nome dessas pipocas, quer se casar comigo?
MAROQUINHAS: Não posso, senhor, não posso. (*Declamando*) Sou n-o-i-v-a…
ZÉ MELOSO: O guarda Pedrito não sabe jogar futebol, sabe?
MAROQUINHAS: Não, ele não sabe.
ZÉ MELOSO: E, ainda por cima, o guarda Pedrito é um grande medroso.

Cartaz da peça "Maroquinhas Fru--Fru", de 1961. Arte de Anna Letycia.

MAROQUINHAS: Ah, isso não... O guarda Pedrito é o guarda mais corajoso do mundo. E o senhor pode ir embora, está ouvindo? Ninguém pode chamar o guarda Pedrito de medroso. (*Entra e fecha a janela*)

ZÉ MELOSO: Senhora Fru-Fru, senhora Fru-Fru... volte, que eu também sou corajoso...

PEDRITO (*Entrando em cena*): Se é corajoso, prepare o muque.

ZÉ MELOSO (*Fugindo*): O guarda Pedrito... Ui... Ui... (*Pedrito persegue Meloso, iniciam um jogo de esconde-esconde até que brigam.* [...] *dirigi-se depois para a janela de Maroquinha*).

PEDRITO (*Com voz doce*): Maroquinhas... Maroquinhas... Apareça, minha querida.

VOZ DE MAROQUINHAS: Já disse, senhor Meloso, que não quero nada com o senhor...

PEDRITO (*Para o público*): Ela está pensando que eu sou o Meloso. (*Para a janela*). Sou eu, Maroquinhas, sou eu, o guarda Pedrito.

MAROQUINHAS: E ainda por cima querer passar pelo guarda Pedrito. Imitando a voz dele. Espere aí, que você aprenderá. (*Aparece com um vaso-d'água e derrama em cima de Pedrito, jogando, a seguir, o vaso em sua cabeça.*) E agora vá-se embora, senhor Meloso... homem audacioso.

PEDRITO: Ui... Ui... (*Cambaleia e desmaia*).

MAROQUINHAS (*Percebendo o que fez*): Oh! É o Pedrito... Oh, que fiz? Será que quebrei o seu nariz? (*Sai da janela e desce em cena*)

PEDRITO: Ai! Ai!

MAROQUINHAS: Aqui estou, meu formoso... tudo por causa do Meloso. (*Abana Pedrito*) Será que ele morreu? Acorde, Pedrito, que eu entro num **faniquito**.

PEDRITO: Ai! Ai!

MAROQUINHAS: Oh! Ele está vivo... acorde, acorde, meu herói...

PEDRITO (*Levantando-se*): Ai, minha cabeça, como dói...

MAROQUINHAS: Oh! Pedrito, vamos passear, vamos ao parque.

PEDRITO: Comprar pipocas?

MAROQUINHAS: Sim, pipocas. Vamos. Pedrito, vamos logo. São tão gostosas as pipocas do parque...
[...]

PEDRITO: Maroquinhas...

MAROQUINHAS: Que é, Pedrito?

PEDRITO (*Envergonhado*): Eu... eu tenho uma surpresa para você...

MAROQUINHAS (*Curiosa*): O que é, Pedrito?

PEDRITO (*Envergonhadíssimo*): Sabe Maroquinhas... eu fiz um verso para você... (*Dá uma corridinha e volta encabulado*).

MAROQUINHAS (*Deslumbrada*): Oh! Pedrito, diga. Diga logo, Pedrito... deve ser tão bonito...

PEDRITO: Então lá vai:
Quando o Meloso vi em tua janela,
Confesso que fiquei bastante aflito,
Mas logo vi que o maior amor no mundo
É só de Maroquinhas e de Pedrito...

MAROQUINHAS: Lindo... Lindo, Pedrito, profundo... você é o poeta melhor do mundo... E o melhor guarda-noturno!

PEDRITO: Vamos passear? Meu bem!

MAROQUINHAS: Vamos, Pedrito, vamos comer pipocas.

(*Os dois saem, de braços dados*).

VOZ AO LONGE: Olha o pipoqueiro...

PANO – FIM

Glossário

Faniquito: crise nervosa curta e sem gravidade; chilique.

Encenação da peça "Maroquinhas Fru-Fru" com Maria Miranda e Paulo Nolasco, em 1961.

Maria Clara Machado. *A aventura do teatro & Como fazer teatrinho de bonecos*. 2. ed. Rio de Janeiro: Singular, 2009. p. 112-120.

Estudo do texto

1. As personagens de uma peça situam-se em determinado lugar e época.
   a) Quais são as personagens da peça?
   b) Onde a ação se passa?
   c) Que cenário você criaria para encenar esse texto?
   d) Em que época está situada a história da peça?
   e) Em sua opinião, a peça é séria ou descontraída? Leva o espectador a rir ou chorar? Justifique sua resposta.

2. Observe atentamente o nome das personagens.
   a) O que sugere o sobrenome **Meloso**? Leia os significados da palavra, que é um adjetivo, em um dicionário *on-line*.

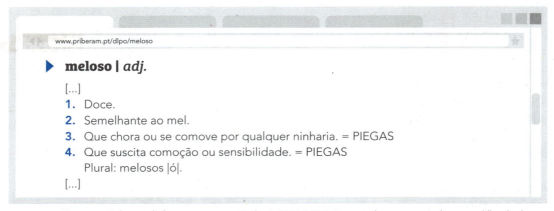

Dicionário Priberam da língua portuguesa (on-line), 2008-2013. Disponível em: <www.priberam.pt/dlpo/meloso>. Acesso em: 9 abr. 2018.

   • Qual ou quais desses sentidos mostram a relação entre o sobrenome de Zé Meloso e a personalidade dele? Justifique sua resposta.
   b) Você já ouviu a palavra **fru-fru**? Veja algumas acepções desse verbete.

   > **fru-fru** [...] *sm.* **1.** *Pop.* Aquilo que é infantilizado, ingênuo [...]. **2.** *Pop.* Conjunto de enfeites, babadinhos etc. com que se ornam as roupas. **3.** Rumor de folhas ou tecido, ger. de seda.

   Caldas Aulete. *Minidicionário contemporâneo da língua portuguesa.* 2. ed. Rio de Janeiro: Lexicon, 2009. p. 388.

   • Que relação há entre o significado de **fru-fru** e o modo como Maroquinhas é caracterizada?
   c) Pedrito é diminutivo de Pedro, nome que se relaciona a **pedra**. Que contraste há entre os nomes Zé Meloso e Pedrito?

3. Volte à página 81 e releia a cena da chegada de Zé Meloso.
   a) De onde ele vinha?
   b) O que ele pretendia fazer?
   c) De acordo com as informações do texto, é possível supor que Zé Meloso já conhecia Maroquinhas? Explique sua resposta.
   d) Maroquinhas já conhecia Zé Meloso? Justifique sua resposta.

4. Para tentar conquistar Maroquinhas, Zé Meloso usa várias estratégias.

   a) O que ele trouxe para Maroquinhas?
   b) O que ele disse que tinha?
   c) Quais são os talentos dele?
   d) O que ele afirma sobre o guarda Pedrito?
   e) Resuma as estratégias usadas por Zé Meloso em sua tentativa de conquistar Maroquinhas.

5. Maroquinhas não aceitou a proposta de casamento.

   a) Por quê?
   b) O que isso prova em relação às estratégias de conquista de Zé Meloso?
   c) O que você pensa da atitude de Maroquinhas?

6. Releia o trecho a seguir.

   [...] Diga 33, Zé Meloso, para ver se acalma o seu coração. Estou perto, 33, 33, 33, eis o 35. Vou começar a agir agora mesmo. E vocês verão que do Zé Meloso ninguém ganha. (*Cantando*). Ai! Ai! Quem tem cavanhaque é bode. Com Zé Meloso ninguém pode! (*Joga a capa preta na beira do palco e tira um violão.*). Lá...lá...lá...(*Cantando*). Ma...Ma... Ma... roquinhas...Maroquinhas...

   Além da fala da personagem, o que mais aparece no trecho?

7. No início do texto há indicações sobre as personagens.

   a) Localize as indicações para:
      - Maroquinhas.
      - Zé Meloso.
      - Pedrito, o guarda-noturno.
   b) Quais características você acrescentaria a cada personagem, depois de ter lido o texto e conhecido melhor cada uma delas?

8. Chamam-se **rubricas** as instruções entre parênteses ao longo do texto ou antes dele. Leia as passagens a seguir e explique a função de cada rubrica.

   MAROQUINHAS (*Aparecendo à janela*)
   MAROQUINHAS (*Deslumbrada*): Oh! Pedrito, diga. Diga logo, Pedrito... deve ser tão bonito...
   PEDRITO Ui... Ui... (*Cambaleia e desmaia*)
   MAROQUINHAS Vamos, Pedrito, vamos comer pipocas.
   (*Os dois saem, de braços dados*).

9. Releia a fala de Pedrito e fique atento à rubrica.

   PEDRITO (*Envergonhado*): Eu... eu tenho uma surpresa para você...

   a) Por que Pedrito estava envergonhado?
   b) Em outra passagem do texto, as rubricas indicam que o estado expresso por Pedrito na passagem acima deve se acentuar.
      Localize tal passagem no texto e transcreva-a em seu caderno.
   c) Indique, na nova rubrica, um sinônimo para **envergonhado**.
   d) A indicação sobre o estado da personagem orienta o ator que estiver representando o papel na encenação. Como você acha que o ator representaria essa cena?

85

10 Releia a passagem a seguir e observe o verbete de dicionário com os significados da palavra "melodramático":

MAROQUINHAS: Oh senhor ... senhor! Sou noiva... (*Bem melodramática*)

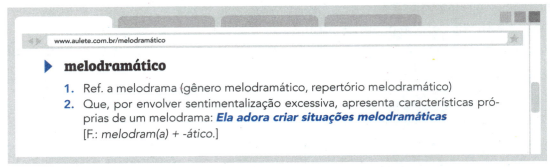

Melodramático. In: *Aulete Digital*. Disponível em: <www.aulete.com.br/melodramático>. Acesso em: 9 abr. 2018.

a) A indicação na rubrica recomenda que Maroquinhas se expresse de que modo?
b) Experimente dizer a fala de Maroquinhas em tom melodramático. Depois descreva de que modo projetou sua voz.
c) Você já protagonizou ou presenciou uma situação melodramática? Conte como foi.

11 Como as rubricas ajudam na encenação do texto?

12 Qual é a diferença entre o texto dramático que você leu e a encenação dele no palco?

Linguagem, texto e sentidos

1 Observe o trecho a seguir.

ZÉ MELOSO: O guarda Pedrito não sabe jogar futebol, sabe?
MAROQUINHAS: Não, ele não sabe.

a) Qual é a função dos sinais de pontuação usados no final das falas de Zé Meloso e de Maroquinhas?
b) Por que podemos afirmar que eles estão conversando?
c) De que modo a pontuação usada no texto escrito contribui para a entonação, o modo de dizer dos atores na encenação?

> Em uma peça de teatro em que dois ou mais atores estão no palco, as falas diretas das personagens são encadeadas como em uma conversa: um pergunta, outro responde. Isso caracteriza o **diálogo**. No diálogo há troca de falas entre personagens por meio do **discurso direto**.

2 Volte ao texto e releia as sete falas a partir da que vem destacada a seguir. Três alunos podem lê-las em voz alta, como se fossem as personagens.

ZÉ MELOSO (*Sempre sem ver Pedrito*): Aquele guarda é um bobão...

a) Que entonação Zé Meloso pode ter dado à frase: "Que nem sabe tocar violão!"? Que sinal de pontuação sugere essa entonação?
b) Como Maroquinhas reage às afirmações de Zé Meloso? Que tipos de frase emprega?
c) O guarda Pedrito reage com uma frase de apenas uma palavra ao diálogo entre Maroquinhas e Zé Meloso. Destaque-a e explique os sentimentos que expressa.

3 Imagine que você está feliz porque acabou de ser convidado para ir ao teatro.

a) Expresse sua alegria em apenas uma palavra.

b) Sua resposta corresponde a uma frase? Por quê?

> As palavras e expressões que usamos para demonstrar sentimentos e emoções são chamadas **interjeições**. Exemplos: Ai! Oba! Viva! Psiu! Tomara!
>
> As interjeições são um tipo de frase, constituem um enunciado de sentido completo, com entonações variadas, e são representadas na escrita por diferentes sinais de pontuação: Hein? (interrogativa); Psiu! (imperativa); Epa! (exclamativa); Ahn-ahn... (afirmativa).

Ampliar

O Tablado

Para obter mais informações sobre Maria Clara Machado, O Tablado e as peças escritas por essa dramaturga e diretora de teatro, consulte: <www.otablado.com.br>. Acesso em: 9 abr. 2018.

4 Leia o trecho em que Pedrito entra de repente na cena.

> PEDRITO (*Entrando em cena*): Se é corajoso, prepare o muque.
> ZÉ MELOSO (*Fugindo*): O guarda Pedrito... Ui... Ui...

a) Que interjeição foi empregada por Zé Meloso? O que ela indica?

b) Observe a fala de Zé Meloso. Em sua opinião, ele disse tudo o que estava pensando? Por quê?

c) Você conhece o sinal de pontuação que está no final dessa fala de Zé Meloso? Qual é?

> O sinal de pontuação **reticências** indica a continuidade de uma ideia que não se completa com o fim da frase.

5 Na frase de Pedrito:

> PEDRITO (*Levantando-se*): Ai, minha cabeça, como dói...

a) Que interjeição é empregada? Que sentido ela indica?

b) Como você continuaria a fala de Pedrito? Que sinal de pontuação empregaria para terminar a frase?

6 Releia mais um trecho do diálogo.

> ZÉ MELOSO: *Ele por acaso já deu tão ricos presentes?*
> MAROQUINHAS: *Somente um saco de pipocas.* (Sempre com voz declamatória)
> ZÉ MELOSO: *E estavam gostosas?*
> MAROQUINHAS: *De-li-ci-o-sas...*
> [...]
> ZÉ MELOSO: *Senhora Fru-Fru, em nome dessas pipocas, quer se casar comigo?*
> MAROQUINHAS: *Não posso, senhor, não posso.* (Declamando) *Sou n-o-i-v-a...*

a) Em duas falas de Maroquinhas, foram separados elementos das palavras. Identifique, em cada uma, que elementos são esses.

b) Reproduza o diálogo com um colega. Como foram ditas essas duas palavras?

c) Que efeito tem esse recurso de dividir as palavras num diálogo? Para que serve?

> A modalidade escrita da língua pode reproduzir certos recursos próprios da modalidade oral. Para dar expressividade à fala e destacar palavras, costuma-se pronunciá-las mais vagarosamente. Na escrita, isso se reproduz com a divisão silábica ou a divisão em letras da palavra que se quer enfatizar.

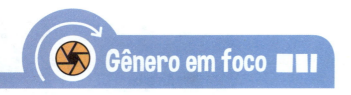

Texto dramático

Leia a cena inicial de outra peça de Maria Clara Machado, "João e Maria". Trata-se de uma adaptação do clássico conto registrado por volta do século XIX pelos irmãos alemães Jacob e Wilhelm Grimm. Na peça, a madrasta de João e Maria, vendo a fome e a pobreza tomarem conta da família, convence o pai das crianças a abandoná-las na floresta. Na primeira vez, elas são levadas pelo pai e conseguem voltar. Na segunda vez, a madrasta as deixa numa parte mais profunda da floresta. As crianças não conseguem voltar e encontram uma casa feita de pães e doces. Ficam muito felizes, mas quem mora lá é uma bruxa muito má.

1ª CENA

Na casa dos pais. A madrasta e o pai discutem.
MADRASTA – Então está decidido. Temos que nos livrar dos meninos. O dinheiro não dá mais.
PAI – Mas são meus filhos, mulher. Não posso fazer isso com eles...
MADRASTA – O que adianta esperar mais, marido? Não temos nem comida, nem roupa, nem nada para dar a eles. O melhor é deixá-los na floresta. Quem sabe eles podem se virar e arranjar o que comer? Joãozinho é muito esperto e Maria também.
PAI – Não posso imaginar meus filhinhos sozinhos na floresta.
MADRASTA – Se você ainda arranjasse um emprego! Estou cansada de trabalhar o dia inteiro para nada.
PAI – Vou sentir tanta falta deles!
MADRASTA – Sentir falta não enche barriga de ninguém. Vá logo pegar seu machado e vamos levá-los hoje mesmo para a floresta...
PAI – Então vá preparar uns agasalhos para eles não morrerem de frio na floresta. Vou buscar meu machado.
(Os dois saem. Entram João e Maria, que ouviram tudo.)
[...]

Maria Clara Machado. João e Maria. In: *Os cigarras e os formigas e outras peças*. Rio de Janeiro: Nova Fronteira, 2009. p. 11-12.

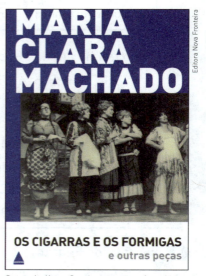

Capa do livro *Os cigarras e os formigas e outras peças*, Nova Fronteira, 2009.

1 Analise a rubrica: *Na casa dos pais. A madrasta e o pai discutem.*
   a) Qual é a função de cada indicação dessa rubrica?
   b) Converse com os colegas e, pela rubrica, tentem imaginar os gestos dos atores nessa cena.

2 A 1ª cena corresponde a uma situação inicial.
   a) Que personagens dialogam? Sobre quem falam?
   b) Identifique o problema, o conflito que caracteriza a cena inicial.
   c) De acordo com essa cena, é possível prever que a peça a ser encenada será alegre ou triste?

Um texto dramático é constituído pelas falas das personagens e pelas rubricas, que são as orientações do autor. O objetivo desse tipo de texto é ser encenado.

O autor de um texto teatral é denominado **dramaturgo**. Essa palavra é formada por dois termos de origem grega: *dráma*, que significa "representação teatral", e *ergon*, que significa "trabalho". Dramaturgo é aquele que trabalha fazendo dramas ou peças de teatro.

Há dois principais gêneros teatrais: **tragédia** e **comédia**, simbolizados pelas máscaras acima, que representam o teatro. Na tragédia encenam-se ações dolorosas da condição humana. Na comédia, o objetivo é provocar o riso.

3 As peças "Maroquinhas Fru-Fru recebe uma serenata" e "João e Maria" aproximam-se da tragédia ou da comédia? Por quê?

4 Na peça "Maroquinhas Fru-Fru recebe uma serenata", identifique:

a) a situação inicial;

b) a complicação;

c) o clímax;

d) a situação final.

5 Com os elementos identificados na questão anterior, escreva um resumo da peça "Maroquinhas Fru-Fru recebe uma serenata".

> Em um texto dramático, as ações são interligadas para formar o **enredo**. O enredo é organizado em etapas.
> 1. **Situação inicial**: apresentação de um problema.
> 2. **Complicação**: surgimento de um conflito.
> 3. **Clímax**: momento decisivo e de maior tensão.
> 4. **Situação final**: quando ocorre o desenlace e o problema inicial é resolvido.
>
> O enredo é desenvolvido nas cenas. As **cenas** formam conjuntos denominados **atos**, que são semelhantes aos capítulos de uma narrativa.

6 Releia esta passagem a seguir da peça "Maroquinhas Fru-Fru recebe uma serenata".

PEDRITO

(*para o público*) Que vejo, meu Deus, que vejo! Será um ladrão? Sou o guarda Pedrito e tenho que vigiar a casa de Maroquinhas Fru-Fru. Oh! É uma serenata. Vou me esconder. (*Esconde-se*)

a) A fala de Pedrito é dirigida a quem? Como é possível obter essa informação?

b) De quem Pedrito se esconde?

c) Zé Meloso e Maroquinhas sabem que Pedrito estava vigiando a casa?

7 Observe a rubrica no final do trecho inicial de "João e Maria".

(Os dois saem. Entram João e Maria, que ouviram tudo.)

a) Que informações ela traz?

b) Se você fosse o diretor da peça, que elementos colocaria no cenário dessa cena para cumprir o que pede a rubrica?

8 Leia parte da continuação de "João e Maria".

MARIA – Você ouviu, João? Eles vão nos deixar sozinhos na floresta.

JOÃO – Ouvi sim. Ainda bem que ouvimos tudo. Assim poderemos voltar.

MARIA – Voltar como?

JOÃO – Tive uma ideia. Na mata vamos deixando cair umas pedrinhas e assim, quando eles nos deixarem, sabemos o caminho de volta.

MARIA – Que bom, João. Você é mesmo inteligente. Então vamos logo catar as pedrinhas.

JOÃO – Vamos!

(Os dois saem. Chega o pai com o machado.)

[...]

Maria Clara Machado. João e Maria. In: *Os cigarras e os formigas e outras peças*. Rio de Janeiro: Nova Fronteira, 2009. p. 13.

a) Que ação João e Maria pretendem executar? Por que eles farão isso?

b) Enquanto conversam, João e Maria deixam claro que ouviram toda a conversa. Quem já sabia disso? Para responder, pense no texto dramático e na encenação.

c) Em sua opinião, o desenlace do conflito será positivo ou negativo para eles? Por quê?

9 Maroquinhas e a madrasta são duas personagens femininas. Maroquinhas é caracterizada como uma dama frágil e indefesa. E a madrasta? Como é caracterizada?

10 De que modo o trecho de "João e Maria" apresenta o caráter do pai? Por quê?

11 Veja uma fotografia da montagem da peça "João e Maria" no teatro O Tablado, em 1980.

Cena da peça "João e Maria", no teatro O Tablado, em 1980.

a) As roupas dos atores em cena são chamadas **figurinos**. Como os figurinos ajudam a perceber aspectos da vida de João e Maria?

b) **Cenário** é o conjunto de elementos visuais que compõem o espaço de representação. De acordo com a fotografia, como se caracteriza o cenário dessa cena?

c) A fotografia é em preto e branco, mas é possível notar partes mais claras e outras mais escuras no cenário. Que recurso do teatro cria o efeito de claro/escuro?

d) Com base na leitura de trechos do texto dramático e na observação da fotografia acima indique as diferenças entre o texto dramático e a encenação.

> O diretor de teatro cria uma encenação para o texto usando a movimentação e a interpretação dos atores, música e sonoplastia, cenários, iluminação e figurinos. O texto da peça manifesta-se na linguagem verbal por meio de diálogos entre os atores. A encenação une elementos visuais, sonoros, gestuais e verbais. Todos esses elementos juntam-se na linguagem do teatro.

12 Todo gênero textual tem um propósito de comunicação: uma receita de comida ensina a preparar alimento; uma placa de trânsito informa uma norma de trânsito.

a) Em sua opinião, quem se interessa em ler um texto dramático?

b) Qual é o propósito comunicativo do gênero textual texto dramático?

c) Onde circula o texto dramático para ser encenado?

Língua em foco

Processos de formação de palavras

1 Releia trechos da peça que conheceu no Capítulo 1.

I. "Um pote de melado! Oh, senhor Meloso, que **delicadeza**! [...]"
II. "Oh! **Beleza** encantadora… Oh! Senhora… Fru-Fru! [...]"

a) Agora considere as palavras **delicadeza** e **beleza**. O que elas têm em comum quanto à forma?

b) Você consegue citar outras palavras que terminem da mesma forma?

c) Sem a terminação **-eza**, que palavras teríamos? E nos exemplos que você mencionou acima?

d) Com base no que observou, o que se pode afirmar sobre o uso dessa terminação junto a algumas palavras?

> Em língua portuguesa há processos que permitem formar palavras a partir de outras que já existem. Esse é um recurso muito importante, porque ajuda a ampliar o vocabulário com base em um conjunto de palavras já conhecidas.

Derivação e composição

2 Observe o cartaz de uma peça de teatro na página seguinte para responder às questões.

a) Qual é o assunto da peça?

b) No título da peça, qual palavra se refere a um lugar?

c) Explique por que você associou uma das palavras ao nome de um lugar.

d) Identifique o elemento que se repete em todas as palavras do título da peça e dê sua opinião sobre o sentido dessa repetição.

e) As personagens desenhadas no cartaz parecem assustadas ou assustadoras? Por quê? O que elas sugerem sobre a peça?

Palavras

Você já parou para pensar em quantas palavras usamos no dia a dia para nos comunicar? Também já reparou em como elas podem ser criadas com certa rapidez, de acordo com nossas necessidades de comunicação? Agora imagine se, a cada nova palavra da língua, criássemos formas totalmente diferentes das que conhecemos. Provavelmente, não seríamos capazes de memorizar e de lidar com todas elas, não é? A fim de evitar essa sobrecarga de memória e tornar a comunicação mais eficiente e econômica, a língua tem recursos que permitem que (re)aproveitemos e (re)combinemos elementos já conhecidos para formar novas palavras, como se estivéssemos "reciclando" o que já usamos.

Há alguns anos, na década de 1990, um ministro usou, em uma declaração pública, a palavra **imexível**. Na época, isso causou estranhamento e muita discussão. Apesar disso, a palavra pode ser plenamente compreendida com base nos elementos que a formam: **imexível** caracteriza algo em que não se pode mexer, que não se pode alterar. Afinal, assemelha-se a adjetivos como imóvel e **imodificável**, certo? Atualmente, inclusive, **imexível** já consta de vários dicionários da língua portuguesa.

Agora é a sua vez! Que tal brincar de formar palavras? Junte-se a alguns colegas e experimente criar palavras por meio de elementos que já fazem parte da Língua Portuguesa.

91

Uma das partes que compõem a palavra é o radical, que indica o significado básico dela. Nas palavras **monstruosos**, **monstrengos** e **Monstrópolis**, mantém-se, no radical **monstr-**, o elemento mínimo que contém o sentido básico dessas palavras.

3 Observe, na capa do livro ao lado, o título de uma peça teatral de Ariano Suassuna, escritor pernambucano.

a) Ao escolher o sintagma "casamento suspeitoso", o autor selecionou alguns sentidos para o casamento mencionado no título. Que sentidos seriam esses?

b) Compare o título das duas peças: a do livro e a do cartaz analisado na atividade 2. Identifique, em cada um, uma palavra formada com a mesma terminação. Compare as palavras e dê o significado da terminação.

> Para formar novas palavras, podemos acrescentar um elemento chamado **afixo** antes ou depois do radical. Nesses casos, as palavras são formadas por **derivação**.

4 Releia o trecho da serenata que Zé Meloso canta para Maroquinhas Fru-Fru.

Meu chuchu, meu **repolhinho**, meu mamão,
Teus **olhinhos**
Me derretem o coração... [...]

a) Quanto à forma, o que as palavras **repolhinho** e **olhinhos** têm em comum?

b) Se Zé Meloso usasse olhos em vez de olhinhos, o sentido seria equivalente?

c) Por que Zé Meloso chama Maroquinhas de **repolhinho**? Que sentido a palavra tem?

5 Você gostaria de criar um título de peça teatral que brincasse com palavras usando terminações iguais, elementos repetidos e outros recursos de formação de palavras? Forme um grupo com alguns colegas e experimentem brincar com as palavras da língua!

6 Em 2015, o escritor Zuenir Ventura tomou posse na Academia Brasileira de Letras, ocupando a cadeira que ficou vaga após a morte de Ariano Suassuna (1927-2014). Leia este trecho de uma notícia sobre o assunto.

[...] Algum lançamento em vista? "Por enquanto estou preparando só o meu discurso, não faço outra coisa a não ser ler e reler Ariano Suassuna." [...]

Miriam Gimenes. Zuenir é imortal. *Diário do Grande ABC*, 6 mar. 2015. Disponível em: <www.dgabc.com.br/Noticia/1246908/zuenir-e-imortal>. Acesso em: 9 ago. 2018.

a) Qual é a diferença de sentido entre as palavras **ler** e **reler**?

b) Que elemento, em uma dessas palavras, produz a diferença de sentido entre elas?

7 Uma coluna sobre turismo listou dez coisas irritantes nas viagens. Veja a de número 9.

9. Fazer, refazer e desfazer mala

Tatiana Cunha. *As 10 coisas mais irritantes de viajar*. Disponível em: <https://veja.abril.com.br/blog/modo-aviao/as-10-coisas-mais-irritantes-de-viajar/>. Acesso em: 9 ago. 2018.

a) Explique em que consiste cada ação indicada no título.

b) Qual é o radical dos verbos fazer, refazer e desfazer?

c) Se o radical é o mesmo, como foram criadas palavras com significados diferentes?

d) Crie verbos derivados de **compor** e **organizar** acrescentando a eles os afixos **re-** e **des-**. Dê o sentido das palavras formadas e identifique o sentido dos afixos.

> O elemento que se acrescenta antes do radical é o prefixo. Em **refazer**, **recompor** e **reorganizar**, o prefixo **re-** significa repetição. A palavra é formada por derivação prefixal ou prefixação.
> Já em **monstruoso**, acrescenta-se um elemento depois do radical, o sufixo **-oso**, que forma um adjetivo derivado de **monstro**. Há, então, **derivação sufixal** ou **sufixação**.

8 Considere a palavra **feliz**. É possível formar uma nova palavra com um prefixo e um sufixo adicionado a ela? Se for possível, pense em um exemplo.

9 Releia este trecho da peça "Maroquinhas Fru-Fru recebe uma serenata".

Sou o Zé de Sousa Meloso, [...] trouxe para a senhora lindos presentes [...]. Um filhote de zebu, um santinho de pedra-sabão e uma água-marinha. [...]

a) O que significam as palavras **pedra-sabão** e **água-marinha**? Se necessário, pesquise-as no dicionário.
b) O que há em comum na grafia e na formação dessas palavras?
c) O significado de **pedra-sabão** resulta do significado de cada termo isolado? E o de **água-marinha**?

> Além de por **derivação**, as palavras também são formadas por **composição**. Nesse caso, usamos dois ou mais radicais, lado a lado, para formar a nova palavra. O significado do todo pode ser diferente do que cada parte significa isoladamente. **Pedra-sabão**, **água-marinha** e **passatempo** são palavras compostas.

10 No texto da peça "Maroquinhas Fru-Fru recebe uma serenata" havia três personagens. Na rubrica inicial da peça, lemos:

[...] Maroquinhas (dama loura, frágil, indefesa) - Zé Meloso (poeta) - Pedrito (guarda-noturno, valente, noivo de Maroquinhas) [...]

a) Que tipo de palavra indica a profissão de Pedrito?
b) Nesse caso, o significado da palavra relaciona-se ao significado das partes que a formam? Explique sua resposta.

> Nas palavras compostas também pode haver uma relação entre o significado de cada parte e o significado do todo. Veja mais exemplos: **navio-escola** e **salário-mínimo**. Na primeira palavra, o segundo termo indica que o navio funciona como um local de ensino; e, na segunda, o segundo termo indica o menor valor possível que pode ser recebido por um trabalhador legalmente contratado.

11 Que tal fazer um quadro sinótico dos processos de formação de palavras? Descreva como ocorre cada processo e dê um exemplo.

Processo de formação	Descrição	Exemplo
Composição		
Derivação prefixal		
Derivação sufixal		

Escrita em foco

Uso de hífen em palavras compostas

1 Entre 2014 e 2016, o estado de São Paulo, principalmente na região metropolitana, passou por um período de escassez de água para o abastecimento da população. Leia a tira.

Willian Raphael Silva.

a) Explique a diferença de sentido entre o título da tirinha e o nome do objeto que se vê nos dois quadrinhos.

b) Explique como é formado o substantivo **guarda-chuva**.

c) Por que, segundo a tira, a forma de usar o guarda-chuva modificou-se entre os paulistanos?

2 Além de **guarda-chuva**, você conhece outros substantivos compostos com o verbo **guardar**?

3 Veja as palavras agrupadas a seguir.

  I. bem-te-vi, beija-flor, urso-polar
 II. erva-doce, capim-cidreira, capim-santo
III. banana-nanica; laranja-pera; tangerina-cravo

a) Em cada grupo, o que as palavras nomeiam?

b) Quanto à formação e à grafia, os substantivos são semelhantes? Por quê?

c) Tente formular uma regra para descrever o uso do hífen nesses casos.

> O sinal gráfico hífen (-) é usado para unir os elementos que formam algumas palavras compostas, por exemplo: **lava-louças**, **primeiro-ministro**, **médico-cirurgião**, **boa-fé**. Compostos que nomeiam espécies de plantas, frutas e animais são grafados com hífen. Uma exceção é **malmequer**, o outro nome da margarida.

4 Um *site* para estudantes e professores universitários publicou uma lista de dez livros clássicos que todos precisariam ler. Leia a descrição de duas dessas obras.

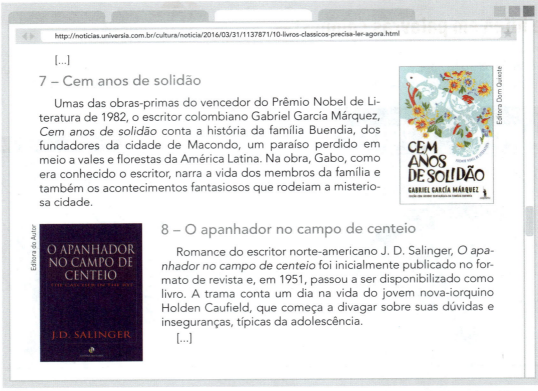

Os 10 livros clássicos que você precisa ler agora. *Universia Brasil*, 31 mar. 2016. Disponível em: <http://noticias.universia.com.br/cultura/noticia/2016/03/31/1137871/10-livros-classicos-precisa-ler-agora.html>. Acesso em: 11 jun. 2018.

a) Você já ouviu falar nesses livros?

b) Qual deles você mais gostaria de ler? Por quê?

c) Por que se descreve o primeiro livro como uma obra-prima?

d) Onde nasceu o escritor do segundo livro? Justifique sua resposta.

e) Mencione duas características que as palavras **norte-americano** e **nova-iorquino** têm em comum.

f) As palavras **obra-prima**, **norte-americano** e **nova-iorquino** são formadas da mesma maneira? Explique sua resposta.

> Usa-se o hífen em palavras compostas que indicam origem ou nacionalidade: **afro-brasileiro, luso-brasileiro, sul-africano**.

Vamos economizar água?

Para preservar a água de nosso planeta, é preciso que não a desperdicemos. Veja duas dicas para economizá-la no dia a dia.

- Reduza o tempo dos banhos. Tente tomar banhos rápidos e lembre-se de desligar o chuveiro enquanto se ensaboa.
- Feche a torneira enquanto estiver escovando os dentes. Uma torneira aberta gasta, em média, de 12 a 20 litros de água por minuto.

CAPÍTULO 2

# Antes da leitura

Leia a dica da escritora Ruth Rocha sobre a brincadeira **passa-anel** e, em seguida, discuta as questões com os colegas.

Na brincadeira do passa-anel, todos os seus amigos podem jogar.

Sentem em roda, com as mãos juntas. Você começa o jogo, você é o passador do anel. Segurando o anel entre as suas mãos juntas, vá passando suas mãos fechadas entre as mãos de seus amigos e, numa dessas passagens, largue o anel sem que ninguém perceba.

Cada jogador deve adivinhar com quem está o anel. Se acertar, é o próximo passador de anel. E a brincadeira continua…

Ruth Rocha. *Almanaque Ruth Rocha*. São Paulo: Moderna, 2011. p. 97.

1. Você conhece a brincadeira ensinada por Ruth Rocha? Parece interessante?
2. Observe as expressões "sentem em roda", "vá passando suas mãos", "largue o anel". Para que elas servem?
3. Leia o título do texto da página seguinte. Você imagina que ele é sobre o quê?
4. Antes de ler o texto, você saberia dizer como um texto dramático "sai do papel" e se transforma em peça encenada?

 Texto

Como montar uma peça

Quando surge o desejo de encenar uma peça, seja numa montagem profissional, seja numa amadora, a primeira coisa em que se deve pensar é: o que queremos dizer com ela? Que ideia queremos levar para o nosso público? O objetivo é fazer rir com uma comédia ou fazer chorar com uma tragédia? Ou ainda: queremos misturar as duas coisas e fazer uma tragicomédia? Daí a importância do primeiro item a se pensar:

O texto

Ele serve como um guia, como uma cartilha para o diretor, que apontará os caminhos a serem seguidos por toda a equipe.

Há duas possibilidades para uma montagem teatral:

1) Escolher um texto já existente, que contenha justamente as características desejadas, com seu tema e o número de atores, ou

2) Escrever um texto novo, usando as próprias ideias e estilo.

Um texto de teatro pode conter todas as descrições das cenas e também os diálogos que os atores irão decorar, ou pode ser feito apenas com indicações das ações que deverão ser improvisadas pelo elenco.

O autor de teatro é chamado de dramaturgo.

Direção

O diretor ou diretora da peça cria uma encenação a partir do texto escolhido. O dramaturgo normalmente indica o cenário, a época e a relação entre os personagens, mas cabe ao diretor decidir como os atores vão interpretar o texto, como será a movimentação deles no palco e qual o tipo de cenário, de figurino e de iluminação da peça. Também cabe à direção apontar os momentos em que haverá trilha sonora e mudança de iluminação.

Elenco

O elenco de uma peça pode ser composto por um ator ou uma atriz (nesse caso, chamamos a peça de monólogo), ou por vários atores e atrizes. Eles são os responsáveis por dar vida aos personagens

Vista de dentro da coxia para a plateia do Teatro Frei Caneca, em São Paulo, 2017.

criados pelo dramaturgo ao escrever a peça. Embora o texto traga uma descrição de como é cada personagem, fica a cargo dos atores, com seu talento e imaginação, criar a maneira de falar, o jeito de andar, o tom da voz, entre outras características físicas e psicológicas do papel que irá interpretar. [...]

Cenografia

A cenografia serve para criar a ambientação da peça, para que o público acredite que a história se passa em certo lugar e certa época. [...]

Figurinos

Assim como o cenário, os figurinos ajudam a traduzir visualmente para o público a época do texto encenado e também sua linguagem. Se a peça é realista e contemporânea, os figurinos são semelhantes às roupas que usamos no dia a dia. Se a peça for de época e estrangeira, o figurinista criará um vestuário que lembre o tempo e o lugar em que se passa a ação. [...]

Mas é claro que quando o assunto é teatro, o mais importante é ser criativo para conquistar a atenção e **apreciação** do público. [...] O bom figurinista é reconhecido pela capacidade de recriar um período de acordo com sua imaginação. [...]

Glossário

Apreciação: opinião; admiração.

Iluminação

A iluminação é um elemento cênico introduzido no teatro a partir de 1879, quando o inventor norte-americano Thomas Edison criou a lâmpada elétrica incandescente.

Antes disso, as peças de teatro eram feitas a céu aberto, como nas grandes arenas gregas, para que a luz do sol fosse aproveitada cenicamente, ou com tochas e velas presas em candelabros. [...]

Nas peças atuais, a iluminação ajuda a dar o clima e a ambientação da peça. Se a cena se passa durante o dia, a luz tende a ser amarela, para dar a sensação de calor. Quando encenamos a noite, a luz tende a ir para cores mais frias como o azul. [...]

Camarim de um desfile de moda, 2014.

Sonoplastia

A sonoplastia é todo o trabalho de seleção dos sons a serem usados na peça, tanto a música quanto os efeitos sonoros e ruídos da cena. [...]

Bastidores

As pessoas geralmente têm enorme curiosidade em conhecer os bastidores de um teatro, aquele lugar a que só a equipe da peça tem acesso. Mas o que de fato existe nos bastidores?

Coxias: são as laterais dos palcos, cobertas por cortinas pretas, geralmente de veludo, que são chamadas de "pernas" para que os atores que estão fora de cena não sejam vistos pela plateia. [...]

Palco e sala de controle, 2013.

Camarim: são as salas onde os figurinos ficam guardados e onde o elenco se troca, se maquia, se concentra e toma banho após as apresentações.

Cabine técnica: é a sala que geralmente está posicionada de frente para o palco, no alto, onde ficam as mesas de som e de luz. É o local de trabalho dos técnicos de som e de iluminação.

Agora que você já conhece o mundo do teatro, seus espaços escondidos, as etapas para montar uma peça e as principais funções de uma equipe, é só dividir as funções, ensaiar, abrir as cortinas e esperar pelos aplausos!

Marilia Toledo. Como encenar uma peça. In: Molière. *O doente imaginário*. 2. ed.
Tradução e adaptação de Marilia Toledo; ilustrações de Laerte. São Paulo: Editora 34, 2011. p. 123-133.

Estudo do texto

1. Segundo o texto, a montagem de uma peça pode ser **profissional** ou **amadora**. Como você pode definir uma montagem amadora?

2. Você estudou o diálogo no teatro, na seção **Linguagem, texto e sentidos**, no Capítulo 1 desta unidade.
   a) Compare as palavras **diálogo** e **monólogo**: o que há em comum na formação delas?
   b) *Logos*, em grego, significa "discurso, ideia". *Mono* significa "um". *Dia* significa "através de, por intermédio de". Diálogo ganhou, em português, o sentido de "conversa". De posse dessas informações, retome a parte do texto que você acabou de ler, intitulada "Elenco", e defina **monólogo**.

3. Segundo o texto, para fazer uma tragicomédia, mistura-se tragédia com comédia. Então, como deve ser a história de uma tragicomédia?

4. Quais são as diferenças entre a função do dramaturgo e a do diretor da peça?

5. Leia o título e o subtítulo de uma notícia publicada em um *site*.

Lance!, 28 ago. 2017. Disponível em: <www.terra.com.br/esportes/lance/diego-alves-destaca-retomada-de-confianca-no-elenco-doflamengo,cd57e7b7d3c0d2f9e262e55799bcdbb78sdoa0f3.html>. Acesso em: 11 jun. 2018.

- A palavra **elenco** tem o mesmo sentido nessa notícia e no texto "Como montar uma peça"? Explique as diferenças e as semelhanças entre os sentidos dessa palavra nos dois contextos.

6. O dramaturgo cria, inventa as personagens, mas quem realmente dá vida a elas?

7. Como os figurinos e a maquiagem ajudam na composição das personagens?

8. Imagine que você atuará em uma peça que se passa no Brasil no século XIX. Você interpretará um menino ou uma menina de 12 anos. Quais figurinos a seguir seriam adequados para a atuação?

9. Além do figurino e da maquiagem, que outro elemento visual contribui para determinar a época em que se passa a história? Por quê?

10. Uma invenção fez diferença na iluminação do teatro. Qual foi?
    a) Como eram iluminadas as peças antes disso?
    b) Na atualidade, como a luz ajuda na composição da encenação?

11. Observe as imagens a seguir. São da encenação da peça *Pedro Malazarte e a arara gigante*.

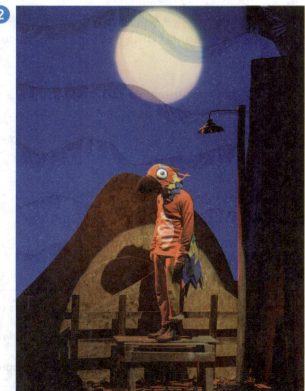

Fotografias da peça *Pedro Malazarte e a arara gigante*, de Jorge Furtado. Direção: Debora Lamm. Elenco: George Sauma, Luisa Arraes, João Pedro Zappa, Cadi Oliveira e André Sigaud. Direção de Produção: Tatianna Trinxet. Realização: Produtora Constelar.

a) De acordo com as fotografias, qual cena se passa de dia? Justifique sua resposta.

b) Que cena remete à noite? Justifique sua resposta.

c) Na cena 2, um recurso especial de iluminação foi projetado sobre o ator. Qual é o recurso e que efeito ele causa na cena?

d) Que diferenças podem ser notadas entre os cenários das duas imagens?

12 Imagine que você é o sonoplasta de uma peça. Que sons você produziria para representar:

a) uma pessoa perdida na floresta em uma tempestade?

b) uma estação de trem em funcionamento?

> Em uma encenação, todos os elementos devem se relacionar para formar um conjunto coerente, uma unidade de sentido. A encenação cria a linguagem do teatro, constituída de elementos visuais, sonoros, verbais e gestuais.

13 O texto "Como montar uma peça" está dividido em tópicos.

a) O que se pretende em cada tópico?

b) Relacione o título com os tópicos apresentados e diga qual é o objetivo do texto.

14 Releia o texto da seção **Antes da leitura** deste capítulo.

Na brincadeira do passa-anel, todos os seus amigos podem jogar.

Sentem em roda, com as mãos juntas. Você começa o jogo, você é o passador do anel. Segurando o anel entre as suas mãos juntas, vá passando suas mãos fechadas entre as mãos de seus amigos e, numa dessas passagens, largue o anel sem que ninguém perceba.

Cada jogador deve adivinhar com quem está o anel. Se acertar, é o próximo passador de anel. E a brincadeira continua...

a) Em sua opinião, qual é o propósito do texto sobre a brincadeira **passa-anel**?

b) E qual é o propósito do texto "Como montar uma peça"? Explique sua resposta.

15 Compare os trechos a seguir.

I. Segurando o anel entre as suas mãos juntas, vá passando suas mãos fechadas entre as mãos de seus amigos e, numa dessas passagens, largue o anel sem que ninguém perceba.

II. [...] quando o assunto é teatro, o mais importante é ser criativo para conquistar a atenção e apreciação do público. [...] O bom figurinista é reconhecido pela capacidade de recriar um período de acordo com sua imaginação.

a) Em qual exemplo o modo de dar instrução:

- é mais direto, com o comando mais claro?
- é mais uma sugestão do que uma instrução direta?

b) Justifique suas respostas do item **a**.

> Um texto que se propõe a instruir e orientar o leitor a realizar alguma atividade utiliza sequências injuntivas. **Injunção** significa "ordem", "imposição".
>
> O **texto injuntivo** dá instruções sobre uma ação. Exemplos: manual de uso do celular; receita de cozinha; instrução de jogo.
>
> A instrução pode ser direta, sob a forma de comandos, ou pode ser apresentada como sugestão, de modo mais suave e menos impositivo.

Língua em foco

Verbos – emprego dos tempos e modos

1 Leia alguns trechos de críticas publicadas na época do lançamento da peça de Maria Clara Machado, *Maroquinhas Fru-Fru recebe uma serenata*, em 1961.

I. "Nos idos de 1951 Maria Clara Machado, Martim Gonçalves e outros inventaram e fundaram "O Tablado". [...] Autores, artistas e técnicos surgiram e foram lançados pelo Tablado. [...]"

Van Jafa. *O Tablado*: uma década de triunfos. Disponível em: <http://otablado.com.br/production/maroquinhas-fru-fru-1961>. Acesso em: 11 jun. 2018.

II. "Hoje estreia "Maroquinhas Fru-Fru", de Maria Clara Machado, para a crítica dramática [...] no Teatro do Patronato da Gávea. [...]"

A estreia de hoje: Tudo sobre Maroquinhas Fru-fru. Disponível em: <http://otablado.com.br/production/maroquinhas-fru-fru-1961>. Acesso em: 11 jun. 2018.

III. "[...] O Tablado, neste espetáculo comemorativo do seu 10º aniversário, dará vesperais aos sábados, às 5 horas, e domingo, às 3:30 e às 5 horas. Todos os sábados haverá, às 21 horas, uma sessão única e extraordinária [...]."

A estreia de hoje: Tudo sobre Maroquinhas Fru-fru. Disponível em: <http://otablado.com.br/production/maroquinhas-fru-fru-1961>. Acesso em: 11 jun. 2018.

a) A que tempo os fatos narrados se referem: presente, passado ou futuro?
b) Que verbos ou locuções verbais, em cada trecho, possibilitaram a identificação do tempo?
c) Que expressões de tempo, em cada trecho, ajudam a identificar o momento em que os fatos se passaram?
d) Reformule a frase: "O Tablado dará vesperais aos sábados" utilizando o seguinte marcador temporal: "no sábado e domingo passados".
e) Explique a mudança que você fez no verbo na atividade anterior.
f) Com base nas atividades anteriores, o que você pode concluir sobre a função dos verbos?

Os acontecimentos são situados no tempo tendo como referência determinado momento, que pode ser o mesmo em que se fala/escreve ou outro. Os verbos são palavras que, por meio de mudanças em sua forma indicam ações, estados ou eventos no presente, no passado ou no futuro em relação a um momento de referência. Veja o esquema:

PASSADO ←——→ PRESENTE ←——→ FUTURO

↓

momento de referência

Em "Nos idos de 1951 Maria Clara, Martim Gonçalves [...] e outros fundaram o Tablado", o tempo do acontecimento (**fundar**) é passado em relação ao momento em que o texto foi escrito (1961), tomado como referência. Já em "Hoje estreia 'Maroquinhas Fru-Fru'", o tempo do acontecimento (**estrear**) é o mesmo do momento presente em que se escreve. Em "O Tablado [...] dará vesperais aos sábados", o tempo do acontecimento (**dar**) é futuro em relação à temporada que se inicia naquele momento em que se escreve.

---

2 Leia trechos do texto em que Ruth Rocha ensina a brincadeira **passa-anel**.

I. "Na brincadeira do **passa-anel**, todos os seus amigos podem jogar. Sentem em roda, com as mãos juntas."

II. "Você começa o jogo, você é o passador do anel. [...] **largue** o anel sem que ninguém perceba."

A quem os verbos destacados se referem? Qual é a função dos verbos assinalados nos trechos?

3 Veja o cabeçalho de uma página da internet da campanha "Vá ao teatro".

Disponível em: <www.compreingressos.com>. Acesso em: 19 jun. 2018.

a) Qual é o objetivo da campanha?
b) Que verbos compõem as frases que aparecem na tela?
c) Para que servem esses verbos, considerando o contexto da campanha?

> Além de indicar a ideia de tempo, os verbos podem expressar a atitude de quem fala diante do fato descrito, por meio dos diferentes **modos verbais**. O verbo no **modo imperativo** expressa ordens, sugestões, conselhos, desejos e pedidos. No exemplo da atividade 3, os verbos **comprar** e **ir** estão no imperativo ("compre" e "vá") e são relacionados a **você**, conforme a função comunicativa da frase: sugerir ao internauta que compre ingressos para ir ao teatro.

4 Considerando os exemplos das atividades 2 e 3, o que você pode dizer a respeito da função comunicativa de textos com verbos no imperativo?

5 Na primeira cena da peça "João e Maria" há as seguintes rubricas:

I. "Na casa dos pais. A madrasta e o pai discutem."
II. "Os dois saem. Entram João e Maria, que ouviram tudo."

a) Em I e II, que verbos indicam as ações que as personagens fazem no momento em que estão representando?
b) Em II, que verbo indica uma ação anterior ao momento presente?
c) Que tempo está indicado pelos verbos?

6 Leia o título e o início da notícia a seguir sobre a morte de Maria Clara Machado.

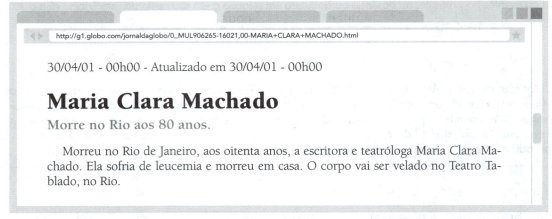

Maria Clara Machado. *Jornal da Globo*, 30 abr. 2001. Disponível em: <http://g1.globo.com/jornaldaglobo/0,,MUL906265-16021,00-MARIA+CLARA+MACHADO.html>. Acesso em: 11 jun. 2018.

a) Que tempo verbal foi usado no título? E no primeiro parágrafo da notícia?
b) Quando a notícia foi publicada Maria Clara Machado já tinha morrido?

7 Leia outros títulos e inícios de notícia.

I.
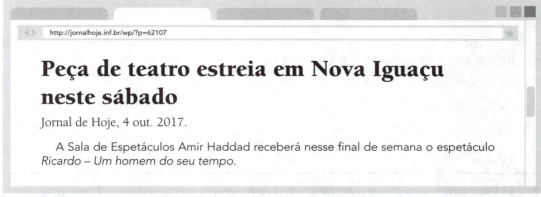

Jornal de Hoje, 4 out. 2017. Disponível em: <http://jornalhoje.inf.br/wp/?p=62107>. Acesso em: 5 jun. 2018.

II.
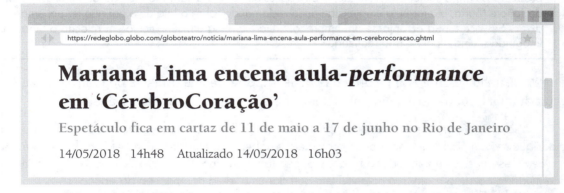

Globo.com, 14 maio 2018. Disponível em: <https://redeglobo.globo.com/globoteatro/noticia/mariana-lima-encena-aula-performance-em-cerebrocoracao.ghtml>. Acesso em: 11 jun. 2018.

a) Nos dois casos, em que tempo está o verbo do título da notícia?

b) As ações anunciadas nos títulos já aconteceram, estão acontecendo ou vão acontecer?

8 Compare o tempo verbal do título da notícia da atividade 6 com os da atividade 7 e formule uma conclusão sobre os valores que ele pode indicar.

> Os verbos também são usados no **modo indicativo**. Nesse caso, a função comunicativa é indicar certeza quanto ao que é falado. No indicativo, podemos situar as ações no presente, no passado e no futuro. O presente do indicativo pode ser usado para expressar diferentes valores temporais. Em títulos de notícias, por exemplo, o presente do indicativo pode tornar a ação do passado mais viva e aproximá-la do leitor. Da mesma maneira, o presente do verbo pode indicar um acontecimento futuro, trazendo-o para o presente e tornando-o mais próximo do leitor.

9 Releia alguns diálogos da peça *João e Maria* e depois escolha uma alternativa.

a) PAI – Não posso imaginar meus filhinhos sozinhos na floresta.

MADRASTA – Se você ainda **arranjasse** um emprego! Estou cansada de trabalhar o dia inteiro para nada.

Na fala da madrasta, o verbo destacado tem função de:

- expressar um desejo.
- dar uma ordem.
- afirmar uma certeza.
- indicar uma súplica.

b) MARIA – Você ouviu, João? Eles vão nos deixar sozinhos na floresta.

JOÃO – Ouvi sim. Ainda bem que ouvimos tudo. Assim poderemos voltar.

MARIA – Voltar como?

JOÃO – Tive uma ideia. Na mata vamos deixando cair umas pedrinhas e assim, **quando eles nos deixarem**, saberemos o caminho de volta.

O trecho na fala de João indica:

- uma previsão incerta.
- um desejo importante.
- uma lembrança duvidosa.
- uma impossibilidade.

c) Nos dois casos, os verbos empregados servem para expressar que tipo de acontecimento?

> O falante também pode caracterizar um fato como incerto, irreal, hipotético. Nesse caso, usa-se o **modo subjuntivo**, que pode se referir a situações no presente, no passado ou no futuro. Diversos sentidos são produzidos com o subjuntivo: vontade, desejo, possibilidade, dúvida. No diálogo da madrasta com o pai de João e Maria, ela formula uma exclamação reclamando sobre o fato de o pai não ter um emprego. Ao dizer "Se você ainda **arranjasse** um emprego!", ela expressa um sentimento em relação a uma situação imaginada, uma hipótese não realizada.

10 Kalma Murtinho (1920-2013) foi uma das mais importantes figurinistas do teatro brasileiro. Leia a seguir alguns trechos de depoimentos dela e de apreciações sobre seu trabalho.

> A coisa mais importante em qualquer figurino de época é o estudo da época como ela era, quais eram os tecidos que usavam, que colorido usavam, como era o cabelo das mulheres, o cabelo dos homens, maquiagem, sapatos, acessórios. Se não estudar a fundo isso, não faz o figurino. Porque você pode mudar o feitio, mas não pode mudar o colorido, porque o colorido tem que dar uma ideia homogênea da época.
>
> Entrevista de Kalma Murtinho. In: Rita Murtinho e Carlos Gregório (Org.). *Kalma Murtinho*: figurinos. Rio de Janeiro: Funarte, 2014. Edição *on-line*. Disponível em: <www.funarte.gov.br/wp-content/uploads/2016/08/Kalma-Murtinho-figurinos-Rita-Murtinho-e-Carlos-Gregório.pdf>. Acesso em: 11 jun. 2018.

a) Releia o seguinte fragmento: "A coisa mais importante em qualquer figurino de época é o estudo da época como ela era, quais eram os tecidos que usavam [...]".

- Ao afirmar isso, Kalma Murtinho demonstrou certeza no que disse? Explique sua resposta.
- Por que a figurinista afirmou isso?

b) Ao dizer: "Se não **estudar** a fundo isso", a figurinista empregou o verbo em que modo? Por que esse modo está adequado ao pensamento que ela expressou?

> O estilo quase artesanal de trabalho no começo deixou marcas. Kalma se acostumou a tirar a medida dos atores, a comprar a matéria-prima e a pintar os figurinos no cenário. Com o passar dos anos, viu a profissão se solidificar a duras penas. "O processo de profissionalização é bastante difícil no Brasil. Se não houvesse a lei reconhecendo os artistas de cena e palco, não teríamos chegado a nada. Mas a verdade é que a nossa profissão não está organizada", lamenta ela, que tinha vontade de montar o sindicato dos figurinistas.
>
> Helena Aragão. *Biografia de Kalma Murtinho*. Disponível em: <www.funarte.gov.br/brasilmemoriadasartes/acervo/cenario-e-figurino/biografia-de-kalma-murtinho>. Acesso em: 11 jun. 2018.

c) Na frase "O estilo quase artesanal de trabalho [...] deixou marcas", o resultado do trabalho de Kalma é descrito como um fato ou uma hipótese? Justifique sua resposta.

d) O que aconteceu de importante para ajudar a solidificar a profissão de figurinista no Brasil?

e) Para formular uma hipótese sobre o que aconteceria se a lei não existisse, o que diz Kalma Murtinho? Localize a passagem e explique o uso do modo verbal.

Oficina de produção

Texto dramático

Junte-se a dois ou três colegas e formem um grupo para escrever um texto dramático, que depois se transformará em peça teatral, a ser encenada na seção **Oralidade em foco**.

Vocês farão um aquecimento para relembrar o que aprenderam sobre o gênero. Revejam as imagens da peça *Pedro Malazarte e a arara gigante*, que vocês analisaram no estudo do texto do Capítulo 2, página 101.

1. A ação, como já vimos, se passa em uma cidade do interior.
   Em cena, além da arara e da vaca, estão Janota e Berenice. Janota, homem da cidade grande, bateu com o carro e está todo atrapalhado, conversando com Berenice, moça da cidadezinha. Discuta com os colegas: O que eles conversam?

2. Imaginem as indicações que o autor da peça deixou para a encenação dos atores. Criem as rubricas e um pequeno diálogo (de apenas quatro falas) entre Janota e Berenice. Lembrem-se do formato das rubricas e de sua função no texto teatral. Vocês podem indicar as rubricas com cores diferentes ou apenas escrevê-las entre parênteses.

Preparação

O texto dramático será uma obra coletiva e deve começar com a etapa de planejamento.

3. A primeira decisão é sobre o enredo. Sugestão: a história será ambientada em uma escola, no primeiro dia de aula, dia de reencontro de colegas que estudam juntos há muito tempo. Chega à sala de aula um novo aluno ou uma nova aluna. O que acontecerá? Muitas peças de teatro e roteiros de cinema trabalham com a chegada de alguém de fora da comunidade. A novidade causa estranhamento e, com isso, pode surgir um drama, uma história.

4. Vocês podem pensar em outro enredo, mas se gostarem da sugestão dada, comecem a pensar nas cenas ou nos atos em que a peça será dividida. Dois atos são ideais para esta primeira criação do grupo. Em cada ato, vocês devem indicar cenário, iluminação e elementos sonoros para mostrar a mudança de tempo, de movimento dos atores, de lugar, de desenvolvimento da história.

5. Pensem também em quantas personagens estarão em cena e nas características delas. Escrevam em uma folha de rascunho pequenos parágrafos com a descrição de cada uma delas. Quantas personagens são? Como se chamam? Como é essa pessoa que chega? De onde vem? Quais são suas características? Como são os demais integrantes da turma? Como recebem o novato ou a novata?
   A história pode ser inspirada no seu dia a dia, pode ser algo que você já viveu. Grandes criações literárias são fundamentadas na experiência de vida dos escritores e das escritoras que as criam.

Realização

6. É hora de escrever a peça. Escolham um título bem criativo. Se preferirem, podem deixar o título para o final, quando o texto já estiver escrito. Em seguida, escolham alguém para redigir os diálogos e as rubricas, com base nas sugestões dos demais membros do grupo. É importante que cada um escute a fala do outro e todos decidam o encaminhamento da peça.

7. Após o título, indiquem as personagens e as principais características de cada uma, como no início do texto "Maroquinhas Fru-Fru recebe uma serenata" de Maria Clara Machado.
8. Escreva ATO 1 no alto do papel e descreva a ambientação da cena. Onde ela ocorrerá? No pátio, na sala de aula, na cantina? Como será o cenário? Pensem na rubrica inicial, um pequeno parágrafo que contextualize a cena, por exemplo: (Sala de aula. Alunos conversando, matando a saudade depois das férias de final de ano. Barulho e alegria. Destaque para um pequeno grupo que desenvolverá a ação.).
9. Desenvolva os diálogos entre as personagens que participarão da cena inicial. Escreva o nome da personagem e a rubrica indicando o estado e a movimentação dela. Se preferirem, podem escrever as rubricas com cores diferentes, em vez de usar parênteses. Este é o momento de apresentar a situação ao leitor, com diálogos em que as personagens mostrem quem são, como costumam agir.
10. Para que a história se desenvolva, precisa haver algo que quebre a rotina. No texto do Capítulo 1, foi a chegada de Zé Meloso, que queria se casar com Maroquinhas Fru-Fru. E na sua história? Que complicação poderá acontecer? Escreva a cena da complicação, com diálogos que despertem a reação do leitor ou da plateia, na hora da encenação.
11. Na cena final, como se resolverá a complicação? Vocês criarão uma surpresa para o leitor?
12. Na escrita do texto, vocês devem escolher se a ação será desenvolvida como tragédia ou comédia. Essa escolha determina os diálogos e o modo de desenvolver a história.

Revisão

13. Escolham outro colega, diferente do redator, para ler em voz alta o texto. Verifiquem se:
    - todas as personagens entraram em cena;
    - houve necessidade de trocar o cenário;
    - a história está coerente;
    - as rubricas revelam a movimentação e o estado das personagens;
    - as falas das personagens estão adequadas às respectivas personalidades;
    - a linguagem está adequada ao contexto;
    - os diálogos estão organizados de forma coerente;
    - o momento da complicação está bem marcado;
    - o desenvolvimento da peça, a partir da complicação, caminha coerentemente para a situação final.
14. Façam os primeiros ajustes. Combinem o que deve ser mudado para que a peça tenha força dramática.

    Depois dessa etapa, façam uma leitura dramatizada, com divisão das falas e um leitor para as rubricas. Isso lhes permitirá avaliar o efeito dramático da peça. Façam novos ajustes.

    Escolham outro integrante do grupo para passar a limpo o texto ou digitem-no usando um programa de edição no computador. Peçam ao professor que leia o texto e sugira acertos, cortes ou acréscimos.

15. Após a leitura do professor, a equipe deve avaliar coletivamente as sugestões e reescrever a peça de acordo com as indicações. A versão definitiva do texto será encenada pela turma na seção **Oralidade em foco**.

Encenação teatral

A turma encenará uma das peças escritas pelos diferentes grupos. Leia com atenção as instruções a seguir.

Leitura dramatizada

Neste primeiro momento da atividade, cada grupo fará a leitura dramatizada da peça que escreveu para toda a turma. Cada equipe dividirá as falas das personagens entre os membros e indicará outro membro para ler as rubricas. Antes dessa leitura, é preciso ensaiar para que as falas entrem no momento certo e com a entonação e gestualidade adequadas. A leitura dramatizada deve comover o auditório e criar laços com a plateia, por isso deve ser animada e convincente.

A turma deve ouvir com respeito e interesse as leituras das diferentes equipes. Cada aluno anotará em uma folha de papel sua avaliação sobre as peças lidas. No final, todos votarão na peça que considerarem mais interessante para ser montada com a participação de todos, justificando a escolha.

Após a indicação do texto dramático a ser encenado, as equipes serão desfeitas e toda a turma se organizará em grupos de trabalho para atender às diferentes tarefas de encenação.

Montagem da peça

Preparação

1. Releia o texto "Como montar uma peça" para relembrar a função de cada componente cênico. Para que a encenação seja um sucesso, é preciso organização e divisão de tarefas.
Os grupos de trabalho, formados de acordo com as afinidades e as preferências de cada um, terão as seguintes funções:

Direção	Elenco	Cenografia	Figurinos	Iluminação	Sonoplastia	Produção

Direção

2. A turma deve escolher o diretor ou a diretora da peça, a pessoa que vai coordenar os grupos, definir tarefas e acompanhar todas as etapas de preparação e encenação. O diretor ou a diretora pode ter até dois assistentes, que compartilharão os encargos da função.
3. A pessoa que dirige e seus assistentes devem acompanhar a preparação de todos os grupos e interferir quando necessário para aprimorar as condições da encenação.

Elenco

4. A quantidade de participantes do elenco depende do número de personagens. O elenco é formado pelos atores e atrizes que darão vida às personagens. Cada ator deve decorar as próprias falas e memorizar as indicações das rubricas sobre seu posicionamento no palco e modo de agir.
5. Quem interpreta deve explorar o modo de ser da personagem, o jeito de andar, falar e gesticular. Deve estar muito atento à entonação para conferir emoção e verdade à fala. O objetivo da encenação é fazer a plateia acreditar na personagem e compreender o enredo. As expressões faciais (surpresa, medo, alegria) e os gestos do corpo também fazem parte da encenação e da construção das personagens. Por isso, o papel do ator não é apenas decorar falas, mas interpretá-las.

Cenografia

6. O grupo de cenógrafos deve fazer um rascunho do cenário, desenhá-lo em uma folha de papel e assinalar os materiais que serão usados no palco. Vocês podem usar material reciclável e muita criatividade. Os cenários compõem a cena e podem mudar de um ato para outro. Improvisem, inventem, surpreendam!

Cenário da peça *Primavera das flores, cores e amores*, Portugal, 2013.

Figurinos, maquiagem e acessórios

7. Os figurinistas devem conhecer bem cada personagem para compor o vestuário. Como a história provavelmente se passará na escola, as personagens dos alunos estarão de uniforme, mas os figurinistas podem usar criatividade para os acessórios e pedir auxílio aos maquiadores. Aqui também vale improvisar e surpreender!

8. Os maquiadores criarão efeitos sobre o corpo das personagens. A expressão do rosto pode ser suave, agressiva, inquieta – depende da personalidade criada para elas.

Sonoplastia

9. A equipe de sonoplastia deve avaliar se haverá música, se será necessário simular algum som, como o do sinal de entrada e saída da escola, por exemplo. A sonoplastia ajuda a criar um ambiente que enriquece o texto e a atuação dos atores. Ela pode destacar cenas e personagens, neutralizar situações e ajudar o público a acreditar na história encenada.

Iluminação

10. A iluminação pode ser feita com luz natural e lanternas com papel celofane, que ajuda a compor cores diferentes. Lembre-se de que a luz pode destacar os atores em cena, criar suspense, alegrar ou entristecer o ambiente, entre outras funções.

Produção

11. A produção ajuda em todas as áreas: organiza a agenda dos ensaios, consegue materiais, conquista patrocinadores, é responsável pela divulgação e pelos convites. Também é função dessa equipe arrumar a sala separando o lugar do palco e da plateia. Se na escola houver um auditório com palco, melhor ainda.

12. A produção deve discutir com as equipes quem serão os convidados. Podem ser outras turmas da escola, pais e familiares dos membros das equipes envolvidas, funcionários da diretoria da escola ou de outros cargos, além dos amigos. Tudo dependerá do tamanho do espaço de encenação e da vontade coletiva.

13. A produção pode ainda auxiliar na entrada e saída dos atores em cena, por isso as pessoas da produção devem saber bem as falas de cada personagem e suas marcações. Há muito trabalho para essa função, o grupo pode ser maior.

Ensaios

14. Vários ensaios devem ser realizados para afinar o entrosamento dos atores e para a direção encontrar a movimentação adequada e conferir os demais elementos cênicos. A equipe de diretores pode se dividir e fazer ensaios em pequenos grupos, de cenas separadas ou de falas e gestos de atores específicos. Um dia antes da apresentação deve ser feito um ensaio geral, já com cenários, sonoplastia, iluminação e figurinos. No ensaio, todas as equipes que não estiverem atuando no palco devem assistir e tomar notas para os ajustes necessários.

Realização

15. No dia da apresentação da peça, o grupo da cenografia deve chegar mais cedo para ajustar os elementos do cenário, montado previamente, no dia do ensaio geral. Os atores também devem chegam mais cedo para concentrar e se preparar, com a ajuda de figurinistas e maquiadores. É importante que a produção deixe um espaço reservado para o grupo da sonoplastia, que deve testar os sons com antecedência. Se possível, improvisem uma cortina que separe a plateia do palco. Com a abertura das cortinas, inicia-se a encenação.

16. Depois de tudo pronto, alguém da produção deve solicitar à plateia que desligue os celulares e não interrompa os atores com ruídos que atrapalhem a encenação. O silêncio nos bastidores e na plateia é essencial para não distrair os atores em cena.

17. Ao encerrar a apresentação, os atores devem cumprimentar o público. A produção, então, fecha as cortinas como sinal de que a encenação terminou.

Autoavaliação

18. Após a apresentação, a turma deve reunir-se para avaliar a atividade. Arrumem as cadeiras em semicírculo e, com orientação do professor, discutam:
- Os ensaios foram suficientes? Por quê?
- O desempenho dos atores e atrizes favoreceu a compreensão das personagens? Como? Por meio da entonação, dos gestos, dos movimentos? De que outros fatores?
- O público manteve-se atento e interessado? Como vocês perceberam isso?
- O enredo da peça ficou bem encenado em todas as etapas, de modo a tornar compreensível a história?
- O que precisa ser aperfeiçoado para uma próxima encenação?
- Vocês gostaram de participar dessa atividade? Por quê?

Você lerá a seguir um trecho do *Auto da Compadecida*, peça de Ariano Suassuna, escrita em 1955. João Grilo e Chicó trabalham na padaria e o cachorro da mulher do padeiro morre. A cena a seguir retrata Chicó contando uma história para João Grilo.

Auto da Compadecida (trecho)

MULHER:

Ai, meu Deus, meu cachorrinho morreu.

Correm todos para a direita, menos João Grilo e Chicó. Este vai para a esquerda, olha a cena que se desenrola lá fora, e fala com grande gravidade na voz.

CHICÓ:

É verdade, o cachorro morreu. Cumpriu sua sentença e encontrou-se com o único mal irremediável, aquilo que é a marca de nosso estranho destino sobre a terra, aquele fato sem explicação que iguala tudo o que é vivo num só rebanho de condenados, porque tudo que é vivo morre.

JOÃO GRILO, *suspirando*:

Tudo que é vivo morre. Está aí uma coisa que eu não sabia! Bonito, Chicó, onde foi que você ouviu isso? De sua cabeça é que não saiu, que eu sei.

CHICÓ:

Saiu mesmo não, João. Isso eu ouvi um padre dizer uma vez. [...] Foi no dia que meu pirarucu morreu.

JOÃO GRILO:

Seu pirarucu?

CHICÓ:

Meu, é um modo de dizer, porque, para falar a verdade, acho que eu é que era dele. Nunca lhe contei isso não?

JOÃO GRILO:

Não, já ouvi falar de homem que tem peixe, mas de peixe que tem homem, é a primeira vez.

CHICÓ:

Foi quando eu estive no Amazonas. Eu tinha amarrado a corda do arpão em redor do corpo, de modo que estava com os braços sem movimento. Quando ferrei o bicho, ele deu um puxavante maior e eu caí no rio.

JOÃO GRILO:

O bicho pescou você!...

CHICÓ:

Exatamente, João, o bicho me pescou. Para encurtar a história, o pirarucu me arrastou rio acima três dias e três noites.

JOÃO GRILO:

Três dias e três noites? E você não sentia fome não, Chicó?

CHICÓ:

Fome não [...]. E o engraçado foi que ele deixou para morrer bem na entrada de uma vila, de modo que eu pudesse escapar. O enterro foi no outro dia e nunca mais esqueci o que o padre disse, na beira da cova.

JOÃO GRILO:

E como o avistaram da vila?

CHICÓ:

Ah, eu levantei um braço e acenei, acenei até que uma lavadeira me avistou e vieram me soltar.

JOÃO GRILO:

E você não estava com os braços amarrados, Chicó?

CHICÓ:

João, na hora do aperto, dá-se um jeito a tudo.

JOÃO GRILO:
Mas que jeito você deu?

CHICÓ:
Não sei, só sei que foi assim. Mas deixe de agonia, que o povo vem aí.
[...]

Ariano Suassuna. *Auto da Compadecida*. Rio de Janeiro: Agir, 2004. p. 56-59.

1. No trecho lido, há duas personagens principais. Quem são?

   a) Qual deles conta uma história? A história parece verdadeira? Justifique sua resposta com base no texto.

   b) Algum conflito se estabelece entre as personagens principais? Justifique sua resposta.

2. O trecho da peça aproxima-se da comédia ou do drama? Por quê?

3. Com base no que estudou sobre a organização do texto de uma peça teatral, identifique a função do trecho a seguir.

   Correm todos para a direita, menos João Grilo e Chicó. Este vai para a esquerda, olha a cena que se desenrola lá fora, e fala com grande gravidade na voz.

4. Leia este trecho da fala de Chicó:

   Quando ferrei o bicho, ele deu um **puxavante** maior e eu caí no rio.

   a) Veja estas definições da palavra destacada num dicionário:

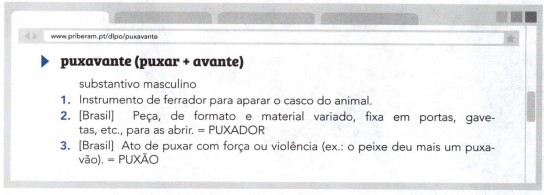

"Puxavante". In: *Dicionário Priberam da língua portuguesa* [*on-line*], 2008-2013. Disponível em: <www.priberam.pt/dlpo/puxavante>. Acesso em: 5 jun. 2018.

   Qual das acepções do dicionário é a mais adequada ao sentido da palavra no texto?

   b) O dicionário mostra o processo de formação da palavra. Identifique qual foi o processo, justificando.

5. Releia o trecho a seguir.

   MULHER:
   Ai, meu Deus, meu cachorrinho **morreu**.
   Correm *todos para a direita, menos João Grilo e Chicó. Este vai para a esquerda, olha a cena que se desenrola lá fora, e fala com grande gravidade na voz.*

   Explique o emprego dos tempos verbais nas formas assinaladas.

UNIDADE 4

Palavra poética

Milton Dacosta. *Carrossel*, 1945. Óleo sobre tela, 39 cm × 47 cm. Coleção particular.

Antever

1. Observe a reprodução de uma pintura do brasileiro Milton Dacosta (Niterói, 1915-Rio de Janeiro, 1988). O que você vê na imagem? Descreva-a com detalhes, apontando as figuras, ações e cores que chamam sua atenção.

2. Onde costuma acontecer uma cena como essa?

3. Você já experimentou o brinquedo representado na pintura?

4. Numa pintura, a cena representada é resultado do trabalho do artista, que mistura experiência, imaginação e o conhecimento sobre os materiais e as técnicas. Na pintura analisada, qual foi o resultado final dessa mistura? Você gostou? Por quê?

Pintura é uma arte. Como a poesia, ela inventa novos sentidos para as coisas que nos cercam. Nesta unidade, você lerá e escreverá poemas e poderá observar como a linguagem é capaz de expressar significados surpreendentes.

CAPÍTULO 1

 **Antes da leitura**

Você lerá neste capítulo um poema de Manoel de Barros. Ele tem uma forma particular de aproveitar as coisas do mundo para transformá-las em palavra poética. Veja uma de suas frases.

> Vagalumes driblam a treva.
>
> Manoel de Barros. *Gramática expositiva do chão* (Poesia quase toda).
> Rio de Janeiro: Civilização Brasileira, 1990. p. 253.

1 Você já ouviu o verbo **driblar** antes? Leia este trecho de notícia e identifique o sentido do verbo nesse contexto.

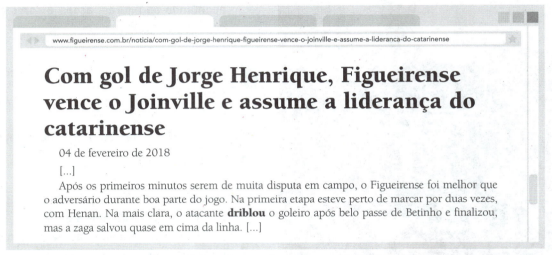

Com gol de Jorge Henrique, Figueirense vence o Joinville e assume a liderança do catarinense.
Figueirense F. C. Disponível em: <www.figueirense.com.br/noticia/com-gol-de-jorge-henrique-figueirense-vence-o-joinville-e-assume-a-lideranca-do-catarinense>. Acesso em: 13 jun. 2018.

2 O poeta usou a palavra **driblar** num contexto diferente daquele em que ela costuma ser empregada. O que ele conseguiu com isso?

3 A palavra **treva** opõe-se a: luz, luar, noite ou manhã?

4 O que fazem os vagalumes?

5 Explique o sentido da frase de Manoel de Barros.

6 Experimente dizer em voz alta:
- "driblam a treva";
- "driblam a noite";
- "enganam a treva".

Em qual desses conjuntos de palavras parece haver uma combinação de sons mais forte, mais expressiva?

7 Pensando em sua experiência de leitor de poemas e na reflexão que está fazendo sobre a frase de Manoel de Barros, você saberia falar um pouco mais sobre o que fazem os poetas?

Leia a seguir um poema de Manoel de Barros e verifique se o que você imaginou sobre o trabalho dos poetas se confirma.

Eu queria usar palavras de ave para escrever.
Onde a gente morava era um lugar imensamente e sem nomeação.
Ali a gente brincava de brincar com palavras
tipo assim: Hoje eu vi uma formiga ajoelhada na pedra!
A Mãe que ouvira a brincadeira falou:
Já vem você com suas visões!
Porque formigas nem têm joelhos ajoelháveis
e nem há pedras de **sacristias** por aqui.
Isso é traquinagem da sua imaginação.
O menino tinha no olhar um silêncio de chão
e na sua voz uma **candura** de Fontes.
O Pai achava que a gente queria desver o mundo
para encontrar nas palavras novas coisas de ver
assim: eu via a manhã pousada sobre as margens do rio do mesmo modo que uma garça aberta na solidão de uma pedra.
Eram novidades que os meninos criavam com as suas palavras.
Assim Bernardo emendou nova criação: Eu hoje vi um sapo com olhar de árvore.
Então era preciso desver o mundo para sair daquele lugar imensamente e sem lado.
A gente queria encontrar imagens de aves abençoadas pela inocência.
O que a gente aprendia naquele lugar era só ignorâncias para a gente bem entender a voz das águas e dos caracóis.
A gente gostava das palavras quando elas perturbavam o sentido normal das ideias.
Porque a gente também sabia que só os absurdos enriquecem a poesia.

Manoel de Barros. *Menino do mato*. São Paulo: Leya, 2010. p. 9-10.

Glossário

Candura: pureza; simplicidade.
Sacristia: lugar de uma igreja em que são guardados objetos sagrados e as vestimentas sacerdotais.

Cibele Queiroz

117

Estudo do texto

1. Nas unidades 1 e 2, você leu autobiografias e notícias. Nesta unidade, está lendo poemas. Vamos comparar?

   a) Observe a forma que tomam no papel os textos da notícia e da autobiografia. Compare com a forma dos poemas. Qual é a diferença?

   b) De acordo com a resposta anterior, aponte quais desses gêneros são em prosa.

   c) Na hora da leitura oral, que diferenças existem entre os dois tipos de texto?

2. De que brincadeira fala o poema? Como seria essa brincadeira?

3. Releia o verso 10 do poema.

   > Isso é traquinagem da sua imaginação.

   a) Quem fala e a quem se dirige?

   b) De acordo com o sentido geral do texto, o que significa **traquinagem**?

   c) Qual foi a frase criada pelo menino e considerada pela mãe uma "traquinagem" da imaginação dele?

   d) Por que a mãe considerou a frase uma "traquinagem da sua imaginação"?

   e) Quais eram as "traquinagens" feitas pelo menino?

4. Releia os versos 13 e 14.

   > O Pai achava que a gente queria **desver** o mundo
   > para encontrar nas palavras novas coisas de ver

   a) Observe o verbo **desver** em um contexto bem diferente: um meme que circulou na internet em que a personagem faz um pedido dirigido à rede social. Que sentido tem o verbo nesse caso?

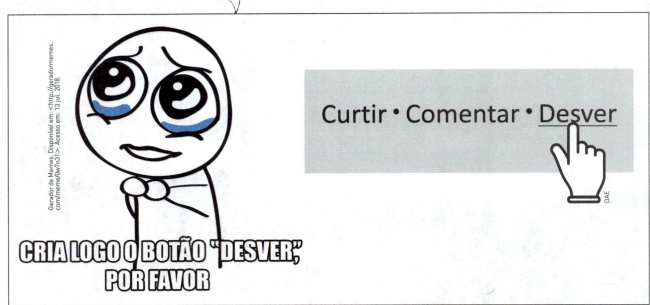

Gerador Memes. Disponível em: <http://geradormemes.com/meme/0w7n31> e <https://aminoapps.com/c/kpoppt/page/blog/desver-desver/GBZb_pYUnurJq3ORXMbBnzgqqXNzBgzV1>. Acesso em: 12 jun. 2018.

   b) Uma formiga ajoelhada numa pedra seria uma "nova coisa de ver"? Por quê?

   c) No contexto geral do poema, o que pode significar a expressão "desver o mundo"?

5 Observe os versos.

> O menino tinha no olhar um **silêncio de chão**
> e na sua voz uma **candura de Fontes**.

Releia o glossário, examine as expressões assinaladas nos versos e diga como você descreveria o olhar e a voz do menino.

6 O eu lírico vai mostrando, no poema analisado, algumas brincadeiras com palavras feitas pelos meninos. Releia os versos 15, 16 e 17 para responder às questões.

a) Como o menino via a "manhã pousada sobre as margens do rio"?

b) Qual foi a criação feita por Bernardo?

c) Nesses dois exemplos, as imagens criadas pelos meninos:
- referem-se a elementos da natureza.
- dizem respeito à vida nas cidades.
- explicam o funcionamento da vida animal.
- falam de temas como amor e sofrimento, comuns em poemas líricos.

> A linguagem poética cria imagens. "Sapo com olhar de árvore", "formiga ajoelhada na pedra", "garça aberta na solidão de uma pedra" são imagens, unidades de sentido que correspondem a uma totalidade, um acontecimento, uma força do poema, um susto, uma surpresa.

7 Releia os dois versos finais.

> Porque a gente também sabia que só os **absurdos**
> enriquecem a poesia.

a) No trecho da reportagem a seguir, a palavra **absurdos** é usada em seu sentido comum, cotidiano. Explique qual é o sentido da palavra.

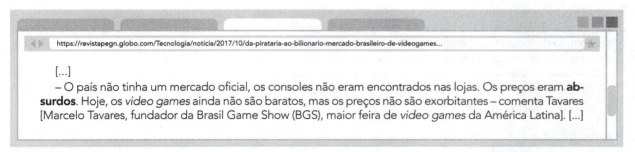

[...]
– O país não tinha um mercado oficial, os consoles não eram encontrados nas lojas. Os preços eram **absurdos**. Hoje, os *video games* ainda não são baratos, mas os preços não são exorbitantes – comenta Tavares [Marcelo Tavares, fundador da Brasil Game Show (BGS), maior feira de *video games* da América Latina]. [...]

Da pirataria ao bilionário mercado brasileiro de *video games*. PEGN, 13 out. 2018. Disponível em: <https://revistapegn.globo.com/Tecnologia/noticia/2017/10/da-pirataria-ao-bilionario-mercado-brasileiro-de-videogames.html>. Acesso em: 10 abr. 2018.

b) No contexto do poema, que sentido tem a palavra? Ela tem um valor positivo ou negativo?

c) Para você, por que a palavra **absurdos** foi escolhida para falar das brincadeiras com palavras?

8 Com um colega, crie "absurdos" com as palavras, tendo em vista a lição dada por Manoel de Barros. Formem imagens combinando palavras de modo surpreendente. Olhem em volta, pensem no que compõe o dia a dia de vocês e... quebrem as expectativas, surpreendam, inventem novas combinações de palavras.

Manoel de Barros, 1998.

Lírico

O poema de Manoel de Barros começa com o verso: "Eu queria usar palavras de ave para escrever". Há um eu, uma primeira pessoa, que fala no poema. Esse eu que fala no poema chama-se **eu lírico**.

A palavra lírico refere-se ao **gênero lírico** dos poemas, que trata, de modo geral, de sentimentos ou do estado de espírito do poeta. A palavra lírico está relacionada à **lira**, instrumento musical que os gregos antigos usavam. Na Antiguidade, a poesia lírica era cantada e o canto era acompanhado pelo som da lira.

Ampliar

Histórias da unha do dedão do pé do fim do mundo
Brasil, 2007. Direção: Evandro Salles, 9 min.

Para conhecer melhor o universo de Manoel de Barros, assista a esse vídeo de animação que reúne diversos textos do poeta.

Disponível em: <https://vimeo.com/125008850>. Acesso em: 10 maio 2018.

Linguagem, texto e sentidos

no caderno

1 Releia o trecho a seguir.

> A gente gostava das palavras quando elas perturbavam o sentido normal das ideias.

a) No verso: "Hoje eu vi uma formiga ajoelhada na pedra!", há uma perturbação do "sentido normal das ideias"? Explique sua resposta.

b) Na sequência dos versos, a mãe diz que "formigas nem têm joelhos ajoelháveis" e que não havia "pedras de sacristia por ali". Ao falar em sacristia, a que ambiente a mãe associa o ato de ajoelhar?

c) A mãe conseguiu compreender a perturbação causada pelas palavras? Por quê?

> Num poema, as palavras ganham sentidos novos, surpreendentes. O sentido comum, cotidiano das palavras, é seu sentido **denotativo**. Quando se diz que alguém se ajoelhou na igreja, o verbo **ajoelhar** está sendo usado em seu sentido denotativo. O sentido surpreendente, que cria surpresa e novidade, é o sentido **conotativo**. A imagem de uma formiga que se ajoelha na pedra se serve do verbo **ajoelhar** em sentido conotativo.

d) Compare o uso do verbo **brincar**, no poema – na expressão "brincar com palavras" –, com o mesmo verbo, usado no título de uma reportagem abaixo.

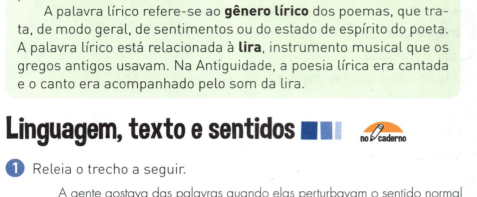

GaúchaZH, 4 set. 2018. Disponível em: <https://gauchazh.clicrbs.com.br/comportamento/noticia/2015/09/cientista-afirma-que-meninas-deveriam-brincar-menos-com-bonecas-4840738.html>. Acesso em: 12 jun. 2018.

Mostre em qual das situações o verbo **brincar** aparece em seu sentido denotativo e em qual tem sentido conotativo. Justifique sua resposta.

2 Um poema também inova no modo de construir as frases. Veja o emprego da palavra **imensamente** nos versos extraídos do poema.

> Onde a gente morava era um lugar **imensamente** e sem nomeação.
> [...]
> Então era preciso desver o mundo para sair daquele lugar **imensamente** e sem lado.

a) Compare os trechos a seguir.

I.

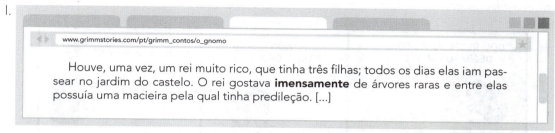

Irmãos Grimm. *O gnomo.* Disponível em: <www.grimmstories.com/pt/grimm_contos/o_gnomo>. Acesso em: 11 jun. 2018.

II.

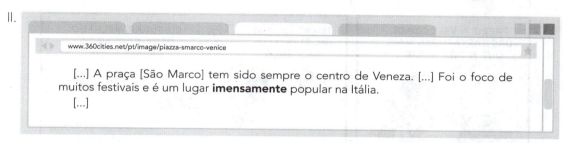

Fernando Ivan dos Reis. Praça São Marco (Veneza). *360Cities.* Disponível em: <www.360cities.net/pt/image/piazza-smarco-venice>. Acesso em: 11 jun. 2018.

- Em I, a palavra **imensamente** é usada para reforçar o sentido de qual outra palavra?
- Em II, que palavra tem o sentido reforçado por **imensamente**?

> A palavra **imensamente**, no poema, foi deslocada de sua função habitual. Ao deslocar uma palavra de sua função habitual, a linguagem poética provoca um estranhamento, uma surpresa. Isso pode ser usado para chamar atenção para o significado de uma palavra ou sua força sonora.

b) No poema, a palavra se refere a qual outra?

c) O que seria um "lugar imensamente"?

d) Compare "lugar imenso" e "lugar imensamente". Qual dos dois usos é mais comum?

e) Observe o comprimento, o tamanho das duas palavras: **imenso** e **imensamente**. Qual das duas palavras, em virtude de seu tamanho, remete mais fortemente à ideia da imensidão do lugar?

f) Explique o efeito de sentido causado pelo emprego da palavra **imensamente** no contexto do poema.

g) O lugar era "imensamente e sem nomeação"; "imensamente e sem lado". Que lugar seria esse, em que as crianças inventavam brincadeiras com as palavras?

> Para escrever um poema é preciso selecionar as palavras e combiná-las nos versos. "Lugar imenso" não tem a mesma força que "lugar imensamente". "Formiga parada na pedra" não tem a mesma força que "formiga ajoelhada na pedra". Para que as palavras "perturbem o sentido normal das ideias", como diz Manoel de Barros no poema, elas devem ser deslocadas de seu uso habitual, cotidiano.

Substantivos e adjetivos em uso – ordem e função

1 Leia a tira produzida em homenagem a Manoel de Barros, por ocasião de sua morte. Você já conhece um poema do autor e um pouco sobre seu estilo.

Alexandre Beck. *Armandinho*. Disponível em: <https://tirasarmandinho.tumblr.com/post/104161286594/tirinha-original>. Acesso em: 15 maio 2018.

a) A tira traz versos do poema "O apanhador de desperdícios", de Manoel de Barros. Você já sabe que é comum indicar, geralmente entre parênteses, a data de nascimento e morte de um autor após seu nome. Por exemplo: Manoel de Barros (1916-2014). No último quadro da tira, como a informação sobre nascimento e morte do poeta é apresentada? Qual o sentido dessa quebra de expectativa?

b) Observe os desenhos que compõem o texto e explique que sentidos a palavra **desimportantes** pode assumir.

c) Na Unidade 2, você aprendeu sobre sintagmas nominais. Mostre, na tira, os sintagmas nominais criados com a palavra **desimportantes**.

d) Que palavras constituem o núcleo dessas expressões? De que classe de palavras eles são?

e) Compare "Dou respeito aos **seres desimportantes**" a "Dou respeito aos **seres**". Em que caso a informação é mais específica? Por quê?

f) Veja os sintagmas "velocidade **das tartarugas**" e "atraso **de nascença**". As expressões destacadas têm a mesma função que a palavra **desimportantes** no item anterior? Por quê?

2 Releia os versos a seguir.

> O Pai achava que a gente queria desver o mundo
> para encontrar nas palavras **novas coisas** de ver
> assim: eu via a manhã pousada sobre as margens do
> rio do mesmo modo que uma **garça aberta** na solidão
> de uma pedra.

a) Observe os sintagmas: (I) "novas coisas" e (II) "garça aberta". Indique, em seu caderno, I ou II para o modo como eles são formados.

- adjetivo + substantivo
- substantivo + adjetivo

b) Aponte a ordem em que pode aparecer o adjetivo num sintagma nominal.

3 O livro de poemas de Manoel de Barros de onde foi extraído o poema que você leu chama-se *Menino do mato*.

a) Qual é o núcleo do sintagma que forma o título?

b) Que função tem a expressão que acompanha o núcleo?

c) Você viu, no estudo do texto do Capítulo 1, que Manoel de Barros gosta de falar de temas ligados à natureza. Pensando nisso, explique o sentido do título do livro.

Os sintagmas nominais (SN) são organizados em torno de um nome, em geral um substantivo, que ocupa a função de núcleo. Outras palavras podem associar-se a esse núcleo, à sua esquerda e à sua direita. Em geral, no SN, as palavras que estão à direita do núcleo funcionam como **modificadores**, ou seja, palavras que delimitam ou especificam o sentido do substantivo. O **modificador** é geralmente um **adjetivo** ou uma **locução adjetiva** (uma expressão que tem valor de adjetivo). Veja:

SN
Prezo [a [velocidade] [das tartarugas]].

núcleo   modificador (locução adjetiva)

Nesse caso, no SN **a velocidade das tartarugas**, o modificador **das tartarugas** especifica, delimita o sentido do núcleo **velocidade**: o que o eu lírico preza ou admira não é qualquer velocidade; ele preza um tipo específico de velocidade, a das tartarugas. Os **adjetivos**, então, são palavras que caracterizam, modificam, delimitam o sentido dos substantivos a que se referem.

---

4 A escritora Marina Colasanti, em um livro de pequenos poemas ilustrados por Rubem Grilo, escreveu o texto a seguir.

Marina Colasanti. *Classificados e nem tanto*.
Rio de Janeiro: Galerinha Record, 2010.

a) Destaque o sintagma que representa a pessoa de quem o poema fala.

b) Mostre, nesse sintagma, o núcleo e as palavras que se ligam a ele.

c) O adjetivo desse sintagma traz que informação a respeito do substantivo-núcleo?

d) O substantivo que constitui o núcleo do sintagma costuma ser usado para designar pessoas de que tipo?

e) Esse substantivo pode, em algumas situações, ser considerado ofensivo? Por quê?

5. Em notícia publicada por um jornal paulista, um professor universitário brasileiro conta os problemas que teve ao ser preso num aeroporto italiano. Leia um trecho do depoimento dele.

Professor foi barrado na França, na Itália e perdeu congressos; veja relato

da Folha Online, 07/03/2008.

"[...] Tive o desprazer de ser barrado, preso; minha mala foi imediatamente tirada do avião, que estava de partida. Fui preso e levado para o andar inferior do aeroporto (junto comigo, duas chinesas e **um chinês velho**)."

[...]

Folha de S.Paulo, 7 mar. 2008. Disponível em: <www1.folha.uol.com.br/cotidiano/2008/03/379816-professor-foi-barrado-na-franca-na-italia-e-perdeu-congressos-veja-relato.shtml>. Acesso em: 12 jun. 2018.

a) De que nacionalidade eram as pessoas presas junto com ele?

b) No sintagma destacado, que substantivo exerce a função de núcleo?

c) Você conhece algum sinônimo para a palavra **velho** que pudesse ser empregado no trecho do depoimento citado na notícia, num uso mais polido, mais educado?

Disponível em: <https://noticias.uol.com.br/internacional/ultimas-noticias/2018/05/03/para-combater-solidao-idoso-chines-procurou-familia-para-ser-adotado.htm>. Acesso em: 12 jun. 2018).

Idoso chinês mergulha em lago congelado do país. Para combater solidão, idoso chinês procurou famíllia para ser adotado. *UOL*, 3 maio 2018.

6. Veja agora a fotografia e a legenda publicadas no *site* Uol, em reportagem sobre a solidão dos idosos chineses.

a) Destaque o sintagma nominal que se refere à pessoa de quem se fala.

b) Indique o substantivo que funciona como núcleo.

c) Explique qual é a função do adjetivo que determina esse núcleo.

7. Nas questões anteriores, você examinou três sintagmas: (I) "um velho chinês", (II) "um chinês velho" e (III) "idoso chinês".

a) Em I e II, qual é a diferença na ordem dos termos nos sintagmas?

b) Que palavra é núcleo do sintagma, em I e II?

c) Qual é a relação entre a ordem das palavras em cada sintagma e a função delas?

d) Qual é a função do adjetivo, em I e II?

e) Mostre qual é a diferença entre os sintagmas I e III.

f) Ainda comparando I e III, em qual das matérias jornalísticas parece haver mais cuidado e respeito com a pessoa de quem se fala? Por quê?

> Em alguns casos, a ordem dos elementos no SN pode modificar a função que um termo exerce em relação ao outro. Em português, o modificador aparece, com mais frequência, depois do núcleo do sintagma. Assim, a palavra à direita, geralmente, funcionará como o modificador do núcleo. Em "velho chinês", **velho** é substantivo e **chinês**, adjetivo. Em "chinês velho", ocorre o contrário: **chinês** é substantivo; e **velho**, adjetivo.

8 O poeta Mario Quintana (Alegrete, 1906-Porto Alegre, 1994) escrevia pequenos textos poéticos em seus livros. Veja este:

> Os velhos espelhos adoram ficar no escuro das salas desertas. Porque todo o seu problema, que até parece humano, é apenas o seguinte: — reflexos? ou reflexões?

Mario Quintana. Na solidão da noite. In: Márcio Vassalo (Org.). *Para viver com poesia*. São Paulo: Globo, 2008. p. 22-23.

a) Pode-se afirmar que, no texto, o poeta trata os espelhos como pessoas? Justifique sua resposta.

b) Anote em seu caderno a alternativa que completa corretamente a frase a seguir.

O texto, considerando as perguntas do espelho, trata da relação entre:
- nosso reflexo no espelho e o envelhecimento.
- o reflexo de nossa imagem no espelho e as reflexões que isso desperta.
- o reflexo envelhecido da imagem da pessoa e o problema que isso representa.
- as reflexões de um espelho e a imagem nele refletida.

c) Considerando as respostas anteriores, indique qual o tipo de tratamento do poeta ao objeto representado no sintagma "velhos espelhos": Afetivo? Objetivo? Frio? Poético? Justifique sua resposta

9 Leia agora uma chamada para reportagem de televisão em que uma especialista ensina um jeito de "mudar a aparência de um espelho velho usando pastilhas de vidro".

Jornal Hoje, 27 ago. 2011. Disponível em: <https://globoplay.globo.com/v/1609651>. Acesso em: 12 jun. 2018.

a) No sintagma "espelho velho", indique o núcleo e seu modificador.

b) Na situação de uso desse sintagma (em um programa de TV), ele tem um sentido denotativo, imediato, utilitário, ou um sentido conotativo e poético? Justifique sua resposta.

10 Compare os sintagmas analisados nas atividades 8 e 9. Explique a diferença de sentido entre eles. Verifique se é possível associar essa diferença à posição do termo modificador nos sintagmas.

> No SN, alguns modificadores podem aparecer antes ou depois do núcleo a que se ligam. Em geral, a mudança de posição traz mudança de sentido. Em "velhos espelhos", o poeta humaniza os espelhos, tratando-os de modo afetivo. Já em "espelho velho", usado no programa de TV, o sentido é denotativo, o sintagma se refere a uma situação prática, utilitária. Geralmente, os modificadores produzem um sentido mais subjetivo quando estão antes do núcleo, e um sentido mais concreto quando estão depois dele.
>
> Há certos modificadores que têm uma posição fixa no sintagma. No título do livro de Manoel de Barros, o sintagma "menino do mato" só poderia aparecer nessa ordem. As locuções adjetivas, como "do mato", só aparecem depois do núcleo.

CAPÍTULO 2

Antes da leitura

1. No poema de Manoel de Barros, você viu cenas simples, ligadas à natureza, transformarem-se em poesia. Para fazer isso, o poeta:

   a) combinou as palavras de que modo?

   b) explorou o som das palavras de que jeito?

2. Agora você conhecerá um poema do gaúcho Mario Quintana, sobre uma pequena rua de cidade.

   a) Como é a rua em que você mora? É pequena, grande, movimentada, calma? Fale um pouco sobre ela, destaque algum aspecto curioso ou afetivo da sua rua.

   b) Você escolheria algum aspecto de sua rua para elaborar um poema? Qual? Como falaria sobre ela poeticamente?

O poeta Mario Quintana disse, certa vez, numa entrevista:

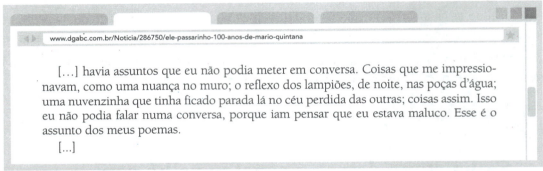

[...] havia assuntos que eu não podia meter em conversa. Coisas que me impressionavam, como uma nuança no muro; o reflexo dos lampiões, de noite, nas poças d'água; uma nuvenzinha que tinha ficado parada lá no céu perdida das outras; coisas assim. Isso eu não podia falar numa conversa, porque iam pensar que eu estava maluco. Esse é o assunto dos meus poemas.

[...]

Gislaine Gutierre. Ele passarinho – 100 anos de Mario Quintana. *Diário do Grande ABC*, 27 jul. 2006. Disponível em: <www.dgabc.com.br/Noticia/286750/ele-passarinho-100-anos-de-mario-quintana>. Acesso em: 19 jun. 2018.

Os assuntos simples, as coisas que estão todos os dias diante de nós são motivos de poesia. A pequena rua de uma cidade qualquer transformou-se no poema de Mario Quintana que você lerá a seguir.

Mario Quintana

Mario Quintana nasceu em 1904, na cidade de Alegrete, Rio Grande do Sul. Em 1919 mudou-se para Porto Alegre, onde morreu, em 1994. Começou a publicar poemas muito jovem, em jornais e revistas. Foi também jornalista e tradutor.

Seu primeiro livro de poemas publicado foi *A Rua dos Cataventos*, em 1940. O livro continha 35 sonetos, que logo foram reconhecidos e adotados em antologias escolares.

Na cidade de Porto Alegre, depois da morte do poeta, foi criada a Casa de Cultura Mario Quintana, no antigo hotel em que ele viveu grande parte de sua vida. Ali são realizadas exposições, espetáculos, exibições de filmes e oficinas de literatura. Você pode visitar o *site* e conhecer mais o poeta e as atividades da Casa de Cultura em: <www.ccmq.com.br/site>. Acesso em: 10 jul. 2018.

Mario Quintana.

Dorme, ruazinha... É tudo escuro...

Dorme, ruazinha... É tudo escuro...
E os meus passos, quem é que pode ouvi-los?
Dorme o teu sono sossegado e puro,
Com teus **lampiões**, com teus jardins tranquilos...

Dorme... Não há ladrões, eu te asseguro...
Nem guardas para acaso persegui-los...
Na noite alta, como sobre um muro,
As estrelinhas cantam como grilos...

O vento está dormindo na calçada,
O vento **enovelou-se** como um cão...
Dorme, ruazinha... Não há nada...

Só os meus passos... Mas tão leves são
Que até parecem, pela madrugada,
Os da minha futura assombração...

Mario Quintana. A Rua dos Cataventos, poema III. *Poesias*.
Porto Alegre: Globo: 1981. p. 3.

Glossário

Enovelar-se: enrolar-se.
Lampião: antigo poste de iluminação pública; grande lanterna elétrica ou a combustível.

Estudo do texto

1. No poema:
   a) A quem o eu lírico se dirige?
   b) Que verbo se repete?
   c) A ação indicada por esse verbo é própria de quem?
   d) Como o eu lírico trata aquela a quem se dirige?

2. Reflita sobre as questões a seguir.
   a) Para quem se costuma entoar canções para dormir?
   b) Você conhece alguma canção desse tipo? Veja estes versos de uma conhecida canção de ninar.

   > Durma, neném, que a Cuca logo vem
   > Papai está na roça e mamãezinha em Belém.
   >
   > Domínio público

   Há semelhanças entre a canção de ninar e o poema de Mario Quintana? Compare não apenas as palavras mas a ideia geral, o tom de voz esperado e a melodia, o ritmo dos versos.

   c) No poema, o tratamento dispensado pelo eu lírico àquela a quem ele se dirige tem relação com a canção de ninar? Por quê?

   > No poema, a ruazinha é tratada como ser vivo. Ao tratar um ser inanimado ou um objeto como uma pessoa, o poeta usa uma figura de linguagem chamada **personificação**.

3. Releia os versos 9 e 10 do poema.
   a) No verso 9, que verbo é usado para indicar a ação do vento? Comente esse uso.
   b) De que modo o eu lírico diz que o vento está parado, quieto?
   c) Esses recursos para tratar do vento combinam com o modo como o eu lírico trata a ruazinha? Por quê?

   > A **comparação** é outra figura de linguagem. Em um poema, as figuras de linguagem são usadas para criar uma linguagem figurada, em que predomina a conotação, para produzir novos sentidos.

4. Há outra comparação no poema: "As estrelinhas cantam como grilos...".
   a) Você sabe como é o som do canto de um grilo?
   b) Em que ambientes se pode ouvir o som do grilo à noite?
   c) A associação das estrelinhas com os grilos reforça a descrição do ambiente noturno da ruazinha? Por quê?

5. O eu lírico também fala dele mesmo no poema.
   a) O que ele diz sobre seus passos?
   b) A que ele compara seus passos?
   c) A comparação confirma a afirmação anterior sobre os passos?

6 A linguagem figurada do poema cria uma imagem da ruazinha.

a) Como você imagina a rua apresentada no poema?

b) O eu lírico fala de vários elementos que compõem a rua.
- Cite alguns desses elementos.
- Todos esses elementos são citados para reforçar a ideia central do poema. Que ideia é essa?

> No poema de Mario Quintana, os lampiões, os jardins, a ausência de ladrões e de guardas, o vento e as estrelinhas, os passos leves do eu lírico, tudo se combina para falar do mesmo **tema**, a tranquilidade da ruazinha à noite. **Tema** é a ideia central, comum aos variados aspectos que caracterizam a ruazinha.

7 O poema tem um ritmo, uma melodia.

a) Copie no caderno a resposta que explica o uso de reticências no poema. Elas indicam:
- dúvidas que tornam a leitura do poema acelerada.
- hesitações do eu lírico, que não sabe o que dizer.
- afirmações que reforçam as surpresas da noite na ruazinha.
- interrupções que correspondem a pequenas paradas na leitura do poema.

b) Você identificou rimas, sons que coincidem no final dos versos? Quais?

c) O que se pode observar quanto ao tamanho dos versos? Eles são muito diferentes?

d) Todos esses recursos – pontuação, rimas, tamanho dos versos – ajudam a criar que ritmo de leitura? Acelerado? Animado? Calmo?

e) Que relação existe entre esse ritmo e o tema do poema?

8 Leia a primeira estrofe de outro poema de Mario Quintana.

Cidadezinha cheia de graça

Cidadezinha cheia de graça...
Tão pequenina que até causa dó!
Com seus burricos a pastar na praça...
Sua igrejinha de uma torre só...

[...]

Mario Quintana. *Poesias*. Porto Alegre: Globo, 1981. p. 18.

a) Que semelhanças tem a ruazinha do poema que você leu com a cidadezinha descrita pelo eu lírico aqui?

b) Quanto à rima e ao tamanho dos versos, como se caracteriza essa estrofe?

c) Que tipo de pontuação é usada?

d) As semelhanças entre os dois poemas identificam um modo próprio de o poeta se expressar. Como você definiria o estilo do poeta, seu modo de escrever?

Gênero em foco

Poema

1. Poemas têm um modo próprio de expressão. Vamos relembrar?

   a) No Capítulo 1, você leu um poema de Manoel de Barros, em que ele mencionava "brincadeiras" e falava de "traquinagem". Explique a que brincadeiras e traquinagens ele se referia.

   b) No poema analisado no Capítulo 2, o eu lírico, ao se dirigir à ruazinha, diz: "Dorme, ruazinha...". Que figura de linguagem o eu lírico usou?

   c) Escreva no caderno a frase a seguir e a opção que a completa corretamente.

   A linguagem figurada dos poemas, com figuras de linguagem e uso conotativo das palavras, serve para:
   - criar novos sentidos para a linguagem que usamos no dia a dia.
   - reforçar os sentidos cotidianos da linguagem.
   - ampliar o vocabulário do leitor.
   - reproduzir cenas e diálogos da vida cotidiana em forma de versos.

2. Releia em voz alta um fragmento do poema de Manoel de Barros (texto do Capítulo 1) e uma estrofe do poema de Mario Quintana (texto do Capítulo 2).

   Texto do Capítulo 1

   O menino tinha no olhar um silêncio de chão
   e na sua voz uma candura de Fontes.
   O Pai achava que a gente queria desver o mundo
   para encontrar nas palavras novas coisas de ver
   assim: eu via a manhã pousada sobre as margens do
   rio do mesmo modo que uma garça aberta na solidão
   de uma pedra.

   Texto do Capítulo 2

   Dorme, ruazinha... É tudo escuro...
   E os meus passos, quem é que pode ouvi-los?
   Dorme o teu sono sossegado e puro,
   Com teus lampiões, com teus jardins tranquilos...

   Cibele Queiroz

   a) Em qual dos dois poemas o ritmo é:
   - mais livre, como se fosse uma conversa?
   - mais marcado, como se fosse uma canção?

   b) Em qual dos dois poemas há rimas entre os versos?

Ritmo no poema

Um grande estudioso da literatura, o escritor mexicano Octavio Paz, dizia que "a linguagem nasce do ritmo" e que só no poema ele se manifesta plenamente. Quando falamos, cortamos o silêncio com palavras e isso cria um ritmo, um modo de intercalar silêncios e sons. No poema, o ritmo é o elemento principal, que associa ideias e imagens a uma melodia. Versos mais acelerados constroem imagens mais turbulentas, impactantes. Versos mais desacelerados costumam associar-se a momentos de lirismo e ternura.

3 Veja como são contadas as sílabas métricas de um poema, nos dois primeiros versos do poema de Mario Quintana.

Dor	me,	ru	a	zi	nha	É	tu	does	cu
1	2	3	4	5	6	7	8	9	10
Eos	meus	pas	sos	quem	é	que	po	deou	vi
1	2	3	4	5	6	7	8	9	10

a) A última sílaba contada em cada verso corresponde a que sílaba da última palavra?

b) No primeiro verso, como foi formada a sílaba 9?

> Para a contagem das **sílabas métricas** de um poema, também conhecidas como sílabas poéticas, as vogais átonas finais e iniciais de palavras seguidas juntam-se numa só sílaba. Não são consideradas as sílabas átonas finais. O número de sílabas é contado até a última sílaba tônica do verso. A separação de sílabas métricas chama-se **escansão**.

4 Que tal continuar a escansão dos versos do poema de Mario Quintana?

a) Diga o poema em voz alta, marcando as sílabas métricas com o dedo na carteira.

b) A maioria dos versos tem quantas sílabas?

c) O único verso com medida diferente causa que efeito na leitura?

5 Experimente fazer o mesmo com os quatro primeiros versos do poema de Manoel de Barros e diga quantas sílabas métricas há em cada um. Informe também se há rimas.

> Eu queria usar palavras de ave para escrever.
> Onde a gente morava era um lugar imensamente e sem
> nomeação.
> Ali a gente brincava de brincar com palavras

6 Explique a diferença entre versos com métrica regular e versos com métrica irregular na criação do ritmo do poema.

> Em um poema, estrofes com versos com mesmo número de sílabas criam um **ritmo regular**, marcado, constante. Versos com número diferente de sílabas criam um **ritmo irregular**, mais livre, inconstante.
>
> Outro recurso que marca o ritmo do poema é a rima, que é a coincidência de sons no final de cada verso. Se o esquema de rimas for regular, como no poema de Mario Quintana, o ritmo também tende a ser regular, constante, marcado.
>
> Nem sempre há rima em um poema, como mostrou Manoel de Barros, e, às vezes, há rima apenas entre alguns versos. Se o esquema de rimas for irregular, com alternâncias diversas entre estrofes, novas rimas ou mesmo ausência de rima entre versos, o efeito é de um ritmo irregular, mais livre, inconstante.
>
> Versos que não têm rimas são chamados de **versos brancos**.

7 Em relação às rimas, comente o que ocorre nos dois poemas e explique o efeito causado.

8 Pense nos dois poemas lidos nesta unidade, converse com os colegas e, juntos, respondam: O ritmo de um poema tem relação com as ideias nele desenvolvidas?

Escrita em foco

Uso de ch/x; g/j; x/s/z

1 Leia em voz alta estes versos de Roseana Murray.

> Menina apaixonada oferece
> um coração cheio de vento
> onde quem quiser pode soprar
> três sementes de sonho.

Roseana Murray. *Classificados poéticos*. Belo Horizonte: Miguilim, 1995. p. 18.

a) Escolha três palavras-chave dos versos, ou seja, que indiquem as ideias centrais desse trecho do poema.

b) Empregue essas palavras-chave para escrever uma frase que explique os versos.

c) Preste atenção na relação entre os sons e as letras das palavras.
- Que som consonantal comum existe em **apaixonada** e **cheio**?
- Qual é a diferença entre a forma escrita das duas palavras para o mesmo som?
- Que palavras do poema contêm o mesmo som representado pela letra **c** em **oferece**?

d) A que conclusão sobre a grafia dos sons da fala você pode chegar, considerando as respostas do item **c**?

e) Cite palavras da mesma família de:
- apaixonada;
- cheio.

f) Nas palavras da mesma família, o que se pode observar em relação à grafia?

2 Reescreva as palavras do quadro a seguir usando **ch** ou **x**. Se necessário, consulte o dicionário.

Linha A	en★ada, en★ame, en★ergar
Linha B	amei★a, pei★e, bai★o
Linha C	abaca★i, ★ingu, ca★umba

a) Na linha A:

  I. que letra foi usada nas lacunas?

  II. qual é a sílaba inicial de todas as palavras dessa linha?

  III. que regra se pode formular?

> ↑ A regra da sílaba inicial **en-** não se aplica a palavras que derivam de outras com **ch**. As palavras **encher** e **enchente**, por exemplo, são escritas com **ch** porque derivam de **cheio**.

b) Na linha B:

  I. que letra foi usada nas lacunas?

  II. essa letra veio depois de qual encontro vocálico: ditongo, tritongo ou hiato?

  III. que regra se pode formular?

c) As palavras da linha **C** têm origem africana ou indígena. Com base nesse dado, formule a regra de uso do **x**.

3 Leia o título e o subtítulo de uma notícia.

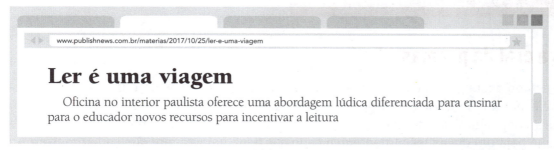

Ler é uma viagem. *Publishnews*, 25 out. 2017. Disponível em: <www.publishnews.com.br/materias/2017/10/25/ler-e-uma-viagem>. Acesso em: 19 jun. 2018.

a) O que se pode entender do título da notícia?
b) No título, substitua o substantivo **viagem** pelo verbo a ele relacionado.
c) Quanto à grafia, houve alguma mudança para representar o mesmo som? Indique-a se for o caso.

4 Observe os grupos de palavras a seguir.

| Linha A | viagem, passagem, origem |

| Linha B | arranjar, sujar, lisonjear |

a) Na linha A, qual é a sílaba final das palavras?
b) Na linha B, quais são as terminações dos verbos?
c) Descreva o uso de **g** e **j** em cada caso.

5 Leia o título e o subtítulo de uma notícia.

Redação M de Mulher. Como é feito um exame de sangue? *Saúde Abril*. Disponível em: <https://saude.abril.com.br/bem-estar/como-e-feito-um-exame-de-sangue>. Acesso em: 19 jun. 2018.

a) Destaque duas palavras em que o mesmo som seja expresso por letras diferentes.
b) Observe: **análise**, **pesquisa**, **realização** e **atualização**. Que verbos se relacionam a cada substantivo?
c) Como se escreve, nos nomes e nos verbos, o som comum a eles?
d) Em que verbos se usou a letra **s**?
e) Essa grafia tem relação com os substantivos correspondentes a esses verbos? Qual?
f) Que elemento de composição das palavras se mantém nas duplas **análise - analisar** e **pesquisa - pesquisar**?
g) Que verbos foram escritos com a letra **z**?
h) Observe: real – realizar; atual – atualizar. Qual é o radical, o elemento comum a cada grupo de palavras?
i) Formule uma regra para explicar a diferença de grafia entre as terminações dos verbos, considerando o radical.

Oralidade em foco

Leitura oral de poemas

No estudo desta unidade, você aprendeu que poemas são textos produzidos com recursos especiais que exploram a métrica, o ritmo, o som e os diferentes sentidos das palavras.

Agora chegou sua vez de dar ainda mais vida a esses textos por meio da leitura em voz alta. A ideia é que haja um dia especialmente dedicado à arte da palavra, em que cada um trará um poema selecionado e o lerá para os amigos da turma.

Preparação

1. Primeiro, é preciso escolher um poema de que você goste muito. Para isso, consulte *sites*, obras disponíveis na biblioteca da escola e livros que tenha em casa. Se tiver acesso à internet, você poderá visitar, por exemplo, o *site* Releituras (www.portaldaliteratura.com), em que encontrará um pouco da obra e da biografia de vários autores importantes da literatura, ou o Blog da Leiturinha (http://leiturinha.com.br/blog/10-poemas-famosos-para-ler-com-as-criancas), no qual poderá ler um conjunto de poemas do universo infantil, acesso em: 12 jul. 2018.
Na biblioteca da escola, você pode pesquisar livros que reúnam poemas, chamados antologias poéticas. Há muitos poetas brasileiros e portugueses conhecidos que escreveram sobre temas como amor, amizade, convivência e outros dilemas da vida. Além de Manoel de Barros e Mario Quintana, que você conheceu nos textos dos capítulos 1 e 2 desta unidade, sugerimos obras de Carlos Drummond de Andrade, Ruth Rocha, Ferreira Gullar, Cecília Meireles, Fernando Pessoa, Armando Freitas Filho, Roseana Murray, José Paulo Paes e muitos outros.

2. Depois de escolher o poema, anote-o em uma folha de papel à parte e leia-o várias vezes em casa para se familiarizar com o ritmo do texto e com as diferentes possibilidades de leitura, o que é fundamental para os efeitos de sentido do poema. Você deve compreender o poema para lê-lo com a entonação, o ritmo e o sentimento adequados.

3. Ensaie a leitura oral que fará na sala de aula. Se puder, grave sua leitura e escute-a com espírito crítico. Repare na entonação usada e verifique se ela ajuda a revelar o ritmo do poema. Observe se fez as pausas necessárias, se respeitou os efeitos produzidos pela pontuação. Avalie a expressividade de sua leitura e verifique se ela corresponde à emoção do eu lírico.

Realização

4. Na sala de aula, junto com os colegas, arrume as carteiras em forma de círculo para que todos possam ver e ouvir melhor a apresentação de cada um.
5. Depois, decidam qual será a ordem em que os poemas serão lidos.
6. Na sua vez, leia o poema com ritmo e dê a ênfase necessária em certas palavras e versos. Não tenha pressa e use um tom de voz adequado e claro para que todos possam ouvir e compreender o texto.
7. De vez em quando, faça pausas e olhe para os colegas, para interagir de forma direta com eles.
8. Ao final de cada leitura, aplauda o colega como estímulo e reconhecimento.
9. No fim da atividade, todos podem conversar sobre a razão de suas escolhas e a preferência pelo texto e/ou poeta selecionado. Podem também comentar a temática dos poemas lidos e, se possível, identificar aqueles que tratam de assuntos semelhantes, além de falar sobre os poemas que mais chamaram sua atenção, que mais os emocionaram ou divertiram, destacando os recursos usados em sua produção.
10. Como sequência da atividade, você pode selecionar um dos poemas lidos ou algum outro que pesquisar e dedicá-lo a um amigo ou familiar.
11. Imagine que o poema seja um presente e o coloque em uma embalagem especial.
12. Anote-o em uma folha de papel, caprise na letra ao copiá-lo ou, se preferir digitá-lo, escolha uma fonte (tipo de letra) bem bonita no editor de texto do computador. Depois, quando entregá-lo, leia-o para a pessoa que você presenteou.

Autoavaliação

13. Após sua apresentação, faça uma autoavaliação:
    - Você participou da atividade com interesse e entusiasmo?
    - Você leu o poema com atenção ao ritmo, às rimas e aos outros recursos sonoros do texto?
    - Você prestou atenção aos poemas selecionados e lidos pelos colegas?
    - Você participou da conversa final de forma colaborativa?
    - Compreendeu a expressividade do poema, a linguagem figurada e a subjetividade do eu lírico?
    - Conseguiu transmitir tudo isso em sua leitura?

Oficina de produção

Escrita de poemas

Você escreverá um poema com base nas orientações dadas. Antes, porém, como aquecimento, que tal experimentar criações em linguagem poética?

Criando imagens com as palavras

Você se lembra do poema de Manoel de Barros? Lembra-se de como o poeta combinou as palavras de forma muito expressiva para criar imagens poéticas e novos sentidos? No livro *Mania de explicação*, de Adriana Falcão, uma menina muito curiosa e criativa define as palavras de modo próprio, por meio de associações com experiências ou situações inesperadas. Veja algumas definições inovadoras que a personagem do livro criou para explicar **solidão** e **perdão**:

> Solidão é uma ilha com saudade de barco.
>
> Adriana Falcão. *Mania de explicação*. São Paulo: Salamandra, 2013.

> Perdão é quando o Natal acontece em maio, por exemplo.
>
> Adriana Falcão. *Mania de explicação*. São Paulo: Salamandra, 2013.

Antes de fazer a próxima atividade, que tal exercitar seu olhar poético sobre as coisas e situações que nos cercam? Faça como a menina e defina, de forma criativa e surpreendente, a amizade, o medo, o sonho etc.

Escrita

Agora é sua vez de escrever um poema! Nesta unidade, você estudou diferentes tipos de poema e teve a oportunidade de explorar os recursos típicos desse gênero, como o ritmo, a rima e a métrica. Também percebeu que um poema pode emocionar, surpreender e divertir. Na seção **Oralidade em foco**, sugerimos que você presenteasse uma pessoa especial com um poema. Desta vez, você deve preparar todo o presente. Lembre-se de uma pessoa de que goste: um amigo ou uma amiga da escola, uma pessoa de sua família, um colega de sua vizinhança. Você já pensou que, em vez de comprar um presente, pode escrever e oferecer um poema a alguém? Aceita o desafio? Então, mãos à obra!

Preparação

Primeiro, é preciso pensar na pessoa para quem você deseja escrever o poema. Pense em como ela é, nas coisas de que mais gosta e no que você gostaria de escrever para ela. Depois, pense no tema que deseja abordar. Será um poema sobre amizade? Um poema sobre o que a pessoa representa para você? Pense também no efeito que gostaria de provocar. Emoção? Surpresa? Diversão?

Planeje o que vai escrever observando as características do gênero, indicadas a seguir.

1. Um poema é escrito em versos, que podem ter a mesma métrica e rimas. Nesse caso, você escreverá um poema de ritmo marcado, regular. Os versos podem, por outro lado, ter métricas diferentes e não usar rimas. Nesse caso, eles poderão ter um ritmo mais livre, solto, como em uma conversa.
2. Um poema usa linguagem figurada. Você pode fazer comparações e personificações, se quiser. Ou pode apenas brincar com as palavras, formando sentidos conotativos com as combinações entre elas e criando surpresas para o leitor.

Realização

3. Faça uma primeira versão do poema e releia-a, em voz alta, quantas vezes precisar. Vá fazendo alterações ou substituições que julgar necessárias até finalizá-lo. Durante o processo, continue revisando seu texto para que ele se torne ainda mais expressivo. Se desejar, escreva um título bem criativo para o poema.

Revisão

4. Confira se você atendeu às exigências do gênero.
5. Se seu poema tiver um ritmo marcado, verifique se os versos têm métrica regular e rimas. Se o ritmo for mais livre, observe se, ainda assim, eles ganham ritmo na leitura oral. O ritmo do poema está de acordo com o tema?
6. Você usou figuras de linguagem? Caprichou no sentido conotativo das palavras? Criou imagens surpreendentes?
7. Verifique também a ortografia, observe se as palavras estão escritas corretamente. Em caso de dúvida, consulte o dicionário. Observe ainda a pontuação, veja se ela ajuda a dar ritmo ao poema.
8. Passe seu texto a limpo e entregue-o ao professor para que ele possa fazer sugestões ou correções antes que o poema se torne um presente.
9. Quando o receber de volta, reescreva-o, se necessário. Transcreva-o com bastante capricho. Se preferir, você pode digitá-lo. Prepare um envelope bem bonito para colocar seu poema e entregue-o àquela pessoa especial!

Retomar

Leia o poema a seguir e responda às questões.

> Atenção! Compro gavetas,
> compro armários,
> cômodas e baús.
>
> Preciso guardar minha infância,
> os jogos de amarelinha,
> os segredos que me contaram
> lá no fundo do quintal.
>
> Preciso guardar minhas lembranças,
> as viagens que não fiz,
> ciranda, cirandinha
> e o gosto de aventura
> que havia nas manhãs.
>
> Preciso guardar meus talismãs
> o anel que tu me deste,
> o amor que tu me tinhas
> e as histórias que eu vivi.
>
> Roseana Murray. *Classificados poéticos*. São Paulo: Moderna, 2010. p. 9.

1. No primeiro verso das estrofes 2, 3 e 4:
   a) Que expressão se repete?
   b) O que isso indica sobre o eu lírico?

2. Em relação à segunda estrofe:
   a) O que o eu lírico afirma querer guardar?
   b) Esses guardados costumam ser postos em gavetas e armários? Por quê?

3. A combinação entre os elementos da primeira e da segunda estrofes cria que efeito no poema?

4. "Ciranda, cirandinha" e "O anel que tu me deste" são versos conhecidos.
   a) Você se lembra deles? De onde?
   b) De que modo esses versos combinam com a ideia desenvolvida nas estrofes anteriores?

5. Faça a escansão dos versos do poema, indicando quantas sílabas métricas há em cada verso.
   a) O número de sílabas métricas dos versos é muito variado? Justifique e indique se a métrica do poema é regular ou irregular.
   b) Há rimas entre os versos?
   c) A métrica do poema e o uso (ou não) de rimas sugere que tipo de ritmo? Justifique sua resposta.

6. Anote no caderno a opção que corresponde mais adequadamente ao tema do poema.
   - Saudade das cantigas de roda.
   - Preservação das lembranças afetivas da infância.
   - Necessidade de guardar objetos de infância.
   - Recordação de jogos e brincadeiras de infância.

7 Estabeleça relação entre o tema do poema e o ritmo dos versos. Para isso, responda às questões a seguir.

a) As lembranças vão surgindo de que modo para o eu lírico? Em ordem? Desordenadas? Repetidas? Comente.

b) O ritmo do poema combina com o tema? Por quê?

8 Como se formam os sintagmas "jogos de amarelinha" e "gosto de aventura"?

9 O nome do livro de onde foi retirado o poema é *Classificados poéticos*.

a) Você sabe o que são "classificados", também chamados de "anúncios classificados"?

b) Analise a formação do sintagma "classificados poéticos".

c) Que efeito de sentido a combinação de **classificados** e **poéticos** produz?

10 A letra **s** pode representar diferentes sons. Retire do texto uma palavra em que a letra **s** representa o mesmo som que tem em **analisei**.

11 Leia mais um classificado poético de Roseana Murray.

Troca-se um homem-aranha

Troca-se um homem-aranha de mentira
por uma aranha de verdade.
Uma aranha competente
que teça belas teias transparentes,
que pegue moscas, mosquitos
e não entenda nada de bandidos.
Uma aranha que seja
uma aranha simplesmente.

Roseana Murray. *Classificados poéticos*.
São Paulo: Moderna, 2010. p.17.

a) O principal efeito desse poema é de humor, tristeza, apelo comercial ou sabedoria?

b) Explique o sentido dos sintagmas **aranha de verdade** e **aranha competente** no contexto do poema

c) Ao propor essa troca, o eu lírico mostra uma oposição entre o mundo da fantasia e o mundo concreto, da vida real. O que ele parece sentir em relação a esses dois mundos?

12 Ao usar a linguagem figurada, um poema transforma a linguagem do dia a dia, produzindo novos sentidos para o mundo.

Como os classificados poéticos de Roseana Murray fazem isso em relação à linguagem dos anúncios classificados?

UNIDADE

Aventuras

Antever

1. Você assistiu ao filme em que se passou a cena ao lado? Se assistiu, conte aos colegas que personagens aparecem nesta imagem e onde elas estão. Se não viu, fale da imagem, descrevendo o que vê.

2. Você considera a cena comum ou surpreendente? Por quê?

3. O que pode ter acontecido antes dessa cena?

4. O que terá acontecido depois?

5. Por que se pode imaginar que o filme desenvolva uma narrativa de aventura?

Narrativas de aventuras desafiam a imaginação de escritores e cineastas e também de leitores e espectadores. Personagens corajosas, perigos e surpresas, enfrentamento de forças naturais ou sobre-humanas são alguns dos elementos que compõem esse tipo de narrativa. Prepare-se para surpreender-se e emocionar-se com as histórias que serão contadas nesta unidade!

Cena do filme *As aventuras de Pi* (EUA, 2012), dirigido pelo cineasta Ang Lee. Pi consegue sobreviver ao naufrágio do navio em que viajava, mas tem que dividir o bote salva-vidas com o tigre Richard Parker e outros animais.

141

CAPÍTULO 1

Antes da leitura

Você já ouviu falar das aventuras de Robinson Crusoé? Ele era um jovem com muita vontade de conhecer o mundo. Um dia fugiu de casa e embarcou num navio, em busca de aventuras. Você saberá como aconteceram algumas delas a seguir.

Antes de ler o primeiro e o terceiro capítulos de *Robinson Crusoé* e descobrir as aventuras que ele viveu, leia abaixo o texto da página de abertura – chamada folha de rosto – de uma edição brasileira da obra, de 1996. Ela reproduz em português a folha de rosto da 1ª edição desse livro, feita em 1719, na Inglaterra.

Glossário

Perecer: falecer, morrer.

> A vida e as estranhas e surpreendentes aventuras de Robinson Crusoé, marinheiro, de York, que viveu vinte e oito anos solitário, numa ilha deserta, na costa da América, próxima à foz do grande Rio Orenoco, após ter sido lançado à praia em razão de um naufrágio, no qual **pereceram** todos os homens, exceto ele. Com um relato a respeito do modo igualmente singular como, afinal, ele foi salvo por piratas. Escrito por ele próprio.
>
> Daniel Defoe. *As aventuras de Robinson Crusoé*.
> Porto Alegre: L&PM, 1996. p. 3.

1. Onde se passa a história?
2. Que fato extraordinário teria ocorrido com Robinson?
3. Sobre as histórias vividas por Robinson Crusoé, qual é o ponto de vista da pessoa que escreveu a página de abertura do livro?
4. A folha de rosto é um elemento pré-textual, isto é, vem antes do texto principal. Com base no que leu acima, explique qual é a função da folha de rosto.
5. Saber alguns detalhes da história aumenta sua vontade de lê-la? Por quê?

Folha de rosto

A folha de rosto antecipa algumas informações sobre o conteúdo do livro. Veja ao lado a folha de rosto de uma edição brasileira das aventuras de Robinson Crusoé. Ela traz o nome da obra, *Robinson Crusoé*, do autor, Daniel Defoe, do tradutor, Sergio Flaksman, da pessoa que escreveu a introdução do livro e as notas explicativas que aparecem ao longo do texto, John Richetti. Além disso, indica que essa é uma publicação da Penguin-Companhia das Letras.

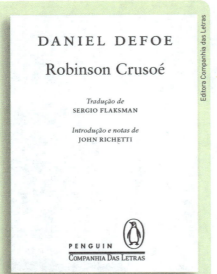

Folha de rosto de uma edição brasileira de *Robinson Crusoé*.

Robinson Crusoé
I. Minha primeira viagem

Muito cedo me convenci de que minha mãe tinha toda a razão. Vida de marinheiro é vida pesada. Não sobra tempo para brincar, a bordo dum navio, ou pelo menos não sobrava a bordo do meu navio. Mesmo quando o mar estava sereno e o dia lindo, serviços não faltavam, um atrás do outro.

Uma noite o vento começou a soprar com fúria cada vez maior. O navio era jogado em todas as direções, como se fosse casca de noz. Nunca supus que tempestade fosse assim.

Toda a noite o vendaval soprou e nos judiou. Fiquei tão amedrontado que não sabia o que fazer, nem o que pensar. Era impossível que o navio não fosse ao fundo.

Lembrei-me então de casa e das palavras de minha mãe.
– Se escapo desta – disse comigo –, outra não me pilha. Chega de ser marinheiro. Só quero agora uma coisa – voltar para casa e nunca mais deixar a companhia dos meus pais.

A manhã rompeu e a tempestade inda ficou pior que de noite. Convenci-me de que estava tudo perdido e resignei-me. De tarde, entretanto, o céu começou a clarear e o vento a diminuir. As ondas perderam a fúria. O navio foi parando de pinotear. A tempestade chegara ao fim.

Na manhã seguinte o sol apareceu, o céu fez-se todo azul e o mar parecia um carneirinho, de tão manso. Que beleza foi essa manhã!

Eu estava de pé no convés, olhando o mar, quando ouvi passos atrás de mim. Era o **imediato** do navio, um homem que sempre se mostrava bondoso para comigo.

– Que é isso, Bob? Você parece que teve medo do ventinho da noite passada.
– Ventinho? – respondi. – Tempestade e das boas, isso sim.

O velho marujo riu-se.

– Você é muito novato, Bob. Não sabe ainda o que é uma tempestade. Mas saberá qualquer dia e então há de rir-se de si próprio de haver chamado tempestade ao ventinho de ontem. [...]

III. O naufrágio

Quando tudo ficou pronto para a longa viagem, embarquei no naviozinho. Fazia justamente oito anos que tinha deixado a casa de meus pais. Qualquer coisa me dizia que não fizesse tal viagem, mas eu havia me comprometido e não podia voltar atrás.

O vento estava de feição, como dizem os marinheiros. As velas se **enfunaram** e o navio lá se foi.

Por muitos dias só tivemos bom tempo. O navio navegava firme, tudo parecendo indicar que a viagem seria das mais felizes. Mas não foi assim.

Uma violenta tempestade veio de sudoeste, e eu, que em oito anos de vida marítima tinha visto muitas, nunca vi tempestade mais furiosa. Nada pudemos fazer senão deixar o navio flutuar ao sabor dos ventos. Dias e dias fomos assim arrastados pelo mar afora, esperando a todo momento um fim terrível.

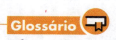

Glossário
Enfunar: inflar-se com o vento.
Imediato: oficial que ocupa o segundo lugar de comando num navio.

A tempestade crescia de violência. Nenhum de nós conservava esperança de salvar-se. Mas no décimo segundo dia o vento **amainou** e as vagas perderam a fúria. Nossas esperanças renasceram.

No décimo terceiro dia, pela manhã, um marinheiro gritou: "Terra!"

Corri ao convés para ver, mas justamente nesse instante o navio bateu num banco de areia e ficou imóvel. Estava encalhado. Grandes ondas vinham quebrar-se no convés, e toda a tripulação teria sido varrida para o mar se não se houvesse escondido nas cabinas. "Que havemos de fazer?", gritou um marinheiro.

— Nada — respondeu o capitão. — Nossa viagem está no fim. Só nos resta esperar que as ondas despedacem o navio e nos engulam a todos.

— Há ainda uma esperança — gritou o imediato. — Sigam-me!

Corremos todos para o convés atrás dele e pudemos ver que um dos **escaleres** ainda estava no seu lugar. Num relance cortamos as cordas que o prendiam aos ganchos e o pusemos n'água, com todos os homens dentro.

Nenhum bote poderia flutuar por muito tempo num mar agitado como aquele, mas nós estávamos vendo terra por perto e tínhamos esperança de chegar até lá. Era a única salvação possível.

Vagalhões furiosos nos foram levando em direção dumas pedras que pareciam ainda mais terríveis que as ondas. De repente uma vaga maior cobriu o bote. Ninguém teve tempo de gritar ou pensar. Fomos todos engolidos pelas águas.

[...]

Daniel Defoe. *Robinson Crusoé*: aventuras dum náufrago perdido numa ilha deserta, publicadas em 1719. Tradução e adaptação de Monteiro Lobato. São Paulo: Brasiliense, 1980. p. 6, 7, 9 e 10.

Glossário

Amainar: diminuir.
Escaler: pequeno barco; bote.
Vagalhão: grande onda.

Estudo do texto

1) O texto começa com a seguinte afirmação do narrador:

   Muito cedo me convenci de que minha mãe tinha toda a razão.

   a) O que é possível pressupor por meio da afirmação?
   b) Por que o narrador faz essa afirmação?

2) Identifique, no texto do Capítulo 1, as sequências descritivas que caracterizam a situação em que se encontrava Robinson Crusoé.

3) No 2º parágrafo do texto do Capítulo I, o narrador fala sobre a tempestade e descreve a própria reação diante dela. Como as sequências descritivas caracterizam a tempestade? E como é descrita a reação do narrador?

4) No 3º parágrafo do texto do Capítulo I o narrador interrompe a narrativa sobre a tempestade para fazer uma reflexão. Em que ele pensou?

5) Releia o trecho a seguir.

   Uma noite o vento começou a soprar com fúria cada vez maior. O navio era jogado em todas as direções, como se fosse casca de noz.

   a) Que expressão indica o momento em que se inicia um novo acontecimento?
   b) Por que esse acontecimento pode ser considerado uma complicação na narrativa?
   c) Agora, imagine-se no lugar de Robinson Crusoé. Elabore um parágrafo que mostre como você se sentiria no momento da tempestade.

6) Mais adiante, o narrador diz:

   A manhã rompeu e a tempestade inda ficou pior que de noite. Convenci-me de que estava tudo perdido e resignei-me. De tarde, entretanto, o céu começou a clarear e o vento a diminuir. As ondas perderam a fúria.

   a) Como a complicação se resolveu?
   b) Como termina esse trecho da aventura? Qual é a situação final?

7) Releia o diálogo final do Capítulo I, entre o menino e o imediato do navio.

   a) Há alguma diferença entre as opiniões deles sobre a tempestade? Explique sua resposta.
   b) A atitude do marujo, ao rir da resposta do menino, possibilita que o leitor avalie se a resposta que deu a Robinson era verdadeira. O que você pensa sobre esse diálogo?

8) O Capítulo III narra uma viagem que Robinson fez oito anos mais tarde. Observe:

   O vento estava de feição, como dizem os marinheiros. As velas se **enfunaram** e o navio lá se foi.

   a) Com base no significado de **enfunar**, no glossário, aponte o sentido da expressão "o vento estava de feição".
   b) De acordo com o trecho, explique como foi a partida da viagem.

9) O terceiro parágrafo do Capítulo III descreve o início da viagem.

   Por muitos dias só tivemos bom tempo. O navio navegava firme, tudo parecendo indicar que a viagem seria das mais felizes. Mas não foi assim.

   a) Que sequência descritiva mostra como estava o tempo?
   b) Qual sequência descreve como o navio seguia?
   c) No trecho em destaque, que palavra dá, ao leitor, uma pista de que algo acontecerá? Explique sua resposta.

145

d) Em sua opinião, a descrição do início da viagem e o título do capítulo, "O Naufrágio", provocam que efeitos no leitor?

10 Até o penúltimo parágrafo do trecho do Capítulo III, há uma sequência narrativa que conta um episódio ocorrido antes do naufrágio. Identifique, nessa sequência, a situação inicial, a complicação e a resolução da complicação.

11 Releia o último parágrafo do Capítulo III.

> Vagalhões furiosos nos foram levando em direção dumas pedras que pareciam ainda mais terríveis que as ondas. De repente uma vaga maior cobriu o bote. Ninguém teve tempo de gritar ou pensar. Fomos todos engolidos pelas águas.

a) O que assombrava os tripulantes? Se for preciso, consulte o glossário para explicar.
b) Que fato conduz à situação final do capítulo?
c) O que há de diferente entre a situação final do Capítulo I e a do Capítulo III?
d) Que efeitos essas diferenças constroem na narrativa? Como o leitor reage a cada uma dessas situações finais?

12 Para você, o modo pelo qual foi narrado o naufrágio provoca o desejo de continuar a leitura? Explique sua resposta.

Os textos encadeiam sequências para narrar, relatar, descrever, expor, argumentar. As **sequências narrativas** são predominantes em gêneros narrativos, como na história que você acabou de ler, e também em lendas, contos, HQs, telenovelas, seriados, crônicas.

Cada um desses gêneros tem suas particularidades, mas todos têm algo em comum, uma organização própria do **tipo narrativo**, que corresponde às etapas a seguir.
- **Situação inicial:** apresenta-se o ambiente e aparecem as personagens.
- **Complicação:** surge um acontecimento a ser resolvido.
- **Resolução:** a complicação é resolvida ou desfeita.
- **Situação final:** final da história, com as transformações ocorridas nas personagens e na situação inicial.

Comparando textos

Leia a tradução para o português feita por Albino Poli Jr. do trecho da edição original, que corresponde a um trecho do texto do Capítulo 1, traduzido e adaptado por Monteiro Lobato.

> [...] Deixando que soubessem de mim como quisesse o acaso, sem pedir a bênção de Deus ou de meu pai, sem qualquer consideração das circunstâncias ou consequências, e em má hora, Deus o sabe, a 1º de setembro de 1651, subi a bordo de um navio com destino a Londres. Acredito que jamais os infortúnios de um jovem aventureiro começaram mais cedo, ou se prolongaram tanto como os meus. Mal o navio deixara o **Humber**, o vento começou a soprar e as ondas cresceram assustadoramente; como eu jamais estivera no mar, fiquei indescritivelmente enjoado e em pânico. Comecei então a refletir com seriedade sobre o que fizera, sobre quão justamente estava sendo surpreendido pelo juízo do Céu, pela forma perversa como fugira da casa de meu pai e abandonara meu dever. Todos os bons conselhos recebidos, as lágrimas de meu pai e as súplicas de minha mãe retornaram vividamente ao meu espírito, e minha consciência, que ainda não fora reduzida ao grau de insensibilidade que atingira desde então, censurou-me por desprezar o conselho e transgredir o dever para com Deus e com meu pai.
>
> Tudo isso enquanto a tempestade recrudescia, e o mar, no qual eu nunca estivera antes, subia muito alto, embora sequer se comparasse

Humber: área na costa Leste do Norte da Inglaterra onde vários rios deságuam no mar. Trata-se de um estuário, ou seja, uma grande faixa de deságue.

com o que vi muitas vezes mais tarde. Não, nem com o que vi poucos dias depois, mas naquele momento foi o bastante para impressionar-me, eu que não passava de um jovem marinheiro e jamais soubera coisa alguma a esse respeito. Temia que cada onda fosse nos engolir, e sempre que o navio caía, como eu pensava, no abismo cavado pelas ondas, achava que não viríamos mais à tona. Em meio a essa agonia fiz muitas juras e promessas: se Deus houvesse por bem poupar-me a vida nessa única viagem, se um dia eu tornasse a pôr o pé em terra firme enquanto vivesse, iria diretamente para a casa de meu pai e jamais me precipitaria de novo em desgraças como essas. Agora eu enxergava claramente o acerto de suas observações acerca da situação intermediária na vida, como ele vivera todos os seus dias com tanto sossego, tanto conforto e jamais fora exposto a tempestade no mar ou dificuldades em terra; e resolvi que, como um verdadeiro pródigo arrependido, retornaria à casa paterna.

Estes sábios e sóbrios pensamentos prolongaram-se durante todo o tempo que durou a tempestade, na verdade, um pouco mais, mas no dia seguinte o vento **amainara**, o mar estava mais calmo, e comecei a habituar-me com ele. No entanto, eu estava muito abatido em razão de tudo o que me acontecera no dia anterior e também ainda um pouco indisposto. Mas ao fim da tarde o tempo clareou, quase não havia mais vento, e seguiu-se um lindo e agradável entardecer. O sol se pôs perfeitamente claro e assim se ergueu na manhã seguinte. Havendo pouco ou nenhum vento, o mar tranquilo e o sol luzindo acima dele, o panorama pareceu-me o mais encantador que já me fora dado vislumbrar.

Eu dormira bem à noite e agora já não estava enjoado, ao contrário: cheio de ânimo, olhava maravilhado para o mar, tão encrespado e terrível no dia anterior e capaz de mostrar-se tão plácido e agradável pouco tempo depois. Então, temendo que perseverasse nos meus bons propósitos, meu companheiro – que na verdade me instigara a partir – aproximou-se de mim.

– Então, Bob – diz ele, apertando meu ombro –, como é que você está se sentindo? Garanto que ficou assustado com aquele vento que bateu na noite passada, não?

– Você chama aquilo de vento? – disse eu. – Foi uma tempestade terrível.

– Tempestade, não seja bobo – retruca ele –, você chama aquilo de tempestade? Ora, aquilo não foi nada. Basta termos um bom barco e espaço de manobra e nem ligamos para um ventinho desses, mas você é marinheiro de primeira viagem, Bob. Venha, vamos fazer um ponche e esquecer tudo. Veja só que tempo lindo está fazendo agora!

Daniel Defoe. *As aventuras de Robinson Crusoé*. Trad. por Albino Poli Jr. Porto Alegre: L&PM, 2008. p. 13-15.

Glossário

Amainar: tornar brando, calmo, sereno; acalmar-se.

1. Compare um trecho da tradução original do Capítulo I (I) com um trecho da adaptação feita por Monteiro Lobato (II).

   I. "[...] Comecei então a refletir com seriedade sobre o que fizera, sobre quão justamente estava sendo surpreendido pelo juízo do Céu, pela forma perversa como fugira da casa de meu pai e abandonara meu dever. Todos os bons conselhos recebidos, as lágrimas de meu pai e as súplicas de minha mãe retornaram vividamente ao meu espírito [...]. Em meio a essa agonia fiz muitas juras e promessas: [...] **e resolvi que, como um verdadeiro pródigo arrependido, retornaria à casa paterna**".

   II. "Lembrei-me então de casa e das palavras de minha mãe. – Se escapo desta – disse comigo – outra não me pilha. Chega de ser marinheiro. **Só quero agora uma coisa – voltar para casa e nunca mais deixar a companhia dos meus pais**".

   a) O texto adaptado usa o mesmo vocabulário do texto original? Que diferenças você nota?

   b) Pela observação, como a adaptação interfere no modo de apresentar as ideias?

2. Leia dois trechos do texto original.

   I. "[...] a tempestade recrudescia, e o mar, no qual eu nunca estivera antes, subia muito alto [...]".

   II. "[...] Temia que cada onda fosse nos engolir, e sempre que o navio caía, como eu pensava, no abismo cavado pelas ondas, achava que não viríamos mais à tona. [...]"

   a) Volte ao texto do Capítulo I e identifique de que modo Monteiro Lobato adaptou esses trechos originais.

   b) Que marcas, no original e na adaptação, mostram a intensidade da tempestade?

   c) Imagine que você seja o adaptador do trecho I e tenha de adaptá-lo a leitores adolescentes, com idades próximas à sua.
   - Como você o reescreverá?
   - Que linguagem usará? Se for preciso, consulte um dicionário.

3. Compare mais uma vez dois trechos das versões original (I) e adaptada (II), que descrevem o estado do mar durante e após a tempestade.

   I. "[...] olhava maravilhado para o mar, tão encrespado e terrível no dia anterior e capaz de mostrar-se tão plácido e agradável pouco tempo depois. [...]"

   II. "As ondas perderam a fúria. O navio foi parando de pinotear. [...]

   [...] o céu fez-se todo azul e o mar parecia um carneirinho, de tão manso".

   a) De que modo os textos caracterizam o mar durante a tempestade?

   b) E depois da tempestade? Como os textos caracterizam o mar?

   c) Compare os dois trechos e responda: Qual é o sentido da palavra **plácido** no trecho I?

Daniel Defoe

Daniel Defoe (1660--1731) nasceu em Londres, filho de James Foe, um mercador de velas. Com 35 anos de idade, modificou seu sobrenome para Defoe. Iniciou sua carreira escrevendo obras sobre diferentes temas, como política, geografia, religião. Em 1719, publicou seu livro mais conhecido *Robinson Crusoé*. Escreveu ainda outros livros de aventura. Em 1724, foi publicado seu último romance, *Roxana*. Daniel Defoe teve grande influência no desenvolvimento da literatura inglesa.

4 Observe dois trechos da adaptação.

> [...] O navio era jogado em todas as direções, como se fosse casca de noz. [...]
>
> [...] o céu fez-se todo azul e o mar parecia um carneirinho, de tão manso. [...]

a) De que modo a adaptação mostrou como estava o navio durante a tempestade e como ficou o mar depois dela?

b) Que efeito esse recurso cria na narrativa?

c) Por que o adaptador usou esse recurso?

5 O vocabulário do texto original usa palavras menos comuns. Reescreva as passagens a seguir, de modo a adaptar a história ao público infantojuvenil. Para isso, substitua as palavras assinaladas por outras de sentido equivalente, após consultar o quadro com opções abaixo.

> pedidos   brilhando   sofrimentos
> levantou   entrever

a) "Acredito que jamais os **infortúnios** de um jovem aventureiro começaram mais cedo, ou se prolongaram tanto como os meus."

b) "Todos os bons conselhos recebidos, as lágrimas de meu pai e as **súplicas** de minha mãe retornaram vividamente ao meu espírito."

c) "O sol se pôs perfeitamente claro e assim se **ergueu** na manhã seguinte."

d) "Havendo pouco ou nenhum vento, o mar tranquilo e o sol **luzindo** acima dele, o panorama pareceu-me o mais encantador que já me fora dado **vislumbrar**."

6 Por meio da comparação do original com a adaptação, faça as atividades a seguir.

a) Resuma as ideias principais, o enredo da história.

b) Para resumir a história, em qual das versões você se baseou?

7 Com base nas observações feitas, caracterize cada um dos textos, o original e o adaptado, em relação:

a) ao detalhamento das descrições de personagens e situações;

b) à linguagem empregada.

8 Com base na comparação entre as duas versões do texto, responda às questões a seguir.

a) Há diferenças entre o público-alvo de cada texto? Explique sua resposta.

b) Você já leu outros textos adaptados? Para você, qual é a função das adaptações?

9 Faça uma pesquisa na internet e descubra outras obras clássicas adaptadas para HQ digitando "obras adaptadas para HQ" na barra de pesquisa do navegador. Compartilhe suas descobertas com os colegas e o professor.

Ampliar

Robinson Crusoé, de Daniel Defoe (Moderna). Adaptação Christophe Gaultier.

Leia a versão em HQ das aventuras de Robinson Crusoé. Ela foi preparada por um desenhista francês, Christophe Gaultier (1969-), que conta ter desenhado a primeira versão em HQ aos 12 anos depois de ler uma adaptação. Ele disse certa vez que chegou a ler *As aventuras de Robinson Crusoé* umas dez vezes na infância, pois o livro despertou nele emoções de um leitor de literatura. E você? Quantas vezes lerá esse clássico da literatura de todos os tempos?

149

Linguagem, texto e sentidos

1 Releia o trecho em que o narrador começa a falar sobre a tempestade.

> Uma noite o vento **começou** a soprar com fúria cada vez maior. O navio era jogado em todas as direções, como se fosse casca de noz. Nunca supus que tempestade fosse assim. Toda a noite o vendaval soprou e nos judiou. [...]

a) O que a expressão "uma noite" indica?

b) Observe o verbo em destaque. Em que tempo está? O que ele indica? Uma ação duradoura ou pontual? Justifique sua resposta.

c) O tempo em que o verbo foi usado e a expressão "uma noite" estabelecem que relação com o que estava sendo narrado no parágrafo anterior? Explique sua resposta.

2 Compare duas expressões que indicam tempo.

> I. "**Toda noite** é sempre igual. Lenita se apronta para dormir, mas só pega no sono mesmo se ouvir uma história rápida do pai. [...]"
>
> Portal Paulinas. Tatiana Belinky em cena nos novos livros da coleção Tapete de Histórias. Disponível em: <www.paulinas.org.br/sala_imprensa/pt-br/index.php?system=news&action=read&id=631&page=166>. Acesso em: 15 jun. 2018.
>
> II. "**Toda a noite** o vendaval soprou e nos judiou."

a) Que diferença há entre as expressões grifadas?

b) No trecho I, o que a expressão "toda noite" revela?

c) O que indica a expressão "toda a noite" em II?

d) Por que em II o verbo está no passado e em I, no presente?

3 Continue a observar, no texto, expressões que indicam a passagem do tempo. Releia todo o capítulo "Minha primeira viagem" para responder às questões a seguir.

a) Quanto tempo durou a tempestade?

b) Que expressões temporais auxiliam a perceber a duração desse evento?

c) O destaque dado à duração da tempestade tem que efeito na narrativa?

4 Observe a construção do tempo passado no capítulo que narra o naufrágio.

> Por muitos dias só tivemos bom tempo. O navio navegava firme, tudo parecendo indicar que a viagem seria das mais felizes. Mas não foi assim.
> Uma violenta tempestade veio de sudoeste, e eu, que em oito anos de vida marítima tinha visto muitas, nunca vi tempestade mais furiosa. [...]

a) O parágrafo começa com uma expressão que indica tempo. Identifique-a.

b) A que período de tempo a expressão se refere? Um período curto, pontual? Um período longo?

c) Que verbo mostra que o navio seguia firme? Ele indica uma ação momentânea ou durativa? Por quê?

d) Que acontecimento repentino interrompe a calmaria?

e) Que verbo foi usado para mostrar como esse acontecimento ocorre?

5 No final do primeiro capítulo, Robinson relata seu encontro com o imediato.

> Eu estava de pé no convés, olhando o mar, quando ouvi passos atrás de mim. Era o imediato do navio, um homem que sempre se mostrava bondoso para comigo.
> — Que é isso, Bob? Você parece que teve medo do ventinho da noite passada.
> — Ventinho? — respondi. — Tempestade e das boas, isso sim.

a) O encontro entre Robinson e o imediato ocorreu antes do momento em que Robinson narra a história, ocorre no instante em que Robinson está narrando a história ou ocorrerá depois do momento em que Robinson narra a história?

b) Como você concluiu isso?

6 Releia mais um trecho.

"Que **havemos de fazer?**", gritou um marinheiro.
— Nada – **respondeu** o capitão. — Nossa viagem **está** no fim. Só nos resta esperar que as ondas despedacem o navio e nos engulam a todos.

a) Que flexão do verbo **fazer** pode substituir a forma verbal composta "havemos de fazer"? Em que tempo teria de ser empregada?

b) De acordo com o texto, quem disse a frase "Que havemos de fazer?"?

c) E quem fez a afirmação "Nossa viagem **está** no fim"? Em que tempo o verbo foi usado?

d) Quem fez o comentário "– **respondeu** o capitão"? Em que tempo o verbo foi usado?

e) Os tempos verbais modificam-se nos trechos em que há diálogos? Explique sua resposta.

f) Que efeito isso constrói na narrativa?

7 Com base no que observou, explique que função exercem na narrativa os verbos e as expressões que indicam a passagem do tempo.

> O narrador localiza os acontecimentos no tempo. Por meio do emprego dos verbos pode-se mostrar se os acontecimentos narrados são anteriores ao momento em que se fala (passado), se ocorrem no momento em que se fala (presente) ou se são posteriores ao momento de fala (futuro). Os verbos também ajudam a saber se os fatos são pontuais e momentâneos ou durativos. O tempo pode ser representado, também, por palavras e expressões como **agora, ontem, amanhã, depois, mais tarde**, ou por expressões como **na próxima segunda-feira, no dia 19 de abril, no tempo em que era criança, na noite do meu aniversário** etc.

8 Leia mais um trecho das aventuras de Robinson Crusoé. No episódio, após chegar a Londres, o jovem marinheiro desiste de voltar para a casa dos pais e resolve partir em viagem.

Foi fácil encontrar um navio como eu desejava, porque Londres é um porto donde partem navios para todos os confins da Terra. Um dia encontrei um velho capitão que costumava viajar para a costa da África. Conversamos e ele gostou da minha prosa.
— Se você deseja ver o mundo – disse o capitão – poderá começar comigo. […]
Fiquei muito contente e aceitei o convite. […]
Dez dias depois estava em pleno oceano, a caminho das costas africanas.

Daniel Defoe. *Robinson Crusoé: aventuras dum náufrago perdido numa ilha deserta*, publicadas em 1719. Tradução e adaptação Monteiro Lobato. São Paulo: Brasiliense, 1980. p. 7.

a) Onde Robinson estava?

b) Há alguma relação entre o lugar onde estava e o fato de encontrar um navio?

c) Releia a primeira frase do trecho. O que indica a expressão espacial "confins da Terra"?

d) Você conhece outros termos com o mesmo sentido de confins da Terra? Já ouviu alguém dizer algo que, para você, tenha significado o mesmo que "confins da Terra"?

e) Que função tem a expressão temporal "um dia" na narrativa?

f) É possível saber qual é o dia indicado na narrativa? É importante saber que dia é esse? Justifique sua resposta.

g) O velho capitão convida Robinson para viajar. Eles partem em viagem imediatamente? Comprove sua resposta com um marco temporal do texto.

h) No trecho são usadas expressões de lugar para mostrar o deslocamento de Robinson. Identifique:
- o lugar onde ele está inicialmente;
- o lugar onde está no final do trecho;
- o lugar para onde vai.

9 Observe os deslocamentos espaciais em outro trecho.

> Corremos todos para o convés atrás dele e pudemos ver que um dos escaleres ainda estava no seu lugar. Num relance cortamos as cordas que o prendiam aos ganchos e o pusemos n'água, com todos os homens dentro.

a) Que verbo mostra o deslocamento das personagens pelo espaço do navio? Para onde foram?

b) Que deslocamento para fora do navio fazem o narrador e seus colegas?

c) O que as expressões "corremos" e "num relance" revelam sobre os deslocamentos e as ações dos homens no navio? Por que agiram dessa forma?

> O **espaço** em que se desenvolve a narrativa pode ser mostrado por palavras e expressões, como **aqui, ali, lá, muito longe, por perto**, e por palavras ou expressões que se referem a lugares, como **navio, casa, rua, Londres, no meu quarto** etc. O movimento das personagens no espaço pode ser expresso por meio dos verbos e tornar a narrativa mais dinâmica, se elas se deslocam bastante, ou mais parada, estática, se os deslocamentos não existem ou são pequenos.

10 Observe as orações: "Corremos todos para o convés [...]"; "pudemos ver que um dos escaleres [...]"; "[...] cortamos as cordas que o prendiam".

a) A que sujeito os verbos se referem? Como é possível identificá-lo?

b) Esse modo de organizar as orações mostra que o leitor já tinha conhecimento sobre as pessoas a quem o narrador se referia? Explique.

c) De que modo o narrador poderia explicitar o sujeito nessas orações?

11 Observe os verbos e os sujeitos das orações:

> [...] Nada **pudemos** fazer senão deixar o navio flutuar ao sabor dos ventos. Dias e dias **fomos** assim arrastados pelo mar afora [...].

a) De que modo o narrador empregou o sujeito nas orações?

b) Veja uma possibilidade de reescrita do trecho:

> Nada os marujos e eu pudemos fazer senão deixar o navio flutuar ao sabor dos ventos. Dias e dias, o capitão, os marujos e eu fomos assim arrastados pelo mar afora...

- Em que trecho – no texto ou na reescrita – o texto fica mais dinâmico? Justifique sua resposta.
- No texto, o modo pelo qual o sujeito é empregado nas orações está adequado a uma narrativa de aventura?

12 Por meio de recursos linguísticos, o narrador mostra o deslocamento no espaço, o desenrolar dos acontecimentos no tempo e retoma informações. Esses recursos construíram que efeitos na história de Robinson Crusoé?

Acentuação das paroxítonas e proparoxítonas (revisão)

1 Localize no trecho "Nenhum bote poderia flutuar por muito tempo num mar agitado como aquele, mas nós estávamos vendo terra por perto e tínhamos esperança" todas as palavras com mais de uma sílaba que recebem acento gráfico na escrita. Pronuncie-as em voz alta e lentamente. Depois, separe as sílabas dessas palavras, classificando-as quanto à sílaba tônica.

2 No trecho "como eu jamais estivera no mar, fiquei indescritivelmente enjoado e em pânico".

a) Localize a palavra que recebe acento gráfico e classifique-a quanto à sílaba tônica.

b) O que essa palavra e as palavras destacadas no trecho da atividade 1 têm em comum?

c) Com base na observação feita, formule uma regra para acentuação dessas palavras.

O acento tônico indica a sílaba tônica da palavra. Essa sílaba pode receber ou não um acento gráfico. No sintagma "história de aventuras", a palavra **história** tem acento na sílaba tônica, **tó**, mas a palavra **aventuras** não tem acento na sílaba tônica, **tu**. As regras de acentuação decorrem de normas fixadas pelo uso e pela história da língua. A melhor maneira de aprendê-las é ler e escrever com atenção e regularidade para se habituar ao uso adequado à norma-padrão da língua portuguesa.

---

3 Observe as palavras: **aventura**, **fúria**, **esperança**, **naufrágio**, **tempestade**.

a) Separe as sílabas, destaque a sílaba tônica de todas as palavras acima e classifique-as de acordo com a sílaba tônica.

b) Que semelhanças e diferenças você percebe entre elas? Pela observação e comparação, a que conclusão é possível chegar?

4 Observe o trecho: "Era **impossível** que o navio não fosse ao fundo".

a) Separe as sílabas da palavra **impossível** e indique qual é a sílaba tônica.

b) Como se classifica essa palavra de acordo com a sílaba tônica? Explique sua resposta.

c) Compare a palavra **impossível** com as palavras destacadas em: "o navio bateu num banco de areia e ficou **imóvel**" e "esperando a todo momento um fim **terrível**". O que essas palavras têm em comum? Flexione essas palavras no plural, observe e explique o que acontece.

5 Compare as palavras da atividade anterior com as palavras em destaque no trecho: "Estes **sábios** e **sóbrios** pensamentos prolongaram-se durante todo o tempo que durou a tempestade"

a) Separe as sílabas das palavras destacadas e assinale a sílaba final.

b) Identifique o tipo de encontro vocálico da sílaba assinalada e classifique a palavra quanto à sílaba tônica.

c) Pela comparação feita, é possível extrair regras, isto é, regularidades? Justifique sua resposta.

São acentuados:
- monossílabos tônicos e oxítonos terminados em **-a**, **-e**, **-o**, seguidos ou não de **-s**: pá, fé, pó, cajá, cafés, avô, pás;
- oxítonos terminados em **-em**, **-ens**: também, reféns;
- paroxítonos terminados em: **-i(s)**, **-us**, **-r**, **-n**, **-l**, **-x**, **-um**, **-uns**, **-ã(s)**, **-ão(s)**, **-ps**; **ditongo**: júri, grátis, vírus, revólver, hífen, amável, tórax, álbum, álbuns, órfã, órfãs, órgão, órgãos, bíceps, história, prêmio;
- todos os proparoxítonos: máquina, filósofo.

CAPÍTULO 2

Antes da leitura

Observe a capa do livro a seguir.

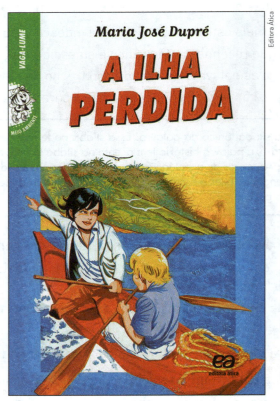

1. Descreva a imagem central.
2. O que os meninos estão segurando? Para que serve?
3. O menino de cabelo escuro parece dialogar com o outro. Observe sua expressão corporal. Que movimento ele faz com o braço esquerdo? O que isso pode indicar?
4. Qual é o título do livro? Quem é sua autora?
5. Relacione o título do livro com a imagem. O que essa relação sugere?
6. Como você acha que essa narrativa se desenvolverá?

Agora você lerá trechos do início do livro *A ilha perdida*. O que você acha que pode acontecer nessa história? Como você imagina que é a ilha? Para seguir nessa aventura, leia a narrativa a seguir.

Maria José Dupré

Maria José Dupré nasceu em 1898, na fazenda Rio Claro, localizada no município de Botucatu (SP), e morreu em 1984, no Guarujá (SP). Publicou muitos romances e contos. Seu romance *Éramos seis* recebeu prêmio da Academia Brasileira de Letras, foi traduzido para o espanhol, francês e sueco, virou filme na Argentina e novela no Brasil. O livro *A ilha perdida*, publicado em 1944, é um de seus grandes sucessos entre as obras de literatura juvenil.

A ilha perdida

Capítulo 1

Na fazenda do padrinho, perto de Taubaté, onde Vera e Lúcia gostavam de passar as férias, corre o rio Paraíba. Rio imenso, silencioso e de águas barrentas. Ao atravessar a fazenda ele fazia uma grande curva para a direita e desaparecia atrás da mata. Mas, subindo-se ao morro mais alto da fazenda, tornava-se a avistá-lo a uns dois quilômetros de distância e nesse lugar, bem no meio do rio, via-se uma ilha que na fazenda chamavam de Ilha Perdida. Solitária e verdejante, parecia mesmo perdida entre as águas volumosas.

Quico e Oscar, os dois filhos do Padrinho, ficavam horas inteiras sentados no alto do morro e conversando a respeito da ilha. Quem viveria lá? Seria habitada? Teria algum bicho escondido na mata? Assim, a distância, parecia cheia de mistérios, sob as copas altíssimas das árvores; e as árvores eram tão juntas umas das outras que davam a impressão de que não se poderia caminhar entre elas.

[…]

Por ocasião de umas férias, justamente em fins de novembro, chegaram à fazenda Henrique e Eduardo, os dois primos mais velhos de Oscar e Quico. Eram dois meninos de doze e catorze anos, fortes e valentes. Montavam muito bem e sabiam nadar. Logo nos primeiros dias, percorreram sozinhos grande parte da fazenda; subiram e desceram morros, andaram por toda parte e ao verem o riozinho, onde Vera e Lúcia tinham ido pescar uma vez com Padrinho, apelidaram-no de "filhote do Paraíba".

Madrinha avisava:

— Vocês não devem andar tão longe de casa; de repente não sabem mais voltar e perdem-se por aí.

Eles riam-se e diziam que não havia perigo; continuavam a dar grandes passeios e, quando ouviam o sino dar badaladas, tratavam de voltar depressa.

[…]

Tinham resolvido seguir para a ilha na terça-feira e estavam ainda no domingo. Precisavam preparar tudo no dia seguinte. […]

Com o esforço que fez ao empurrar a canoa, Henrique caiu dentro da água molhando-se todo. Não deu a perceber que ficara aborrecido; pulou para cima da canoa e segurou os dois remos. Eduardo, sentado no banco que havia no meio, segurou-se fortemente nas bordas da canoa e olhou para Henrique, cheio de admiração. Com toda calma, Henrique havia depositado o remo quebrado no fundo e com o outro impelia a canoa para longe da margem. Ela começou a deslizar rio abaixo e Eduardo sentiu o coração dar um salto dentro do peito. Pensou coisas horríveis nesse momento: "E se Henrique perdesse aquele remo? E se não soubessem voltar? E se o rio enchesse mais?"

Estava muito arrependido e teve vontade de gritar: "Henrique, vamos voltar, eu não quero ir". Mas não teve coragem. Ficou quietinho, equilibrando-se com as duas mãos e olhando o rio que corria, majestoso e tranquilo. Henrique sabia mesmo remar; fez a canoa deslizar sempre ao lado da margem, de modo que quase podiam segurar os galhos das árvores que pendiam sobre a água. Eduardo começou a achar bonito e Henrique disse:

— Devem ser seis horas agora; o sol está começando a esquentar.

[…]

Capítulo 2

Foi com verdadeira emoção que os dois meninos puseram pé em terra; estavam afinal na célebre ilha. Tudo fora tão fácil, pensou Eduardo, e Henrique era tão bom remador, não deviam arrepender-se da mentira pregada aos padrinhos. [...]

Capítulo 3

[...]
Ficaram uns instantes em silêncio, ouvindo os rumores da mata. Ouviram pios de aves, coaxar de sapos, cricri de grilos; de repente Henrique aproximou-se mais do irmão e segurou-lhe o braço:

— Ouviu?

Eduardo também ouvira um rastejar esquisito ao seu lado, mas fez-se de forte:

— Isso é sapo, dos grandes.

Henrique sussurrou:

— Sapo não rasteja, pula. Deve ser alguém que anda na mata ou algum bicho grande...

— Que tolice. Quem há de ser?

Houve silêncio outra vez. De súbito os rumores foram aumentando; galhos quebravam-se não muito longe deles. Henrique tornou a dizer:

— O que será? Parece que anda alguém na mata; acho que é gente.

[...]

O barulho aumentou; o coração de Eduardo deu um salto:

— Não é possível que seja gente; andamos o dia todo por aí e não vimos nada, vamos continuar a procurar a canoa. — De repente, choramingou: — Henrique, estou com um pouco de medo...

— Medo de quê?

— Não sei, de tudo.

— Eu não penso senão na canoa que temos que encontrar. Coragem...

Continuaram a caminhar ao acaso, um segurando a mão do outro, tal a escuridão. A noite caíra completamente.

[...]

Cochilaram de madrugada, Henrique recostado no ombro de Eduardo. Eduardo não queria dormir, mas não suportou; de repente estendeu-se nas moitas, enrolou-se no paletó e, sentindo a cabeça do irmão encostada em seu ombro, dormiu profundamente; não pensou mais em sapos, nem em bicho algum.

Quando acordaram, viram o rio ali bem perto e o sol que já ia surgindo; levantaram-se e olharam à volta. Eduardo admirou-se:

— Olhe quanta coisa o rio vem trazendo. O que será isso?

Ambos olharam espantados; o rio havia crescido durante a noite de uma maneira assustadora. Estava volumoso e as águas não eram mansas como no dia anterior; eram vagalhões pesados que passavam levando galhos enormes e outras coisas. Henrique empalideceu:

— É a enchente, Eduardo! Decerto choveu na cabeceira do rio. Que horror!

[...]

Maria José Dupré. *A ilha perdida*. 39. ed. São Paulo: Ática, 2000. p. 7-8, 12, 16, 20, 29-31, 33 e 35.

A ilha perdida

Se você ficou curioso e quer saber como essa história realmente terminou, que tal ler o livro? Há muitas aventuras nessa Ilha Perdida!

Estudo do texto

1. Os irmãos Eduardo e Henrique estavam de férias.
   a) Para onde eles foram?
   b) Pelo lugar passa o Rio Paraíba. Quais adjetivos o caracterizam na narrativa?
   c) Qual deles indica que a água do rio não é transparente?
   d) Que importância tem o rio na narrativa?

2. Na narrativa, fala-se de uma ilha.
   a) Como os moradores da fazenda a chamam? Por que a chamam assim?
   b) Oscar e Quico ficavam curiosos sobre a ilha. Como é possível saber disso?
   c) Como a ilha é apresentada no texto? O que o leitor imagina sobre ela?
   d) Por que você acha que os meninos decidiram ir à ilha?

3. Como os meninos foram até a ilha? Como estava o rio?

4. Os meninos contaram ao pessoal da fazenda que iam para a ilha? Por que permaneceram na ilha à noite? Justifique as respostas com trechos do texto.

5. Anoiteceu na ilha.
   a) À noite o ar misterioso da ilha aumentou? Por quê?
   b) Como os meninos souberam que havia animais na ilha?
   c) Que tipo de barulho assustou os meninos? Eles conseguiram identificar o que era?
   d) A progressão dos acontecimentos, o encadeamento deles, ocorre de que modo? Eles aumentam ou diminuem de intensidade?
   e) Que efeito de sentido essa progressão cria na narrativa?

6. Releia estes fragmentos.

   > Ficaram uns instantes em silêncio, ouvindo os rumores da mata. Ouviram pios de aves, coaxar de sapos, cri-cri de grilos; de repente Henrique aproximou-se mais do irmão e segurou-lhe o braço:
   > […]
   > Houve silêncio outra vez. De súbito os rumores foram aumentando; galhos quebravam-se não muito longe deles. […]

   O que as expressões "de repente" (repetida várias vezes no texto) e "de súbito" indicam sobre as ações e o andamento da narrativa? Que efeito de sentido o uso delas cria na narrativa?

7. "Continuaram a caminhar "ao acaso", um segurando a mão do outro, tal a escuridão".
   a) De acordo com o contexto de uso da expressão destacada, como os meninos caminharam?
   b) O que a expressão "ao acaso" reforça na narrativa?

8. Amanheceu e os meninos ouviram o barulho do rio.
   a) Ao chegar à margem do rio, o que eles viram? Como se sentiram?
   b) Os meninos poderiam percorrer o rio assim? O que você acha que aconteceu?

9. Analise o narrador da aventura.
   a) Ele narra a história em 1ª ou em 3ª pessoa? Ele observa ou participa da narrativa?
   b) Ele vai revelando as complicações da história de que maneira? Que efeito essa estratégia cria no texto?

Narrativa de aventura

Com base no texto do Capítulo 1 e no texto do Capítulo 2, responda às perguntas a seguir, apresentando, sempre que necessário, exemplos selecionados dos textos.

1. Para compreender a narrativa de aventura, é importante pensar, inicialmente, no contexto em que a história se passou.

   a) Quem é o autor de *As aventuras de Robinson Crusoé* e quando esse livro foi escrito?

   b) Quem é o autor de *A ilha perdida*?

   c) Para quem você acha que os livros *As aventuras de Robinson Crusoé* e *A ilha perdida* foram escritos?

   d) O título dos livros dá pistas sobre onde a história se passa? Justifique sua resposta.

2. Observe os dois textos e faça o que se pede.

   a) Quem narra a história? Esse narrador participa da história?

   b) Destaque um trecho que ajudou você a descobrir o tipo de participação do narrador.

   c) Que pessoa do discurso o narrador usa para narrar a história? Destaque as palavras que ajudaram você a descobrir.

   d) A narrativa em 1ª pessoa favorece a transmissão de sentimentos do narrador? Por quê?

   e) Pensando nos dois tipos de narrador (personagem e observador), associe-os aos itens a seguir.
   - É observador da história. Não está envolvido nas situações narradas.
   - Esse modo de narrar favorece a expressão de sentimentos da personagem, pois ela está falando de si própria.
   - Esse modo de narrar favorece a caracterização das personagens. O narrador conhece detalhes das personagens.
   - É personagem da história. Participa das situações narradas.

3. Pensando na história apresentada em cada livro – o **enredo** –, faça o que se pede a seguir.

   a) De que cada livro trata?

   b) Se preciso, retome o texto e localize palavras que ajudam a caracterizar as personagens. Escreva um parágrafo para descrever como eram Robinson Crusoé, Henrique e Eduardo.

   c) Em uma narrativa de aventura, sempre encontramos uma situação de conflito, uma complicação ou um problema para ser resolvido pelas personagens. Indique o trecho de cada um dos textos em que você identifica o problema que as personagens estão vivendo.

4. Releia mais um trecho de *A ilha perdida*.

   > [...] Eduardo sentiu o coração dar um salto dentro do peito. Pensou coisas horríveis nesse momento: "E se Henrique perdesse aquele remo? E se não soubessem voltar? E se o rio enchesse mais?"
   > Estava muito arrependido e teve vontade de gritar: "Henrique, vamos voltar, eu não quero ir". Mas não teve coragem. Ficou quietinho, equilibrando-se com as duas mãos e olhando o rio que corria, majestoso e tranquilo.

   a) Que sentimentos da personagem são mostrados?

   b) Que sequência descritiva mostra as sensações físicas da personagem? Explique sua resposta.

   c) Quem revela para o leitor o que a personagem pensa?

   d) Como o texto indica que algumas passagens são os pensamentos de Eduardo?

5 Observe a narração neste outro trecho de *A ilha perdida*: "Com o esforço que fez ao empurrar a canoa, Henrique caiu dentro da água molhando-se todo. Não deu a perceber que ficara aborrecido; pulou para cima da canoa e segurou os dois remos".

   a) O que aconteceu com Henrique? Como ele se sentiu?

   b) Henrique comentou com Eduardo o que estava sentindo? Como o leitor fica sabendo do sentimento de Henrique?

6 O narrador é o responsável por contar a história.

   a) Em *A ilha perdida* o narrador fala sobre os próprios sentimentos? Por quê?

   b) Com base no que observou, qual das duas narrativas é mais pessoal? Por quê?

   c) Em qual das duas narrativas o narrador observa os acontecimentos? Qual é o efeito causado por esse tipo de narrador?

Nas narrativas, o narrador pode ser um **narrador-personagem**, que conta a história em 1ª pessoa e participa dela, ou um **narrador-observador**, que escreve em 3ª pessoa e conta o que observa e sabe. O narrador-personagem mostra os fatos com base em seu ponto de vista pessoal e constrói efeitos de **subjetividade**. O **narrador-observador** constrói efeito de verdade ao manter o distanciamento, mas, em algumas narrativas, pode observar, além do ambiente e dos fatos, os sentimentos e os pensamentos das personagens.

---

7 Toda narrativa se desenvolve no tempo e no espaço. Caracterize os textos dos Capítulos 1 e 2 quanto ao ambiente em que acontece a aventura e ao momento em que tudo ocorre.

8 Explique a função do narrador ao caracterizar o tempo e o espaço no gênero narrativa de aventura.

9 Aponte, nos dois textos, os perigos que representam as complicações de cada episódio.

10 Releia a última cena de cada um dos textos.

   I. "[...] Ninguém teve tempo de gritar ou pensar. Fomos todos engolidos pelas águas."
   II. "– É a enchente, Eduardo! Decerto choveu na cabeceira do rio. Que horror!"

   a) Há semelhança no modo pelo qual os dois capítulos terminam? Explique sua resposta.

   b) O que esses finais revelam sobre o gênero narrativa de aventuras?

11 Levando em consideração a experiência de leitura que teve nos dois textos desta unidade, responda:

   a) Que particularidades você considera próprias do gênero narrativa de aventura?

   b) O que mais chamou sua atenção? Por quê?

Nas **narrativas de aventura**, o narrador, além de descrever o ambiente e localizar a ação no tempo, leva o leitor a envolver-se com os perigos, mistérios, peripécias e reviravoltas da história.

As personagens das narrativas de aventura enfrentam perigos, obstáculos e medos para desempenhar seus papéis. A **personagem principal** ou **protagonista** enfrenta um inimigo, que pode ser tanto uma pessoa quanto um monstro ou um perigo da natureza. O **antagonista** representa a força contrária ao protagonista. Ambos têm ajudantes, chamados **adjuvantes**.

---

12 Faça um quadro-síntese das características da narrativa de aventura com os itens a seguir.

O papel do narrador em narrativa de aventura é...	O narrador pode ser...	O tempo em uma narrativa de aventura...	Na narrativa de aventura, há sempre uma complicação envolvendo as personagens. Essa complicação é apresentada em fases:
A personagem principal é denominada...	Sua função é...	A personagem principal enfrenta outra personagem, que é denominada...	O papel dessa personagem é...

Língua em foco

Substantivos, seus determinantes e modificadores – coesão textual e concordância nominal

1 Releia dois trechos da narrativa do Capítulo 1.

[...] Vida de marinheiro é vida pesada. Não sobra tempo para brincar, a bordo **dum navio**, ou pelo menos não sobrava a bordo do **meu navio**.
Uma noite o vento começou a soprar com fúria cada vez maior. **O navio** era jogado em todas as direções, como se fosse casca de noz. [...]

a) As expressões "meu navio" e "o navio" são sintagmas de que tipo? Explique por quê.

b) A expressão "dum navio" é formada pela junção da preposição **de** com o artigo **um**, mais o núcleo **navio**. Compare os sintagmas "um navio" e "o navio".

- O que há de comum e de diferente entre eles?
- No texto, qual dos sintagmas introduz uma informação nova e qual se refere a uma informação já conhecida?

> No texto, os sintagmas nominais podem retomar elementos que já foram mencionados ligando informações novas a informações já conhecidas. No sintagma "um navio", o artigo indefinido **um** indica que se trata de uma informação nova, que apareceu no texto pela primeira vez. Já o sintagma "o navio", formado com o artigo definido **o**, retoma expressões já usadas no texto. Neste caso, o artigo definido indica que se trata de um navio específico, já conhecido durante a leitura.

2 Releia outra parte da narrativa de aventura *Robinson Crusoé*.

Eu estava de pé no convés, olhando o mar, quando ouvi passos atrás de mim. Era **o imediato do navio** [...].
– Que é isso, Bob? Você parece que teve medo do ventinho da noite passada.
– Ventinho? – respondi. – Tempestade e das boas, isso sim.
O velho marujo riu-se.

a) Identifique o núcleo dos sintagmas em destaque. Em cada um, que palavras se ligam ao núcleo?
b) No trecho, qual sintagma retoma o outro, ou seja, faz referência a ele?
c) Que diferença de sentido existe entre os dois sintagmas?
d) Em qual delas há um uso mais subjetivo, afetivo? Justifique sua resposta.
e) Seria possível, preservando o sentido do trecho, substituir "o velho marujo" por "um velho marujo"? Explique sua resposta.

> Sintagmas nominais podem retomar palavras que já apareceram num texto. Esse é um recurso de **coesão**, isto é, um recurso que mantém tudo no texto bem ligado, de modo a garantir a progressão das ideias.

3 No Capítulo 1, os trechos que você leu da aventura de Robinson Crusoé têm como título "Minha primeira viagem" e "O naufrágio".

a) Os dois títulos são sintagmas nominais. Identifique o núcleo de cada sintagma. Que palavras se ligam a cada um dos núcleos?

b) Agora analise as funções do título de um texto e responda às questões a seguir.
- Os títulos em foco ajudam a entender os trechos lidos? Por quê?
- Se o primeiro trecho da narrativa se chamasse "Uma viagem", que diferenças de sentido haveria em comparação com o título original?
- Agora imagine que o segundo trecho tivesse o título "Um naufrágio". O título estaria de acordo com o que é narrado? Explique sua resposta.

> Nos sintagmas nominais (SNs), as palavras que vêm antes do núcleo, ou seja, à sua esquerda, são chamadas de **determinantes**. Os determinantes tornam o sentido do núcleo mais específico e referem-se a informações já presentes ou conhecidas no texto ou na situação de comunicação. Por isso, também ajudam a ligar as palavras e as ideias que se desenvolvem. É o caso do artigo em "o imediato do navio" e "o naufrágio".
>
> SN
> Era [[o] [imediato] do navio].
>   ↓   ↓
> determinante núcleo

4 Analise os trechos a seguir.

I. "[...] **Grandes ondas** vinham quebrar-se no convés [...]".

II. "**Vagalhões furiosos** nos foram levando em direção dumas pedras [...]".

a) Identifique o núcleo dos sintagmas.

b) Que palavras se ligam a cada um dos núcleos? Seu uso é importante na narrativa lida? Por quê?

c) As palavras **grandes** e **furiosos** aparecem no plural. Explique por quê.

d) Agora observe o trecho: "**As ondas** perderam a fúria".
- O artigo poderia ser usado no singular? Justifique sua resposta.
- Por que o artigo é usado no feminino?

e) Compare as palavras destacadas nos sintagmas: "**Grandes** ondas" e "**as** ondas".
- Qual das palavras qualifica e/ou caracteriza o núcleo **ondas**?
- Qual das palavras especifica o núcleo **ondas** e indica que se fala de uma informação conhecida pelo leitor?

> Nos sintagmas nominais (SNs), as palavras que acompanham o núcleo devem concordar com ele em gênero (masculino ou feminino) e número (singular ou plural). Trata-se da **concordância nominal**. **Determinantes** (artigos e pronomes, por exemplo) e **modificadores** (os adjetivos) devem estar de acordo com o núcleo a que se ligam em gênero e número. Vejamos os exemplos:

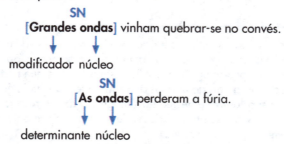

5 Compare a palavra **azul** nos dois fragmentos a seguir.

I. "Henrique, até então calmo, começou a inquietar-se; olhou para cima para calcular as horas. Viu as copas das árvores, **o céu muito azul** e nada de sol. Levou um susto; o sol já desaparecera?"

Maria José Dupré. *A ilha perdida*. 39. ed. São Paulo: Ática, 2000. p. 25.

II. Beleza bonita de ver, nada existe como o **azul**
 Sem manchas do céu do Planalto Central

Toninho Horta. *Céu de Brasília*. Disponível em: <www.letras.mus.br/toninho-horta/1607853>. Acesso em: 17 jun. 2018.

a) A palavra funciona da mesma forma nos sintagmas em que aparece? Explique sua resposta.

b) Há diferença no sentido da palavra nos trechos I e II? Explique sua resposta.

6 Releia este trecho de *A ilha perdida* e observe as palavras em destaque.

[...] Henrique aproximou-se mais do irmão e segurou-lhe o braço:
– Ouviu?
Eduardo também ouvira um **rastejar** esquisito ao seu lado, mas fez-se de forte:
– Isso é sapo, dos grandes.
Henrique sussurrou:
– Sapo não **rasteja**, pula. [...]

a) Nos dois casos, a palavra é usada da mesma forma?

b) Em qual dos casos a palavra funciona como um verbo que forma uma oração?

c) E no outro caso? O que a palavra indica no trecho?

d) Em qual caso a palavra é usada com um determinante?

e) Agora leia o título de uma notícia sobre o que aconteceu em Jataí, sudoeste goiano.

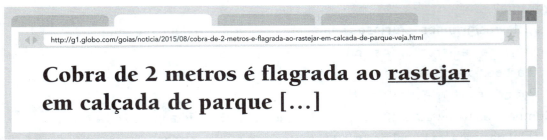

Portal G1, 20 ago. 2015. Disponível em: <http://g1.globo.com/goias/noticia/2015/08/cobra-de-2-metros-e-flagrada-ao-rastejar-em-calcada-de-parque-veja.html>. Acesso em: 17 jun. 2018.

- Como a palavra é usada no trecho? Por quê?
- Há algum determinante antes da palavra?

7 Na atividade anterior, você comparou dois usos de **rastejar** e, na atividade 5, você analisou dois usos de **azul**. Com base no que observou, escreva uma conclusão sobre a função de uma mesma palavra de acordo com seu uso nos textos.

> As palavras podem mudar de valor se funcionarem como núcleo de um sintagma nominal. Isso ocorre em "o azul do céu", em que **azul** passa a nomear algo e aparece depois do artigo **o**. Isso também ocorre em "um rastejar esquisito", em que **rastejar** indica o barulho ouvido e vem depois do artigo **um**. Os **determinantes** (o e um) ligam-se às palavras que funcionam como substantivo e núcleo do sintagma – **azul** e **rastejar** nos exemplos.
>
> A função de uma palavra no sintagma depende de sua posição e do valor que assume em relação aos elementos que a cercam.

8 Agora releia outros trechos de *A ilha perdida*.

I. "Na fazenda do padrinho, perto de Taubaté, [...] corre o rio Paraíba. [...] Ao atravessar a fazenda ele fazia uma grande curva para a direita e desaparecia atrás da mata. Mas, subindo-se ao morro mais alto da fazenda, tornava-se a avistá-lo a uns **dois** quilômetros de distância [...]".

II. "Quico e Oscar, os **dois** filhos do padrinho, ficavam horas inteiras sentados no alto do morro conversando a respeito da ilha [...]".

a) Que informação as palavras em destaque indicam nos trechos?
b) A que palavras se ligam em cada caso?
c) Se a palavra **dois** não tivesse aparecido nos trechos, que diferença de sentido haveria em cada caso?

Os numerais, assim como os artigos e os pronomes, são **determinantes**. Em "os dois filhos do padrinho", o numeral **dois** faz referência a Quico e a Oscar. Junto ao artigo **os**, o numeral informa a quantidade exata de filhos que o padrinho tinha. Os numerais se ligam a outras informações do texto que também são importantes recursos de coesão textual.

---

9 No trecho a seguir, uma das personagens de *A ilha perdida*, Henrique, enfrenta mais uma aventura. Ele é feito prisioneiro numa caverna. Leia o trecho e, depois, faça o que se pede.

Henrique viu uma espécie de gruta de pedra em cima de um barranco; ao lado do barranco, duas árvores gigantes. [...] Quando **Henrique** levantou os olhos para a morada do homem, ficou branco de susto: deitada na entrada da gruta, uma oncinha-pintada lambia as patas. [...] Quando viu **Henrique** passar ao lado, ela levantou-se com o pelo eriçado e assoprou como um gato quando está bravo: ufffff ufffff...

Maria José Dupré. *A ilha perdida*. 39. ed. São Paulo: Ática, 2000. p. 54.

Reescreva o trecho substituindo as repetições do nome do menino por sintagmas nominais. Na primeira repetição, substitua o nome por um sintagma formado por um determinante e um núcleo. Na segunda substituição, o sintagma deverá ser formado por determinante, núcleo e modificador.

10 Foram selecionados a seguir títulos de notícias. Você deverá transformá-los na frase inicial de uma narrativa de aventuras. Para isso, acrescente modificadores e determinantes aos núcleos destacados; altere os verbos para o tempo passado a fim de que a frase fique mais próxima de um texto de aventura e amplie a frase com uma consequência da ação descrita no título da notícia.

O Globo, 20 ago. 2017. Disponível em: <https://oglobo.globo.com/rio/ventania-derruba-arvores-deixa-ruas-as-escuras-21727670>. Acesso em: 17 jun. 2018.

Galileu, 15 jun. 2018. Disponível em: <https://revistagalileu.globo.com/Ciencia/noticia/2018/06/vulcao-kilauea-faz-chover-joias-no-havai.html>. Acesso em: 17 jun. 2018.

Estudo e pesquisa ■■■

Quadro sinótico

Nas unidades anteriores, você aprendeu estratégias para organizar os conteúdos estudados. Além da tomada de notas e do esquema, você também pode resumir as informações sobre uma aula ou um conteúdo em um quadro sinótico.

Um quadro é uma figura retangular que pode ser dividida com linhas horizontais e verticais. As linhas verticais formam colunas. A palavra **sinótico** (ou **sinóptico**) refere-se a sinopse, resumo, síntese. Então, o quadro sinótico é mais um recurso para você organizar, de forma resumida, o que leu ou estudou.

Para fazer seu quadro, você pode usar o computador ou papel e caneta. Se desejar, utilize cores diferentes para indicar as informações que anotará. Assim, seu quadro ficará mais organizado.

Que tal fazer um quadro sinótico sobre o **substantivo e seus determinantes**? Em primeiro lugar, pense em um título. Deve ser algo mais geral, que se relacione às informações do quadro. Em seguida, você deve desenhar o número de colunas necessário para organizar o conteúdo. Pense em organizar duas colunas. Faça uma à esquerda para anotar os tópicos que você descreverá, e outra à direita para anotar a descrição ou o conceito de cada tópico.

Depois, é hora de completar o quadro. Releia os boxes explicativos da seção **Língua em foco** desta unidade. Como sugestão, você pode anotar os seguintes tópicos na primeira coluna do quadro: "**elemento a que os determinantes se ligam**", "**posição no sintagma nominal**", "**grupos de palavras que funcionam como determinantes**", "**concordância no sintagma nominal**", "**função dos determinantes no sintagma nominal**", "**determinantes e coesão textual**".

Veja a seguir como começar a elaborar seu quadro sinótico no caderno ou num arquivo no computador. Quando terminá-lo, converse com os colegas e compare as informações que cada um organizou no quadro sinótico.

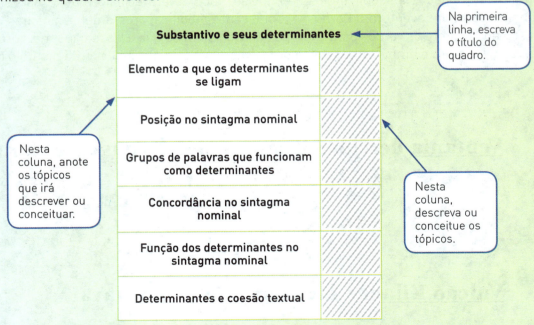

164

Oficina de produção

Narrativa de aventura

No texto do Capítulo 2, você acompanhou as aventuras de Henrique e Eduardo em *A ilha perdida*. Agora poderá criar uma narrativa de aventura dando continuidade ao trecho lido. Esses diferentes finais devem ser adequados às crianças entre 8 e 10 anos, do 4º ou 5º anos. Com os textos prontos e revisados, que tal marcar uma roda de leitura de histórias de aventura? A turma pode visitar uma aula de leitura dos alunos do Ensino Fundamental, na sala de leitura, na biblioteca, ou mesmo no pátio da escola, e dividir com os colegas mais novos as aventuras criadas.

Preparação

Para criar sua história, você deve retomar as características do gênero narrativa de aventura, estudadas na unidade.

Numa folha de rascunho, imagine a sequência das ações.

1. Henrique e Eduardo perceberam que o rio estava volumoso e com as águas revoltas. Descreva o estado do rio e as reações dos meninos.
2. Como fizeram para sair de lá? Em que caminhos passaram? Descreva o ambiente e as ações que executaram para sair.
3. Houve alguma complicação? Descreva-a.
4. Os meninos contaram com a ajuda de alguém?
5. Alguém apareceu ou algo ocorreu para complicar ainda mais a situação deles?
6. E a situação final? Como foi?

Redação da narrativa de aventura

7. Depois de escrever em tópicos o rascunho, é hora de redigir a versão definitiva.
8. Narrando em 3ª pessoa, conte como Henrique e Eduardo escaparam da enchente do rio. Use os tópicos do planejamento para criar seu texto.
9. Em toda narrativa de aventura, é importante criar suspense, além de uma complicação, que movimenta a narrativa. Qual será a complicação em sua narrativa? O que acontecerá? Como se resolverá? Insira diálogos em seu texto, pois eles podem ajudar a criar o clima de suspense e tensão da narrativa.

10. Preste atenção ao uso dos verbos. A narrativa será de um fato já acontecido, passado, mas os diálogos devem estar no presente, para criar o efeito de que as personagens conversam naquele momento reproduzido na narrativa.
11. Localize os acontecimentos no tempo, lembrando-se de que eles podem ser pontuais ou durativos.
12. Alterne as sequências descritivas com as narrativas.
    - Nas sequências descritivas, use adjetivos e palavras que ajudem na caracterização das personagens e do ambiente.
    - Escolha verbos de ação para as sequências narrativas, mostrando a progressão das ações na história.
13. Crie sintagmas nominais surpreendentes e expressivos para mostrar os perigos da situação.

Revisão

14. Releia seu texto e verifique se há repetição de palavras. Se houver, sublinhe as palavras repetidas, consulte o dicionário para buscar sinônimos e faça a substituição. Você pode também substituir palavras por sintagmas nominais de sentido equivalente para retomar termos já empregados e garantir a coesão textual.
15. Observe se as sequências estão encadeadas de acordo com a forma de organização das narrativas: situação inicial, complicação, resolução e situação final.
16. Releia o texto em voz alta. Perceba se a pontuação está correta. Ela pode ajudar a criar o clima de tensão na narrativa.
17. Observe a ortografia das palavras; verifique se obedeceu às regras de acentuação.
18. Certifique-se de ter narrado o texto em 3ª pessoa.
19. Verifique se alternou as sequências descritivas com as narrativas.
20. Quando considerar que chegou à versão final, passe o texto a limpo.
21. Troque de texto com um colega. Você avaliará o texto dele, e ele, o seu. Leia o texto do colega com atenção e interesse. Verifique os pontos a seguir.
    - O texto está escrito em 3ª pessoa?
    - A história desperta o interesse do leitor?
    - Há repetições de palavras? Se houver, faça sugestões de mudança.
    - Há suspense, mistério, clima de aventuras?
    - A pontuação foi usada adequadamente?
    - Houve cuidado com a ortografia?
    - A narrativa é coerente, bem apresentada, clara em seus objetivos?
22. Após a troca de leituras, considere as sugestões do colega e reescreva o que considerar necessário.
23. Entregue a versão revista ao professor e, com base na leitura que ele fará, se for preciso, reescreva-a mais uma vez. Escrever bem é um percurso que exige tempo, dedicação e criatividade.
24. Peça ao professor que faça uma última revisão em seu texto e, orientado por ele, finalize o trabalho.
25. Reescreva o que for preciso e guarde seu texto. Na próxima seção, você vai apresentar oralmente a narrativa para alunos de 8 a 10 anos.

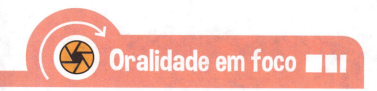

Oralidade em foco

Contação de história – narrativa de aventura

Você contará, para colegas menores, a história que criou na **Oficina de produção**. O professor agendará com todos os envolvidos na atividade um encontro na biblioteca, na sala de leitura, numa sala de aula ou mesmo no pátio da escola.

Preparação

1. Treine o tom de voz adequado, modulando-o de acordo com os acontecimentos. Dê emoção à contação de trechos de maior suspense e perigo.
2. Observe a entonação. Você pode falar mais baixo ou mais alto, de acordo com as ocorrências.
3. Não decore seu texto. Experimente contar a história como se estivesse conversando com os ouvintes.
4. Preste atenção nos trechos aos quais você precisará dar maior ênfase, de modo a causar impacto nos ouvintes.
5. Ensaie os gestos que usará, pois eles também podem ajudar na criação do clima de medo e mistério.

Realização

6. Na hora de sua apresentação, fique de pé no meio da roda de cadeiras ou carteiras arrumadas no local escolhido para a atividade.
7. Conte sua história olhando para os interlocutores a fim de criar uma ligação com eles. Com isso fica mais fácil entusiasmá-los e prender a atenção deles.
8. No final da contação, volte para seu lugar e preste atenção na apresentação dos colegas.
9. Ao se encerrarem as apresentações, é importante que a turma troque impressões sobre os textos e ouça as observações dos colegas de classe e dos colegas mais novos.
10. Todas as críticas e os comentários devem ser respeitosos. Eles servem para ajudar a aperfeiçoar a qualidade do texto.

Autoavaliação

11. Após as leituras, reflita sobre os pontos a seguir.
    Na contação da narrativa você:
    - indicou bem a progressão dos acontecimentos, criando clima de suspense para os ouvintes?
    - regulou o tom de voz adequadamente, para dar expressividade e emoção à leitura?
    - usou entonação adequada aos momentos de narrativa e de diálogo?
    - foi bem recebido pelos ouvintes? Como você percebeu isso?

Retomar

O texto que você lerá a seguir é uma adaptação da história de Odisseu, também conhecido como Ulisses. Em sua forma original, essa narrativa era um poema que se tornou conhecido ao longo de séculos de tradição oral. Acredita-se que sua forma escrita tenha sido concluída no século VIII antes de Cristo, na Grécia Antiga, e a autoria provavelmente é de Homero.

A narrativa chama-se *Odisseia* e relata o retorno dos guerreiros chefiados por Odisseu para casa depois de terem vencido a Guerra de Troia. A viagem de volta levou dez anos, e nela os marujos-guerreiros enfrentaram criaturas mitológicas, deuses e inimigos poderosos.

Leia um trecho da aventura e responda às questões.

Saudade de casa

Uma súbita brisa soprou. As brisas se reuniram num vento. O vento se contorceu num vendaval veloz, e o vendaval rodopiou até se tornar um **frenesi**. As ondas faziam malabarismos com os doze navios de Odisseu: os que eram erguidos pelas cristas e os que eram puxados para baixo colidiam casco com casco enquanto subiam e desciam. Os tripulantes olharam aterrorizados para seus companheiros e todos se viram por um momento contra um céu furioso de raios; no instante seguinte, estavam num vale de brilhante água escura e, logo, envoltos em nuvens de espuma. Ergueram os remos, mas foram lentos demais para baixar as velas, que se rasgaram em pedaços. Seus panos foram tão retorcidos pelo vento que os cordões quase estrangulavam os marujos. Duzentas vozes chamaram pelos deuses, e as preces deslizaram como gaivotas sobre o mar tempestuoso. Por nove dias e nove noites, comeram pão **empapado** e beberam água da chuva, recolhendo-a com as mãos dos porões dos navios.

— Terra!
— Onde? Você está mentindo!
— Lá! Lá!
— É uma nuvem!
— É um recife!
— É uma ilha!
— Seremos levados para longe dela!
— Seremos arremessados contra ela!
— Seremos esmagados!
— Seremos salvos – disse Odisseu em voz baixa e calma –, e devemos agradecer aos deuses por isso.

Era mesmo o caso de agradecer aos deuses. A tempestade cessou num instante, e eles se viram numa praia ensolarada de areias brancas. Dispersos como restos de um naufrágio, os doze navios estavam virados de lado, enquanto o mar **roçava** seus ventres **bojudos**. Os marujos se **apinhavam** sobre a areia, e a maioria adormeceu.

— Podemos sair à procura de comida? – perguntou Euríloco.
— Não querem descansar? – disse Odisseu, surpreso.
— Tenho mulher e seis filhas à minha espera em casa, e não tenho a intenção de fazê-las esperar mais do que o necessário, capitão. Já fiquei longe por dez anos.
— Muito bem. Mas vá com cuidado. Leve só vinte homens com você: não quero que os habitantes da ilha pensem que somos uma força invasora… e não se metam em nenhuma briga.

Homero. *Odisseia*. Adaptação de Geraldine McCaughrean; apresentação de Ana Maria Machado. São Paulo: Ática, 2010. p. 11 e 12.

Glossário
Apinhar: unir.
Bojudo: arredondado.
Empapado: muito molhado.
Frenesi: agitação.
Roçar: atritar.

1 Reescreva a frase substituindo as palavras assinaladas por sinônimos. Observe o contexto de uso delas e, se tiver dúvidas, consulte o dicionário.

[...] O vento se contorceu num vendaval **veloz**, e o vendaval **rodopiou** até se tornar um **frenesi**. [...]

2 No texto, a tempestade desencadeia uma complicação. Releia a reação dos tripulantes.

[...] Os tripulantes olharam aterrorizados para seus companheiros e todos se viram por um momento contra um céu furioso de raios [...].

a) Como foi a tempestade?

b) De que modo o trecho revela isso ao leitor?

c) O modo como os fatos são narrados cria que efeito no texto? Esse modo de narrar caracteriza qual gênero textual?

3 Ainda no primeiro parágrafo, observe:

Uma súbita brisa soprou. As brisas se reuniram num vento. O vento se contorceu num vendaval veloz, e o vendaval rodopiou até se tornar um frenesi.

Mostre de que modo os sintagmas nominais foram indicando a progressão da narrativa e mostrando a mudança de uma situação.

4 Releia o trecho a seguir e responda às questões.

[...] Duzentas vozes chamaram pelos deuses, e as preces deslizaram como gaivotas sobre o mar tempestuoso. [...]

a) O determinante no sintagma "duzentas vozes" cria um efeito de sentido na narrativa. Qual seria esse efeito: Exatidão? Exagero? Dúvida? Explique sua resposta.

b) No contexto da narrativa, qual é o sentido da comparação das preces dos marujos com gaivotas que deslizam?

5 Examine as sequências a seguir, identificando-as como descritivas ou narrativas. Justifique sua resposta.

I. "Uma súbita brisa soprou. As brisas se reuniram num vento. O vento se contorceu num vendaval veloz, e o vendaval rodopiou até se tornar um frenesi. As ondas faziam malabarismos com os doze navios de Odisseu [...]."

II. "[...] Ergueram os remos, mas foram lentos demais para baixar as velas, que se rasgaram em pedaços. Seus panos foram tão retorcidos pelo vento que os cordões quase estrangulavam os marujos. Duzentas vozes chamaram pelos deuses, e as preces deslizaram como gaivotas sobre o mar tempestuoso. Por nove dias e nove noites, comeram pão empapado e beberam água da chuva, recolhendo-a com as mãos dos porões dos navios."

6 Releia o primeiro diálogo do texto.

a) É possível saber quais personagens falam? Explique.

b) Que opiniões são dadas? O que as personagens parecem sentir?

c) Em que tempo os verbos são usados no diálogo? Que efeito isso cria?

7 Caracterize o texto em relação:

a) ao narrador.   b) à função do diálogo.   c) à situação final.

169

UNIDADE 6

Pontos de vista

Antever

1. Registre todos os elementos que você vê na imagem. O que esse conjunto de figuras representa?

2. Que figura está no centro da imagem? Por que ela está no centro?

3. Converse com os colegas sobre o modo como acessam a internet. Por meio de que aparato tecnológico vocês fazem isso? Celular? *Tablet*? Computador? *Notebook*? Outro?

4. O que vocês costumam acessar na internet? Que páginas costumam visitar?

5. Na opinião de vocês, a internet oferece vantagens? Quais?

6. Existem riscos no acesso à internet? Quais?

Nesta unidade, você conhecerá o funcionamento de um *blog*, página da internet que se destina a produzir conteúdos permanentemente atualizados a respeito de determinado tema. Nesse *blog*, você lerá uma resenha de livro.

A turma poderá criar seu próprio *blog* e nele divulgar as resenhas que elaborar.

No ano de 2018, cerca de 4 bilhões de pessoas no mundo usavam a internet. A população mundial era estimada em 7 bilhões e 600 mil pessoas. Fonte: <www.tecmundo.com.br/internet/126654-4-bilhoes-pessoas-usam-internet-no-mundo.htm>. Acesso em: 28 maio 2018.

CAPÍTULO 1

Antes da leitura

Disponível em: <www.bamboleio.com.br>. Acesso em: 4 jun. 2018.

Glossário

Aba: indicação no alto de uma página da internet que separa e organiza seus conteúdos.
Blog: palavra inglesa derivada de *weblog*. *Web* significa "rede de internet", e *log* se refere a um registro frequente, muitas vezes um diário de alguma atividade.
Home: abreviação de *homepage*; página inicial de um *site*, que pode apresentar som, imagens e textos.
Primeira rolagem: a primeira imagem da página que vemos na tela do computador.
Site: lugar de apresentação de conteúdos, produtos e serviços, com *links* para seções, indicadas por abas. Existe uma palavra correspondente em português, sítio, geralmente empregada na expressão sítio eletrônico, de uso mais comum em Portugal.

atividade oral

1. Essa é a **primeira rolagem** da página de abertura de um *site*. Qual é o nome do *site* e o que ele significa? Se for preciso, recorra ao dicionário antes de responder.

2. Na faixa roxa aparece a finalidade de comunicação do *site*. A que ele se destina?

3. Em sua opinião, o título, as cores e imagens são recursos adequados ao tipo de público a que se dirige o *site*? Por quê?

4. No canto superior direito, há seis palavras.
    a) Quais são? Se o internauta clicar em uma delas, o que acontece?
    b) A palavra **Home** aparece em amarelo, enquanto as outras estão em roxo. O que essa mudança de cor indica?

   Neste capítulo, você continuará navegando nesse *site*. Vamos clicar na **aba Blog** e ver o que aparece?

Bamboleio

Home Sobre Blog Leitores Parceiros Contato

CONHECER E CONTAR

Para falar sobre morte com crianças

— Para alguns, falar sobre morte com crianças ainda é tema polêmico, mesmo que praticamente toda aventura de vilão e herói sempre tenha mortes de alguma maneira. O mais difícil para as pessoas, na verdade, é falar com a criança

bamboleio 28 de fevereiro de 2018 Leitor Autônomo, Ler junto Saiba mais

"A solidão é bonita"

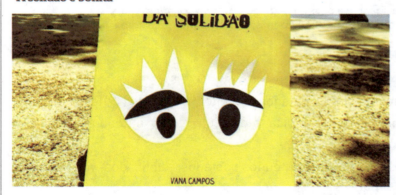

Consideramos que este é um livrinho para adultos e crianças. Afinal, não é todo mundo que se dá bem com a solidão, não é mesmo? De maneira geral, o que percebemos no mundo é um movimento contrário: uma busca

bamboleio 22 de fevereiro de 2018 Leitor Autônomo, Leitor iniciante, Ler junto Saiba mais

#PARA CONHECER LIVROS E CONTAR SOBRE ELES

Somos Padmini e Victor. Amamos livros infantis e juvenis e aqui buscamos trazer conteúdos para pais e educadores e leitores em geral sobre livro, literatura e mediação de leitura.

Livros são na verdade sem idade. Mas organizamos aqui em tipos de leitor para o conteúdo ficar mais organizado. :) Use as categorias, tags e pesquisa para navegar.

Para receber dicas de leitura, deixe seu email:

Bamboleio. Disponível em: <www.bamboleio.com.br>

Disponível em: <www.bamboleio.com.br/conhecer-e-contar>. Acesso em: 28 maio 2018.

Estudo do texto

1) O *blog* repete o título do *site* e acrescenta a ele um subtítulo.

   a) Qual é o subtítulo do *blog*?

   b) Pelas informações obtidas da leitura do *site*, que direciona para o *blog*, e pelas fotografias que ilustram a página, o que o leitor do *blog* vai conhecer?

   c) De que outro modo essa informação aparece na página?

2) O *blog* traz informações sobre seus autores.

   a) Quem são eles?

   b) Por que criaram esse *blog*?

   c) Ao criar o *blog*, os autores esperam despertar o interesse de quem?

3) Se você pudesse fazer uma linha vertical separando duas colunas na página inicial do *blog*, o que ela separaria? O que ficaria à esquerda e à direita de seu olhar para a tela?

4) No final do texto de apresentação dos autores do *blog* há o seguinte trecho:

   Livros são na verdade sem idade. Mas organizamos aqui em tipos de leitor para o conteúdo ficar mais organizado. :) Use as categorias, *tags* e pesquisa para navegar.

   a) Nas colunas de comentários de livros, encontre o tipo de leitor para o qual os livros são indicados.

   b) Veja o que o informa o verbete:

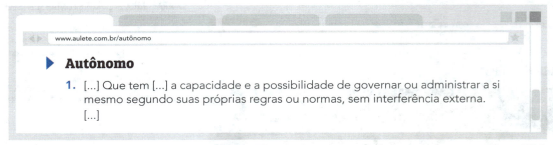

Disponível em: <www.aulete.com.br/autônomo>. Acesso em: 18 jun. 2018.

Explique, no contexto do *blog*, o que indicam as categorias "leitor autônomo" e "leitor iniciante".

   c) Por que, em sua opinião, um mesmo livro é indicado para um "leitor autônomo" e para "ler junto"?

5) Um *blog* é constituído de postagens, que são os conteúdos postados, publicados. Volte à imagem do *blog* e responda às questões a seguir.

   a) No lado esquerdo da página há duas postagens. Quando foram publicadas?

   b) De que assunto trata cada postagem?

   c) Abaixo do título "A solidão é bonita", o que aparece?

   d) Releia o que vem abaixo da imagem referente ao conteúdo identificado acima.

   Consideramos que este é um livrinho para adultos e crianças. Afinal, não é todo mundo que se dá bem com a solidão, não é mesmo? De maneira geral, o que percebemos do mundo é um movimento contrário, uma busca.

   O texto tem uma conclusão? Por quê? Que efeito isso tem sobre o leitor do *blog*?

   e) Qual é a finalidade das postagens desse *blog*?

174

6 Você sabe o que significa o convite: "Use as categorias, *tags* e pesquisa para navegar"? Veja a segunda rolagem da página do *blog*.

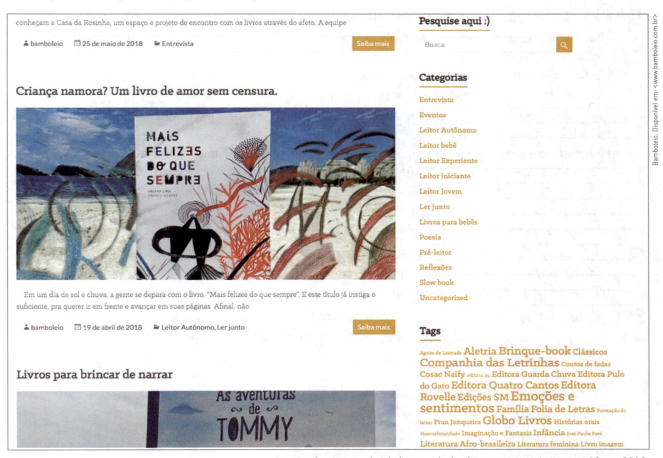

Disponível em: <www.bamboleio.com.br/conhecer-e-contar>. Acesso em: 18 jun. 2018.

a) Qual figura simboliza a ação de pesquisar? Explique por quê.

b) Se o leitor do *blog* estiver procurando um livro indicado para crianças de 0 a 12 meses, o que ele deve fazer?

c) Se o leitor do *blog* clicar na categoria "Slow book", veja um trecho do texto que aparece.

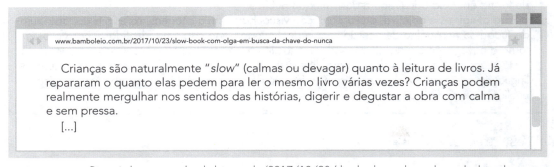

Disponível em: <www.bamboleio.com.br/2017/10/23/slow-book-com-olga-em-busca-da-chave-do-nunca>. Acesso em: 18 jun. 2018.

A expressão da língua inglesa é formada por *slow* (devagar, em português) e *book* (livro, em português). Que tipo de livro se pode encontrar clicando nessa categoria?

d) *Tag* é outra palavra inglesa, que significa "etiqueta". Ao olhar a nuvem de palavras que representa as *tags*, você pode perceber do que elas tratam? Escolha duas delas e explique-as.

Linguagem, texto e sentidos

1 Você examinou, na seção **Antes da leitura**, a organização visual do *site*. Analise agora a do *blog*.

a) Na parte superior, de que cor é a faixa com o subtítulo e em que outros elementos da página essa cor é repetida?

b) Essa cor que se repete pode ser associada a que tipo de informação?

c) Que outras cores e imagens aparecem na página?

d) Você separou com uma linha vertical duas colunas. Qual delas é maior? Do que ela trata? E do que trata a outra coluna?

e) A programação visual estabelece uma relação entre o *blog* e o internauta. Em sua opinião, que características, entre as apontadas a seguir, são próprias desse *blog*? Organização, contenção, excesso, desordem, dinamismo ou falta de movimento? Justifique suas respostas.

f) Em relação à linguagem verbal, aos textos da página, você os considera complicados, difíceis, ou simples e fáceis de entender? Por quê?

2 A expressão "navegação amigável" é comum entre internautas e especialistas e indica a possibilidade de navegar sem dificuldade por uma página. Pela organização dos conteúdos nesse *blog*, você diria que ele, provavelmente, possibilita uma "navegação amigável"?

3 Leia alguns trechos de textos publicados no *blog*.

   I. "Afinal, não é todo mundo que se dá bem com a solidão, não é mesmo?"
   II. "[...] Mas organizamos aqui em tipos de leitor para o conteúdo ficar mais organizado. :) Use as categorias [...]."
   III. "Para receber dicas de leitura, deixe seu *e-mail*:"

a) Nos trechos, quem se dirige a quem?

b) A expressão usada em I é própria de que tipo de comunicação do dia a dia?

c) O símbolo usado em II – **:)** – costuma aparecer em que tipo de comunicação? O que significa?

d) Os verbos usados em II (**use**) e III (**deixe**) indicam que atitude do blogueiro? O que ele pretende com esse uso?

e) Que tipo de interação o blogueiro deseja criar com o internauta nesse *blog*?

> A linguagem do *blog* reúne elementos visuais e verbais para construir uma unidade de sentido, de forma que seja adequada a determinado público.
> Para atingir esse objetivo, a programação visual harmoniza imagens, cores e texto, distribuindo tudo isso na página de acordo com certos critérios. Isso cria uma identidade para o *blog* e torna a navegação amigável, de modo que facilita a interação entre o blogueiro e o internauta.
> Há vários tipos de *blog*, voltados para diferentes interesses e públicos. Em cada caso, os recursos de linguagem serão usados de acordo com a situação de comunicação, isto é, os objetivos do *blog* e o público a que se destina.

4 Releia este trecho:

   Livros são na verdade sem idade. Mas organizamos aqui em tipos de leitor para o conteúdo ficar mais organizado. :) [...]

a) Reescreva com suas palavras a afirmativa feita na primeira oração.

b) Que expressão, nessa primeira oração, indica que se trata de uma afirmativa sobre a qual não há dúvida?

c) A oração seguinte confirma ou contraria a afirmação da primeira? Por quê?

d) A palavra que introduz a oração em torno do verbo **organizar** já aponta para o efeito indicado na atividade anterior? Explique.

e) Na frase iniciada após o ponto, quais palavras da mesma família são usadas?

f) Isso reforça que ideia?

g) Resuma o modo como o blogueiro argumentou em favor de uma ideia copiando no caderno, na ordem em que foram usados, os procedimentos a seguir.

- Negou a afirmativa usando uma oração introduzida por **mas**.
- Usou a repetição para reforçar a ideia que defendia.
- Fez uma afirmativa considerada de aceitação geral.

> A argumentação em favor de uma ideia pode ser feita pela negação de verdade geralmente aceita. Acrescenta-se uma ideia contrária, por meio de uma palavra como **mas**, e usam-se recursos de repetição para reforçar esse último argumento.

5) Leia o trecho da resenha do livro *Mais felizes do que sempre*, história de uma paixão entre adolescentes – uma menina que mora em São Paulo e um menino que vive no Rio de Janeiro.

Criança namora? Um livro de amor sem censura. Bamboleio. Disponível em: <www.bamboleio.com.br/2018/04/19/crianca-namora-um-livro-de-amor-sem-censura>. Acesso em: 20 jul. 2018.

a) Os resenhistas referem-se a quem, ao empregar o pronome **eles**?

b) Por que rolam lágrimas na "face do leitor"?

c) Que outra razão os resenhistas apresentam para as lágrimas?

d) Observe:

"As lágrimas não eram só de tristeza. Eram de emoção."

Ligue as duas orações empregando o mesmo conector usado no texto para indicar contrariedade entre as duas ideias.

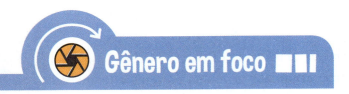

Blog

1. Vamos refletir sobre algumas características do *blog* que você analisou.
   a) Que linguagens (verbal, visual etc.) o *blog* apresenta?
   b) Qual é o objetivo desse *blog* e para quem foi criado?
   c) Quais são as seções da página inicial do *blog*? O que você acha da forma como ele está organizado?
   d) Como o blogueiro estabelece interação com o leitor?

2. Vamos testar nosso conhecimento sobre o universo digital dos *blogs*? Converse com os colegas sobre os itens a seguir.
   a) Além de um *blog* de literatura, você conhece outros? São *blogs* sobre que assunto?
   b) Como é a composição visual desses *blogs*? A navegação parece amigável?
   c) Você conhece algum blogueiro ou alguma blogueira? Já ouviu falar de algum(a)?

3. Veja a página inicial de outro *blog*.

Fundação Planetário da Cidade do Rio de Janeiro. Disponível em: <www.planetariodorio.com.br>. Acesso em: 18 jun. 2018.

Divida imaginariamente o *blog* em duas colunas verticais e responda: Nesse *blog* os conteúdos estão distribuídos como no *blog* Bamboleio?

4. Responda às perguntas a seguir com base nos dois *blogs* examinados.
   a) Em ambos os *blogs*, os textos da página inicial não aparecem completos. Onde o leitor deve clicar para ler mais sobre os assuntos?

b) Conforme os autores, o que os autoriza a falar sobre os assuntos do *blog*?

c) Se você acessar um mesmo *blog* em datas distintas, verá postagens diferentes. Por que isso acontece?

> *Blog* é um gênero textual digital voltado para a divulgação de conteúdos na internet. As publicações feitas nos *blogs* são chamadas de postagens. Pode-se produzir um *blog* com fins pessoais para relatar experiências, preferências ou comentar episódios do dia a dia. Outro tipo de *blog* explora conteúdo voltado para empresas e instituições. Existem também os de conteúdos específicos, como os que estamos vendo nesta unidade.
>
> O *blog* compõe-se do arranjo de diferentes linguagens: verbal, visual, sonora. A forma mais comum apresenta textos e imagens, utilizando-se de uma linguagem verbovisual.
>
> A pessoa que escreve no *blog* é chamada de **blogueiro** ou **blogueira**.

5 Os textos que começam nas páginas iniciais dos *blogs* examinados falam sobre que tipo de conteúdo?

> O *blog* é um gênero digital que publica conteúdos em textos de diferentes gêneros textuais. Bamboleio é um *blog* que publica resenhas de livros. O *Blog* do Planetário publica artigos de divulgação científica.

6 No *Blog* do Planetário, abaixo do nome de cada colunista, aparece a informação sobre o número de *posts* (ou postagens) e o de comentários. No *blog* Bamboleio, os leitores podem comentar as resenhas dos livros. *atividade oral*

O que você sabe sobre Astronomia?

Os astrônomos são cientistas que trabalham horas seguidas em laboratórios sofisticados, fazendo cálculos nas telas dos computadores e examinando reproduções de mapas dos céus.

O Imperador Pedro II era tão apaixonado pela observação do céu e das estrelas, que o dia de seu aniversário, 2 de dezembro, foi instituído como o Dia Nacional da Astronomia.

A Astronomia brasileira está crescendo, pois já existem cursos superiores no Rio de Janeiro, São Paulo e Porto Alegre, e os astrônomos brasileiros trabalham em cooperação com os maiores laboratórios do mundo. Nos cursos de Física também são formados astrônomos.

Para estudar Astronomia, você tem de saber Matemática e Física. Deve também estudar inglês para poder trocar informações com cientistas de outros países, bem como ler e escrever textos de circulação internacional. O astrônomo precisa ter habilidade para usar bem os programas de computador e saber processar imagens. O curioso é que a habilidade exigida para isso é semelhante à que se exige para jogar *video games*.

a) Você já postou um comentário em algum *blog*? Conte sua experiência.

b) Se você tiver um *blog*, conte como estimula a interação com os leitores. Se não tiver, que tal juntar-se à turma para criar um? Existem *sites* especializados em ajudar a fazer um *blog*. Estes são dois dos mais conhecidos: <https://br.wordpress.org> e <www.blogger.com> (acessos em: 21 jun. 2018).

c) De que modo, em sua opinião, deve ocorrer a troca de comentários nos *blogs* e nas redes sociais? Que regras devem ser respeitadas?

> Os comentários dos leitores criam no *blog* um efeito de sentido de interação e movimento. Quanto mais comentários uma postagem tiver, mais visibilidade o *blog* terá. Nem sempre os comentários são respeitosos ou gentis. Nas redes sociais, *blogs* e *sites* de jornais, muitas vezes o debate se transforma em agressão. A discussão de ideias perde com isso, porque argumentos são substituídos por grosserias. Na internet e na vida social de todo dia, a gentileza e o respeito ao outro são condições para a convivência e o crescimento pessoal.
>
> O nome *blog* é um recorte do termo original *weblog*, que pode ser traduzido como "arquivo na rede". A **blogosfera**, como é chamado o universo dos *blogs*, cresce a cada dia. Hoje existem blogueiros e blogueiras profissionais, que fazem da postagem de conteúdos uma atividade rentável e disputam, no Brasil, um mercado de mais de 100 milhões de internautas.

Escrita em foco

Vocabulário dos meios digitais – estrangeirismos

Promoções da Black Friday no centro do Recife (PE).

1. Na leitura do *site* e do *blog* Bamboleio, você reparou quantos termos estrangeiros fazem parte do vocabulário usado? Alguns você já ficou conhecendo: *site*, *blog*, *home*, *tag*, *hashtag*. Transcreva o texto abaixo no caderno usando essas palavras adequadamente nos espaços assinalados com ★.

   - No Capítulo 1, conhecemos um ★ e um ★ que têm o mesmo nome. Quando se abre o ★, entra-se na página indicada como ★ e aparece uma ★: para conhecer livros e contar sobre eles. No ★, os livros comentados estão separados por categorias e ★.

> No ambiente das novas tecnologias e dos meios digitais, os recursos, aplicativos e programas são, em geral, denominados em inglês. Isso acontece porque os Estados Unidos são um importante produtor de tecnologia e têm grande influência econômica em outras partes do mundo.
>
> Nesses casos, muitas vezes, as palavras são usadas pelos falantes do português sem nenhuma mudança ou adaptação, como *blog*, *website* ou *site*. A essas palavras chamamos **estrangeirismos**.

2. Leia os trechos de notícias a seguir.

   I.

   http://diariogaucho.clicrbs.com.br/rs/dia-a-dia/noticia/2017/05/saiba-como-recuperar-imagens-apagadas-do-smartphone-9801411.html

   ### Saiba como recuperar imagens apagadas do *smartphone*

   Aplicativos disponíveis gratuitamente ajudam a recuperar fotos deletadas do celular

   Disponível em: <http://diariogaucho.clicrbs.com.br/rs/dia-a-dia/noticia/2017/05/saiba-como-recuperar-imagens-apagadas-do-smartphone-9801411.html>. Acesso em: 18 jun. 2018.

   II.

   https://extra.globo.com/noticias/economia/aeroporto-santos-dumont-no-rio-tera-autodespacho-de-bagagens-22684959.html

   ### Aeroporto Santos Dumont, no Rio, terá autodespacho de bagagens

   [...] No procedimento, o cliente receberá a etiqueta que deverá usar na bagagem a ser despachada. Depois, terá que entrar em outra fila para despachar suas malas etiquetadas. No local, deverá escanear o código que consta na etiqueta e colocar a mala na esteira, guardando o comprovante emitido.

   Disponível em: <https://extra.globo.com/noticias/economia/aeroporto-santos-dumont-no-rio-tera-autodespacho-de-bagagens-22684959.html>. Acesso em: 2 ago. 2018.

a) Em I, no sintagma "fotos deletadas", o modificador poderia ser substituído por qual palavra de sentido equivalente?

b) A palavra que modifica o núcleo do sintagma foi formada com base em que verbo?

c) Como você formou esse verbo?

d) Em II, o passageiro deverá passar a etiqueta de sua bagagem por uma máquina que reproduz a imagem dela. Como essa máquina se chama? Xerox, escâner, computador ou copiadora?

e) Se você fosse o passageiro e quisesse contar a alguém que sua etiqueta foi verificada, como poderia dizer isso usando o verbo formado com base no nome da máquina?

f) Como você flexionou o verbo na 1ª pessoa do singular? Mostre outros verbos que são flexionados da mesma maneira.

> Palavras estrangeiras, quando incorporadas à língua portuguesa, podem sofrer mudanças e adaptações, de acordo com as regras ortográficas e gramaticais de nossa língua. Isso acontece, por exemplo, com verbos como **deletar** e **escanear**, que, mesmo tendo origem em palavras do inglês (*delet* e *scanner*), recebem a terminação típica de verbos em nossa língua (**-ar**).
>
> Em outras situações, as palavras estrangeiras podem ser substituídas por palavras do português, que ganham novo sentido. É o caso de *download*, quando é substituído pelo verbo **baixar**.

Jogo

Você deve responder às perguntas a seguir com um estrangeirismo. A resposta será dada com um único verbo e ele deverá estar flexionado na 1ª pessoa. Ganha o jogo quem responder primeiro. O professor vai verificar as respostas.

O que você faz quando:

- recebe uma imagem que não quer guardar em seu celular?
- quer capturar uma mensagem para mostrar a alguém?
- quer copiar a imagem de um livro?
- quer entrar num *site* de jogos?

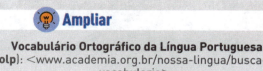

Vocabulário Ortográfico da Língua Portuguesa (Volp): <www.academia.org.br/nossa-lingua/busca-no-vocabulario>.

Para consultar a grafia oficial de palavras que fazem parte da língua portuguesa, bem como os estrangeirismos já registrados em nosso vocabulário, consulte esse *site*.

Portal da Língua Portuguesa: <www.portaldalinguaportuguesa.org/index.php?action=loanwords&act=list>.

Se quiser pesquisar mais estrangeirismos no português, suas origens e significados, não deixe de visitar também esse *site*.

CAPÍTULO 2

Antes da leitura

Veja a seguir uma imagem daquela que é considerada uma das mais belas livrarias do mundo, a Livraria Lello, na cidade do Porto, em Portugal.

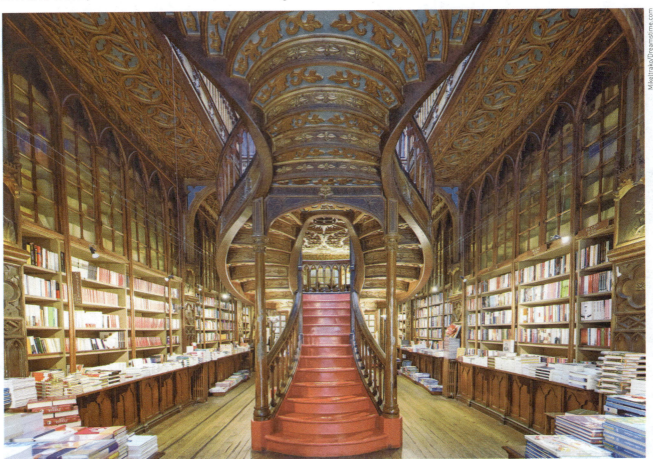

Disponível em: <www.portoantigo.org/livraria-lello-bela-livraria-do-mundo>. Acesso em: 19 jun. 2018.

1. Você costuma frequentar livrarias ou bibliotecas? **atividade oral**
2. Acha que livrarias acolhedoras e bibliotecas bem equipadas podem estimular a vontade de ler? Por quê?
3. Conhece *sites* ou *blogs* que falem de livros e de literatura?
4. Um *blog* como o que você analisou no Capítulo 1 ajuda a estimular o gosto pela leitura? Como?
5. Como você escolhe os livros que quer ler?
6. Você costuma conversar com seus colegas sobre os livros que leu?

A seguir, você lerá uma resenha de livro publicada no *blog* analisado no Capítulo 1. Após o trabalho de estudo do texto e do gênero, você poderá criar a própria resenha e publicá-la no *blog* da turma.

www.bamboleio.com.br/2018/02/22/a-solidao-e-bonita

Bamboleio

Home   Sobre   Blog   Leitores   Parceiros   Contato

"A SOLIDÃO É BONITA"

O monstro da solidão – Editora Cachecol

Consideramos que este é um livrinho para adultos e crianças.

Afinal, não é todo mundo que se dá bem com a solidão, não é mesmo?

De maneira geral, o que percebemos no mundo é um movimento contrário: uma busca de companhia o tempo todo, seja real ou virtual.

E vemos muitas crianças que não sabem lidar com o tempo de espera, com os momentos sozinhos. Numa geração tão sobrecarregada de estímulos, qualquer momento sozinho pode ser considerado um tédio.

Isso pode ser bem triste, se pensarmos que, ao ficar sozinhos, na verdade estamos com aquela companhia que nunca nos falta: nós mesmos.

É essencial saber estar só – e com alegria – desde pequeno.

O livro O MONSTRO DA SOLIDÃO, de Vana Campos, publicado pela Cachecol Editora, vem nos lembrar disso. Por meio da história do menino Fred, percebemos que a solidão não é tão assustadora assim; na verdade, "a solidão é bonita".

Muito se pode fazer sozinho

Bamboleio. Disponível em: <www.bamboleio.com.br/>

www.bamboleio.com.br/2018/02/22/a-solidao-e-bonita

Tantas coisas podemos fazer quando estamos sozinhos: imaginar livremente, ler, relaxar, dormir, pensar, refletir, ou inclusive não fazer nada.

É na escuridão do seu quarto antes de dormir que Fred se depara com o monstro da solidão. Ele pensa em todos os malefícios que esse monstro pode trazer, como perigosos **alienígenas** ou ondas gigantes.

Mas nada disso acontece.

É a voz do narrador que interrompe seu **fluxo** de medo e vem contar de todos os lados positivos da solidão.

Pelas ilustrações, podemos ver a postura de Fred mudar.

Encontro consigo mesmo

Até que sua empolgação fica enorme, quando ele é capaz de notar a beleza da solidão. É tanta sua empolgação, que ele precisa gritar, para espantar qualquer medo: "Sou só eu! E eu não tenho medo de mim"

Recomendamos a todos essa aventura com Fred. Porque os momentos sozinhos podem ser mesmo muito especiais, criativos e **revigorantes**.

Contudo, se por acaso ficar difícil ficar só, faça como nosso personagem: aventure-se e veja o que seu interior está querendo lhe mostrar. Boa aventura!

—

Texto de Padmini. Fotos de Victor Mello e Padmini

—

PARA COMPRAR

O monstro da solidão

Padmini. A solidão é bonita. Bamboleio.
Disponível em: <www.bamboleio.com.br/2018/02/22/a-solidao-e-bonita>. Acesso em: 28 maio 2018.

Glossário

Fluxo: sucessão de fatos ou acontecimentos; movimento incessante.
Revigorante: animador; que renova as forças.

Estudo do texto

1. Identifique o título do livro de que se fala na resenha, o nome da autora e da editora.

2. Na página inicial do *blog*, o trecho publicado era o transcrito a seguir.

   Consideramos que este é um livrinho para adultos e crianças. Afinal, não é todo mundo que se dá bem com a solidão, não é mesmo? De maneira geral, o que percebemos do mundo é um movimento contrário, uma busca.

   a) Em que pessoa do discurso vem escrita a resenha? Localize palavras no texto que justifiquem sua resposta.

   b) A projeção dessa pessoa do discurso causa que efeito de sentido?

   c) Que ideia o uso do diminutivo **livrinho** reforça?

   d) Com quem a resenha está dialogando? Que expressão justifica sua resposta?

   e) A resenhista apresenta alguma opinião sobre o livro nesse trecho inicial? Justifique sua resposta.

   f) Como o texto não está completo na página de abertura do *blog*, o que leitor deve fazer para ler a continuação dele?

   g) Quais são os objetivos de comunicação desse primeiro trecho?

   h) Considerando as atividades anteriores, reflita: Que tipo de comunicação se estabelece entre a resenhista e o leitor?

3. Analise observações apresentadas na resenha.

   a) Como você acha que a maioria das pessoas costuma lidar com a solidão? Para você, estar sozinho é o mesmo que estar solitário?

   b) Que coisas as pessoas podem fazer quando estão sozinhas?

   c) E você, o que costuma fazer nos momentos de solidão? A internet ajuda a lidar com isso?

4. Releia:

   [...] Por meio da história do menino Fred, percebemos que a solidão não é tão assustadora assim; na verdade, "a solidão é bonita".

   a) Aparecem no trecho ideias divergentes sobre a solidão. Quais são elas?

   b) Qual dessas ideias prevalece, ganha força no livro?

   c) Como se sabe disso?

   d) A oração entre aspas expressa um juízo de valor, uma apreciação sobre o valor de alguma coisa? Explique sua resposta.

   e) A resenhista parece compartilhar dessa opinião? Justifique sua resposta.

5. Descubra na resenha os seguintes elementos do enredo desenvolvido no livro:

   a) a personagem principal, ou protagonista;

   b) seu antagonista;

   c) o local em que se passa a história;

   d) o momento em que ocorre a história;

   e) a transformação ocorrida com a personagem.

6. A leitura da resenha despertou em você vontade de ler o livro? Por quê?

Linguagem, texto e sentidos

1 Observe este outro trecho.

> É essencial saber estar só – e com alegria – desde pequeno.
> O livro O monstro da solidão [...] vem nos lembrar disso. [...]

a) O livro nos lembra de quê?

b) Que palavra, na segunda frase, retoma o que foi dito anteriormente?

2 Releia a primeira frase da resenha.
Consideramos que este é um livrinho para adultos e crianças.

a) Nos parágrafos finais, essa ideia é retomada em que passagem?

b) Explique como foi feita a retomada mostrando as substituições feitas.

> ↑ Um texto pode retomar palavras e ideias já mencionadas por meio de pronomes, palavras e expressões de sentido equivalente.
> Ao retomar elementos, o texto mantém a ligação entre suas partes, reforça ideias e avança, segue adiante.

c) Para que serviu a retomada de palavras e expressões do primeiro parágrafo que é feita no final do texto?

3 Observe mais um trecho da resenha.

> Isso pode ser bem triste, se pensarmos que, ao ficar sozinhos, na verdade estamos com aquela companhia que nunca nos falta: nós mesmos.

a) De acordo com o texto, o que pode ser bem triste?

b) O parágrafo não deixa clara essa informação. Onde o leitor a encontra?

c) Que função o pronome **isso** desempenha no início do parágrafo?

4 Releia mais um trecho.

> Recomendamos a todos essa aventura com Fred. Porque os momentos sozinhos podem ser mesmo muito especiais, criativos e revigorantes.

a) O que a resenhista recomenda aos leitores?

b) De que modo ela justifica essa recomendação?

c) A recomendação expressa uma avaliação positiva ou negativa a respeito das ideias desenvolvidas no enredo do livro?

> ↑ Numa resenha de livro, apresenta-se o ponto de vista do resenhista, o que ele pensa sobre o livro. Palavras que indicam o valor das ideias desenvolvidas numa obra, como os adjetivos **especiais**, **criativos** e **revigorantes**, que se referem aos momentos de solidão, expressam um ponto de vista positivo sobre o livro. Os adjetivos ajudam a construir a argumentação nesse gênero de texto.

5 De acordo com a resenha, que ponto de vista sobre a solidão o livro apresenta?

6 A resenhista parece concordar com o ponto de vista que é defendido no livro? Justifique sua resposta.

Resenha

1. Releia a resenha do livro *O monstro da solidão* para observar de que modo ela se organiza.

   a) Nos parágrafos iniciais, antes de citar o livro, a resenhista escreve sobre o quê?

   b) Nos parágrafos seguintes, alguns elementos da história contada no livro são apresentados. Pelo que leu na resenha, que história é essa?

   c) Nos dois parágrafos finais, o que faz a resenhista?

   > **Resenha** é um gênero textual que apresenta uma obra, expressando um ponto de vista sobre ela. É um texto de opinião, que pode se referir a um livro, um filme, um espetáculo, uma peça de teatro etc.

Imagem do vídeo informativo sobre o livro *O mostro da solidão*, de Vana Campos.

2. Relembre o que dizem os autores do *blog* em sua apresentação:

   Somos Padmini e Victor. Amamos livros infantis e juvenis e aqui buscamos trazer conteúdos para pais e educadores e leitores em geral sobre livro, literatura e mediação de leitura.

   a) A resenha publicada no *blog* está assinada por quem?

   b) Destina-se a quem?

   c) Qual é o objetivo da resenha?

   d) A palavra **mediação** significa "estabelecer uma ligação". De que modo a resenha faz uma mediação?

   e) Para fazer essa mediação, a resenhista usou o registro formal ou informal da linguagem?

   > Resenhas são publicadas em jornais, revistas e *blogs* especializados. Nos *blogs*, a comunicação é mais direta e imediata. Por isso, a linguagem é, em geral, informal e adequada à faixa etária dos leitores. As resenhas publicadas em *blogs* convidam o leitor a interagir por meio de comentários que podem ser publicados na página.

3 Leia a seguir o trecho de uma resenha publicada em um *blog* especializado em cinema. Ela fala do filme *Viva – A vida é uma festa* (EUA, 2017).

https://jovemnerd.com.br/nerdbunker/Vasp-vida-e-uma-festa-critica

Existem filmes que conseguem fazer com que você se sinta mais leve depois de assisti-los. *Viva – A vida é uma festa* é um deles: traz uma sensibilidade única para tratar de temas complexos como morte, de uma maneira que não subestima os espectadores e, ao mesmo tempo, não assusta os mais jovens que não têm tanta experiência em lidar com perdas.

A trama em si segue uma estrutura que já vimos outras vezes: Miguel, o jovem protagonista, é um músico talentoso que é impedido por sua família de seguir seus sonhos, de maneira similar a Remy, de *Ratatouille*, ou Moana, de *Moana: um mar de aventuras*. [...]

Os locais representados no longa são muito detalhados e na pequena cidade mexicana, na qual a trama se inicia, é quase possível sentir o cheiro das flores colocadas nos altares e túmulos, em homenagem aos parentes que partiram. Já na terra dos mortos, a sensação de mergulhar naquele universo é ainda mais intensa, com uma explosão de cores neon e músicas alegres que transportam o espectador imediatamente para um mundo vibrante que difere completamente de qualquer caracterização de pós-vida que conhecemos.

[...]

Disponível em: <https://jovemnerd.com.br/nerdbunker/viva-vida-e-uma-festa-critica>. Acesso em: 19 jun. 2018.

a) Logo no início da resenha, é possível saber o ponto de vista do resenhista a respeito do filme. Comente isso mostrando os argumentos que ele usa.

b) No segundo parágrafo, o resenhista compara a personagem do filme com as de outros filmes. Quais são essas personagens? Que semelhança há entre elas?

c) Para compreender bem a comparação entre as personagens, o leitor precisa de quais informações?

d) No terceiro parágrafo, que elementos da linguagem do filme são destacados?

e) O espectador de cinema costuma prestar atenção a esses elementos? Por quê?

f) Ao falar de outros filmes e da linguagem do cinema, o que o resenhista demonstra?

4 Você considera que os resenhistas do livro *O monstro da solidão* e do filme *Viva – A vida é uma festa* têm competência para falar de livros e de filmes? Por quê?

Resenhas podem abordar assuntos variados: literatura, cinema, teatro, artes plásticas, dança etc. O resenhista deve demonstrar conhecimento sobre o assunto para poder argumentar com autoridade sobre a obra analisada. A resenha destina-se a influenciar um leitor ou espectador que compartilhe o interesse pelo assunto tratado.

O resenhista pode ter um ponto de vista positivo ou negativo sobre a obra analisada, mas sempre precisa justificar essa opinião.

Ele deve falar sobre os assuntos tratados na obra analisada, mas ter cuidado para não contar demais, o que pode prejudicar a surpresa do leitor ou espectador.

Coesão textual: nomes e pronomes

1 Releia um trecho da resenha do livro *O monstro da solidão*.

> Consideramos que **este** é um livrinho para adultos e crianças. Afinal, não é todo mundo que se dá bem com a solidão, não é mesmo? [...]

a) A que se refere o pronome em destaque?
b) A expressão "todo mundo" tem relação com outra parte do trecho? Explique sua resposta.

2 Leia mais um trecho da resenha.

> De maneira geral, o que percebemos no mundo é um movimento contrário: uma busca de companhia o tempo todo, seja **real** ou **virtual**.

a) Que palavra os adjetivos em destaque qualificam?
b) Por que essa palavra não foi usada antes de cada adjetivo?

> Para interpretar um texto, é preciso relacionar muitos saberes. Além de pensar, por exemplo, em sua função, em quem o produziu e em para quem foi produzido, é importante observar como estão relacionadas as palavras e frases que o formam. A relação entre palavras ou partes do texto, que mantém as ideias ligadas e faz com que elas se desenvolvam, chama-se **coesão textual**.

3 Releia a sequência do trecho a seguir e responda às questões.

> E vemos muitas crianças que não sabem lidar com o tempo de espera, com os momentos sozinhos. Numa geração tão sobrecarregada de estímulos, qualquer momento sozinho pode ser considerado um tédio.
> Isso pode ser bem triste [...].

a) Que expressão se repete no trecho?
b) Essa repetição é importante nesse caso? Por quê?
c) Que parte do texto retoma a expressão "muitas crianças", isto é, refere-se a ela?
d) Em relação ao sentido, as expressões do item anterior são totalmente equivalentes? Explique sua resposta.
e) Agora compare as expressões "com o tempo de espera" e "com os momentos sozinhos". Elas têm sentido equivalente no trecho? Justifique sua resposta.
f) De acordo com o trecho, como as crianças avaliam a solidão? Justifique sua resposta.

> Em textos, os **sintagmas nominais (SNs) retomam** e **substituem** termos já usados e, ao mesmo tempo, ampliam a descrição do tema, acrescentando novas informações.

4 Analise este outro trecho da resenha do livro, no qual são resumidas partes da narrativa.

> [...] Por meio da história do menino Fred, percebemos que a solidão não é tão assustadora assim [...].
> É na escuridão do seu quarto antes de dormir que Fred se depara com o monstro da solidão. Ele pensa em todos os malefícios que esse monstro pode trazer, como perigosos alienígenas ou ondas gigantes.
> Mas nada disso acontece.

a) Em "seu quarto", a que o pronome se refere?
b) No trecho, que outro pronome se refere ao personagem?
c) Por que o uso dos pronomes observados acima é adequado no trecho?
d) Em "Nada **disso** acontece", o que o termo **isso** retoma?
e) Compare: (1) "os malefícios", (2) "perigosos alienígenas" e (3) "ondas gigantes".
- As três expressões são sintagmas de que tipo? Por quê?
- No trecho, as três expressões referem-se a quê?
- Qual das expressões é mais geral do que as outras? Explique sua resposta.

> ↑ Para relacionar partes do texto, também podemos substituir uma palavra por seu **hiperônimo**, isto é, um termo de sentido mais geral, que indica uma classe de seres ou objetos. Na resenha, "os malefícios" serve de **hiperônimo** para "perigosos alienígenas" e "ondas gigantes", termos mais específicos, menos gerais.

f) Releia a sequência da resenha e analise o uso de **seu**. O pronome destacado refere-se a quem? Por quê?

> É a voz do narrador que interrompe **seu** fluxo de medo e vem contar de todos os lados positivos da solidão.

g) Analise mais uma sequência da resenha. Indique o que os pronomes destacados substituem e formule uma conclusão sobre a importância de usá-los no trecho.

> Pelas ilustrações, podemos ver a postura de Fred mudar.
> Até que **sua** empolgação fica enorme, quando **ele** é capaz de notar a beleza da solidão. É tanta **sua** empolgação, que **ele** precisa gritar, para espantar qualquer medo: "Sou só eu! E eu não tenho medo de mim"

> ↑ **Pronomes** também são importantes recursos para retomar e substituir palavras e partes de um texto.

5 Observe novamente o trecho em que se apresenta a obra resenhada. Que palavras se relacionam, pelo sentido, à palavra **livro**?

> O livro *O monstro da solidão*, de Vana Campos, publicado pela Cachecol Editora, vem nos lembrar disso. Por meio da história do menino Fred, percebemos que a solidão não é tão assustadora assim; na verdade, "a solidão é bonita".

> ↑ Para tornar um texto coeso também usamos termos ou expressões que se relacionam pelo sentido, formando um conjunto de palavras afins, ligadas pelo significado. Esse foi o caso de **livro**, **publicado** e **história**, por exemplo.

6 Releia um trecho do final da resenha.

> Recomendamos a todos essa aventura com Fred [...].
> Contudo, se por acaso ficar difícil ficar só, faça como nosso personagem: aventure-se e veja o que seu interior está querendo lhe mostrar. Boa aventura!

a) Considere o SN "essa aventura".
- Esse sintagma se refere a outra informação do texto? Explique sua resposta.
- Pense na função de uma resenha e explique por que o uso desse sintagma é importante no texto.
- Que expressão no trecho se relaciona ao título do livro? Por quê?

b) A que se refere a expressão "nosso personagem"?

c) Compare os sintagmas em destaque.

　I. "Faça como **nosso personagem**: aventure-se."

　II. Faça como **o personagem**: aventure-se.

No contexto de uma resenha, que sentido se produz pelo uso de um e de outro sintagma?

7 Copie a resenha do filme *Shrek* no caderno, preenchendo os números de acordo com as instruções. As palavras que você usar deverão fazer referência aos termos em destaque, construindo a coesão textual do novo texto:

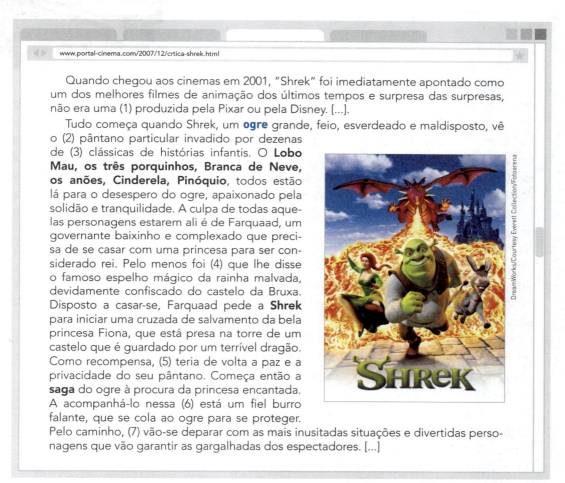

Quando chegou aos cinemas em 2001, "Shrek" foi imediatamente apontado como um dos melhores filmes de animação dos últimos tempos e surpresa das surpresas, não era uma (1) produzida pela Pixar ou pela Disney. [...].

Tudo começa quando Shrek, um **ogre** grande, feio, esverdeado e maldisposto, vê o (2) pântano particular invadido por dezenas de (3) clássicas de histórias infantis. O **Lobo Mau, os três porquinhos, Branca de Neve, os anões, Cinderela, Pinóquio**, todos estão lá para o desespero do ogre, apaixonado pela solidão e tranquilidade. A culpa de todas aquelas personagens estarem ali é de Farquaad, um governante baixinho e complexado que precisa de se casar com uma princesa para ser considerado rei. Pelo menos foi (4) que lhe disse o famoso espelho mágico da rainha malvada, devidamente confiscado do castelo da Bruxa. Disposto a casar-se, Farquaad pede a **Shrek** para iniciar uma cruzada de salvamento da bela princesa Fiona, que está presa na torre de um castelo que é guardado por um terrível dragão. Como recompensa, (5) teria de volta a paz e a privacidade do seu pântano. Começa então a **saga** do ogre à procura da princesa encantada. A acompanhá-lo nessa (6) está um fiel burro falante, que se cola ao ogre para se proteger. Pelo caminho, (7) vão-se deparar com as mais inusitadas situações e divertidas personagens que vão garantir as gargalhadas dos espectadores. [...]

Disponível em: <www.portal-cinema.com/2007/12/crtica-shrek.html>. Acesso em: 31 mar. 2018.

(1) Palavra de sentido equivalente para retomar e substituir **filmes**.

(2) Pronome que retome e substitua **ogre**.

Glossário
Ogre: ogro.

(3) Hiperônimo para "**Lobo Mau, os três porquinhos, Branca de Neve, os anões, Cinderela, Pinóquio**".

(4) Pronome que retome a explicação de Farquaad para a invasão do pântano de Shrek.

(5) Sintagma nominal para retomar **Shrek**.

(6) Substantivo de sentido equivalente a **saga**.

(7) Pronome que se refira a burro falante e a ogre.

Oficina de produção

Resenha

Você fará a resenha de um livro indicado pelo professor para ser publicada no *blog* da turma. Para isso, desenvolva as etapas de trabalho indicadas a seguir.

Preparação

1. Anote no caderno os dados sobre o livro que vai resenhar: título, autor e editora.
2. Faça uma pesquisa sobre o autor e a obra. Procure informações na internet, em *blogs* literários, na biblioteca e em consultas ao professor. Tome notas sobre as obras que o autor publicou, o gênero do livro (Narrativa de aventura? Conto? Crônica? Narrativa de mistério?) e sua aceitação (Teve muitas edições? Foi um sucesso entre os leitores? Na época da publicação não foi bem-aceito e depois se tornou um livro admirado?). Anote também o público a que o livro se destina (Jovens? Adultos? Crianças?). Esses dados podem compor a introdução de sua resenha. Eles mostrarão ao leitor que você conhece literatura e tem, portanto, autoridade para escrever sobre o livro.
3. Registre uma síntese do enredo da história narrada no livro, com as personagens principais, o assunto e os momentos importantes. Anote também uma observação sobre a linguagem usada, se é simples, coloquial, ou mais formal. Fale do narrador e das emoções que ele faz o leitor viver durante a leitura. Essas notas podem se transformar nos parágrafos de desenvolvimento de sua resenha.
4. Anote então suas impressões. Lembre-se de justificar seu ponto de vista e argumentar em favor dele. Se você vai indicar a leitura da obra ao leitor da resenha, ele deverá ser convencido disso. Procure observar:
- O enredo é criativo, original? Ou repete situações já muito usadas?
- A leitura flui bem? A linguagem é simples, fácil de acompanhar? Ou sofisticada, cheia de palavras pouco usadas?
- O narrador escreve em 1ª ou em 3ª pessoa? Que efeitos isso cria na narrativa?
- As personagens são marcantes, fortes, destemidas? Vivem conflitos interiores? São diferentes entre si?
- Anote essas e outras observações que considerar importantes.
5. Antes de escrever, defina o público a quem sua resenha se destina, o local onde será publicada e rememore as características do gênero. Anote:
- A resenha será publicada no *blog* da turma. Quem vocês definiram como público do *blog*? Colegas de escola? Adolescentes de modo geral? Outros?
- O gênero resenha faz a apresentação comentada de uma obra. Ela deve falar dos assuntos e do enredo, das personagens e do conflito principal, se houver. Os comentários de opinião devem ser justificados.
- Como a resenha será publicada no *blog* da turma, você pode escrever em 1ª pessoa para estabelecer uma interação mais próxima com o leitor.

Escrita

Antes de começar a escrever, lembre-se da finalidade – apresentar uma obra literária – e de que ela será publicada no *blog* da turma. Você leu resenhas publicadas em *blogs* e sabe que a linguagem pode ser mais informal, mas ela deve ser clara e não conter erros de concordância, ortografia, acentuação ou pontuação.

6. Escreva no alto da página: Resenha. Na linha seguinte, indique os dados da obra. Abaixo deles, se quiser, pode colocar um título que já anuncie para o leitor o tema principal de seu texto, a ideia geral que conduzirá sua argumentação.
7. Você pode começar a resenha com uma impressão geral sobre a obra ou o autor. Transforme as notas do item 2 da etapa **Preparação** na sua introdução. Neste momento você pode incluir seu ponto de vista, fazer alguma observação mais geral, que mostre se a obra merece a atenção do leitor.
8. Em seguida, desenvolva a resenha, falando sobre a história do livro: enredo, personagens, conflitos, tipo de narrador, linguagem. Se estiver escrevendo em 1ª pessoa, você pode falar de sua emoção com uma reviravolta na história ou, se for recomendar o livro, convidar o leitor a se deliciar com alguma cena. Lembre-se de que você pode também não ter apreciado a história ou o modo pelo qual foi desenvolvida. Caso sua opinião seja negativa, justifique-a.
9. Na conclusão, deixe claro seu ponto de vista sobre a obra e recomende ou não a leitura. Seja coerente com o que mencionou antes. Se você afirmou no desenvolvimento que as personagens não são bem construídas e o autor não soube criar um conflito interessante, não pode agora comentar que a obra é ótima e prende a atenção do leitor. Vá encadeando as ideias, de modo que em cada parágrafo uma informação nova apareça, mas as anteriores não se percam.

Revisão

10. Verifique se fez uma introdução que demonstre ao leitor que você conhece a obra e o autor. Indicou claramente o assunto da obra e o público a que se destina? Confira se incluiu algum comentário que expresse, em linhas gerais, seu ponto de vista sobre a obra.
11. No desenvolvimento, apresentou o enredo do livro, as personagens e os aspectos principais dos conflitos? Verifique se o leitor compreenderá, em linhas gerais, a história de que você fala.
12. Reveja a conclusão, checando se o argumento final que você usará para expressar seu ponto de vista ficou claro e bem apresentado.
13. Verifique se usou mecanismos de coesão textual, como retomadas e substituições por meio de pronomes.
14. Ainda em relação à coesão, confira se usou, quando necessário, sinônimos, hiperônimos e sintagmas de sentido equivalente a palavras já ditas.
15. Passe a limpo seu texto e peça ao professor que o leia para apresentar sugestões de aperfeiçoamento.
16. Digite em computador a versão final. Ela está pronta para ser postada no *blog*.

Oralidade em foco

Vídeo (stories)

No universo digital muitos são os recursos para estimular a interação entre pessoas. Um desses recursos é a gravação de vídeos de 15 segundos, ao longo do dia, que, ao serem vistos em sequência, criam uma narrativa, uma "história" das 24 horas do usuário. A ferramenta chamada **Histórias** ou *Stories* está presente em redes sociais.

Você conhece esse recurso? Costuma usá-lo? Com que frequência?

Agora você vai usá-lo para falar em vídeo sobre o livro que resenhou. Depois publicará a história que compôs num perfil da turma em rede social.

Preparação

1. Na resenha que produziu, assinale os trechos principais, que podem ser retextualizados como história. A retextualização é a transformação de um texto em outro, numa nova linguagem ou novo formato. A resenha que foi escrita para ser publicada no *blog* se transformará numa história de opinião, em que você falará do livro em questão. Como cada publicação tem 15 segundos, você deverá criar mais de um vídeo, colocando-os em sequência. Assim, é muito importante planejar o que será dito para aproveitar bem o tempo de cada vídeo.

   Faça um roteiro do que você vai falar. Anote em um papel os tópicos que abordará. Inicie o vídeo fazendo uma saudação e diga o objetivo da postagem. Veja uma sugestão de roteiro.

   Primeira postagem, apresentação
   "Olá, pessoal! Vou falar hoje sobre um livro incrível que li!" (se você gostar do livro e for recomendá-lo).

   Segunda postagem, entrando no tema
   Apresente o título do livro, autor e editora. Nesse momento, você pode mostrar o livro.

   Terceira postagem, desenvolvendo o tema
   Comece a fazer sua apreciação sobre o livro. Fale um pouco da história, mas sem contar muitos detalhes. Um bom resenhista quer deixar o leitor com vontade de ler, mas não pode e não deve contar as informações mais valiosas da narrativa. Circula na internet um termo que define as informações que podem estragar o prazer da leitura ou da exibição de um filme: *spoiler*. Assim, para ter certeza da sequência das informações e de não utilizar *spoiler*, é necessário que você se prepare para fazer o vídeo.

   Quarta postagem, para finalizar
   Faça sua apreciação dizendo por que você indica ou não o livro.
   Conclua a gravação convidando o internauta a deixar algum comentário sobre a história no seu perfil.

Gravação

2. Agora que você tem o roteiro e sabe o que vai dizer, é hora de gravar. Treine antes para que saiba quanto tempo tem cada parte. O temporizador do aplicativo o ajudará nessa tarefa, pois o recurso vai mostrando o andamento do tempo.

3. Escolha o local onde você vai gravar, que pode ser em sua casa, na casa de um amigo, na biblioteca (se for permitido), no pátio da escola. O local não precisa ser totalmente silencioso, mas você precisa ser ouvido. Pense nisso.

4. Você mesmo vai gravar, como se fosse tirar uma *selfie*. Também pode apoiar o celular em uma base, mas veja antes se o enquadramento está correto. E lembre-se de que o celular não poderá ficar muito longe, porque você precisará acionar o botão de gravação.
5. Fale com espontaneidade, pensando nas pessoas que acompanham seu perfil. Mesmo que cada vídeo só tenha 15 segundos, não fale depressa, pois as pessoas precisam entender o que você vai dizer.
6. Você pode colocar figurinhas, *hashtags*, temperatura e local sobrepostos ao vídeo antes de publicá-lo. Mas tome cuidado para não poluí-lo, colocando informações que podem dispersar a atenção do internauta.

Revisão

7. Antes de publicar o vídeo, veja se ficou como você queria, se o som está adequado, se a iluminação está boa. Avalie se você falou claramente, se o tom de voz está apropriado e a entonação, convincente. Se estiver tudo correto, publique-o e faça o outro vídeo, continuação do anterior, até chegar ao vídeo que finalizará a sequência. Verifique se foi atingido o objetivo de apresentar brevemente uma resenha.
8. Para que se sinta mais seguro, peça a um amigo que acompanhe sua gravação. Você também pode acompanhar a dele. Desse modo, vocês poderão fazer ajustes ao longo das gravações e das publicações.

Apresentação

9. Os aplicativos possibilitam que o usuário salve a história, gerando um vídeo único com as sequências dos vídeos de 15 segundos. Ao finalizar todas as postagens, você deverá salvar a história em seu celular. Veja a indicação a seguir.

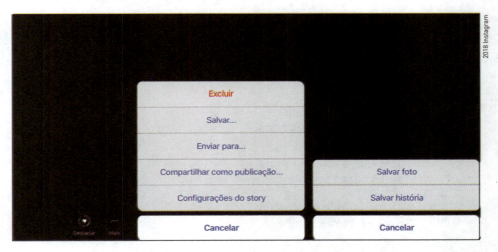

10. Na data marcada pelo professor, sua história será exibida para a turma.

Autoavaliação

11. Após a apresentação, avalie-se:
    - Você conseguiu falar com espontaneidade?
    - Você acha que as pessoas entenderam bem o que você gravou?
    - Houve muitos acessos a sua publicação?
    - O percurso dos vídeos ficou coerente?
    - A resenha ficou compreensível? Pergunte aos colegas e ao professor o que acharam.
    - O que você precisa aperfeiçoar para a produção de outra história?

Caleidoscópio

INTERNET:
um problema para a saúde?

A internet está presente no cotidiano das pessoas. Seja para consultar informações, assistir a filmes, buscar músicas ou conversar com amigos, ela é acessada todos os dias por meio de telefones celulares, computadores ou *tablets*.

O Brasil é hoje o país com o maior percentual de pessoas conectadas à internet.

51% dos brasileiros pesquisados **passam o dia todo conectados**

20% acessam a internet **mais de 10 vezes por dia**

24% acessam a internet de **2 a 4 vezes ao dia**

5% acessam **uma vez ou menos**

Uma pesquisa realizada pela ONG Safernet, em parceria com a rede de telecomunicações GVT, mostra que, dos jovens brasileiros entrevistados com idade entre 9 e 23 anos:

62% estão *on-line* **todos os dias**.

80% usam a internet com o objetivo de navegar nas **redes sociais**.

Crianças na rede!

A pesquisa de uma empresa de tecnologia realizada em 2011 em dez países, incluindo o Brasil, revelou alguns hábitos das crianças na internet.

CRIANÇAS DE 3 A 5 ANOS:

47% sabem usar um *smartphone*.

66% sabem operar **jogos de computador**.

NO BRASIL CRIANÇAS DE 6 A 9 ANOS:

97% usam a internet. Esse é o **mais alto índice entre os países pesquisados**.

Em contrapartida, apenas

50% sabem o **caminho de casa**.

14% sabem **amarrar o próprio tênis**.

Fonte: AVG Technologies.

⚠ MALEFÍCIOS DO USO PROLONGADO DA INTERNET

O uso da internet por períodos de tempo prolongados pode trazer prejuízos à saúde, provocando, entre outros:

» ressecamento da córnea;
» cansaço visual;
» dores de cabeça;
» problemas de coluna;
» sedentarismo;
» obesidade;
» lesão por esforço repetitivo.

Um estudo da Public Health England, órgão do governo do Reino Unido, revela que o uso prolongado da internet pode trazer também malefícios à saúde mental, tais como:

» solidão;
» depressão;
» ansiedade;
» agressividade;
» baixa autoestima.

Depois de ler essas informações, reflita sobre as questões a seguir.

1. Você acessa a internet diariamente? Quanto tempo costuma passar conectado à rede?
2. Quando está conectado, o que você acessa com mais frequência: redes sociais, aplicativos de jogos, aplicativos de vídeos, aplicativos de mensagens instantâneas? O que mais?
3. Você já sentiu algum desconforto físico ou psicológico por estar navegando durante muito tempo na rede? Qual?

Retomar

Leia o texto a seguir para fazer as atividades de 1 a 3.

[...] *Blog* é concebido como um espaço onde o blogueiro é livre para expressar e discutir o que quiser na atividade da sua escrita, com a escolha de imagens e de sons que compõem o todo do texto veiculado pela internet, através dos *posts*. Assim, essa ferramenta deixa de ter como única função a exposição de vida e/ou rotina de alguém – como em um diário pessoal, função para a qual serviu inicialmente e que o popularizou, permitindo também que seja um espaço para a discussão de ideias, trocas e divulgação de informações. [...]

A produção dos *blogs* requer uma relação de troca, que acaba unindo pessoas em torno de um ponto de interesse comum. A força dos *blogs* está [...] em possibilitar que qualquer pessoa, sem nenhum conhecimento técnico, publique suas ideias e opiniões na *web* e que milhões de outras pessoas publiquem comentários sobre o que foi escrito, criando um grande debate aberto a todos.

Bruno Oliveira Lopes. *A linguagem dos blogs e as redes sociais virtuais*. Monografia de Tecnólogo – Faculdade de Tecnologia da Zona Leste, São Paulo, 2009. p. 20-21.

1 De acordo com o texto, os *blogs* tinham, inicialmente, uma função, que se modificou ao longo do tempo.

a) Qual era a função inicial dessa ferramenta?

b) Que função tem hoje um *blog*?

2 Releia o trecho e observe esta passagem: "Assim, **essa ferramenta** deixa de ter como única função a exposição de vida e/ou rotina de alguém".

a) A expressão assinalada retoma qual palavra?

b) Por que o autor do texto usou a expressão, em lugar da palavra que ela retoma?

3 *Blog* é um termo estrangeiro incorporado à língua portuguesa.

a) Encontre no texto uma palavra formada de *blog*.

b) O que essa palavra significa?

c) Como foi formada essa palavra?

d) Esse processo de formação é comum na língua portuguesa? Você saberia dar outros exemplos?

Leia a resenha do filme *Extraordinário* para responder às questões a seguir.

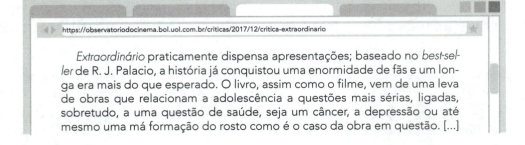

Extraordinário praticamente dispensa apresentações; baseado no *best-seller* de R. J. Palacio, a história já conquistou uma enormidade de fãs e um longa era mais do que esperado. O livro, assim como o filme, vem de uma leva de obras que relacionam a adolescência a questões mais sérias, ligadas, sobretudo, a uma questão de saúde, seja um câncer, a depressão ou até mesmo uma má formação do rosto como é o caso da obra em questão. [...]

O mais interessante em *Extraordinário* é que o filme parece entender o que significa esse afeto entre a obra e seu público, algo que não tem nada a ver com a exploração de uma doença ou condição física, mas sim a partilha de sentimentos comuns com um personagem que se sente diferente dos outros, esse é o grande trunfo do longa. A questão não é a doença em si, ou como isso torna aquele personagem diferente, mas sim como isso é presente no íntimo de cada espectador. [...]

Às vezes, Auggie imagina uma situação absurda para contornar as adversidades, como quando entra na escola com o **Chewbacca**, pois os dois seriam diferentes. Ou as ótimas piadas entre Auggie e seu amigo JackWill que tiram qualquer senso de piedade em relação àquela criança, evidenciando o quão é comum a infância daquele protagonista. É interessante como essa visão da pré-adolescência pelo ponto de vista desse personagem sempre tratado como um estranho humaniza essa causa, faz com que essa construção do personagem seja feita de dentro para fora, evitando uma construção estereotipada. [...]

É bom ver como o trabalho de atuação contorna bem situações que poderiam cair no puro e simples melodrama exagerado. Assim, *Extraordinário* é um filme alinhado em fugir de um retrato simples dessa criança com suas diferenças enfrentando um mundo **hostil**. [...]

Glossário

Chewbacca: personagem do filme *Star Wars*, muito alto, peludo, chama a atenção de todos quando aparece e o som de sua voz é muito diferente.
Hostil: adverso, desagradável.

OC. Disponível em: <https://observatoriodocinema.bol.uol.com.br/criticas/2017/12/critica-extraordinario>. Acesso em: 20 jul. 2018.

4 Com base na leitura do 1º parágrafo, responda às questões.
  a) Que obra deu origem ao filme?
  b) *Best-seller* é uma palavra inglesa que se refere a livros que alcançam grande sucesso de venda. Que informação confirma que o livro é um *best-seller*?
  c) Por que o fato de um livro ser *best-seller* contribui para que vire filme?
  d) Que aspecto da adolescência é abordado no livro e no filme?
  e) Do que trata a história do filme?

5 Estereótipo é uma visão generalizada das coisas com base em ideias preconcebidas, sem considerar as características próprias de uma pessoa, um lugar, uma cultura. Observe o emprego da expressão "visão estereotipada" no 3º parágrafo da resenha.
  a) De que modo o filme retrata o menino?
  b) Por que essa maneira de retratar a personagem evita uma visão estereotipada?

6 Observe o trecho do segundo parágrafo: "[...] mas sim a partilha de sentimentos comuns com um personagem que se sente diferente dos outros, esse é o grande trunfo do **longa**".
  a) A palavra destacada retoma que outra palavra usada anteriormente?
  b) Por que o texto fez substituições de palavras?

7 Releia o último parágrafo.
  a) Identifique ao menos duas palavras ou expressões que mostrem a opinião do resenhista.
  b) Qual é a importância dessas palavras e expressões na construção da resenha?
  c) A avaliação do resenhista é positiva ou negativa? Explique.

UNIDADE 7

Interações

Antever

1 Em sua cidade, você já viu passeatas e movimentos organizados por alguma causa? Dê seu depoimento sobre isso. Diga se os considerou justos ou injustos e explique por quê.

2 Em sua opinião, como a população pode interferir em grandes problemas sociais, como os relacionados ao transporte público, à educação, à saúde e à moradia?

3 Problemas ligados à vida cotidiana – como ruas alagadas por enchentes, postes de iluminação pública destruídos, compras de produtos vencidos ou com defeito – ganham, a cada dia, novos canais de defesa do cidadão. Você conhece algum desses canais? Já precisou usá-los? Alguém da sua família já fez isso?

4 Ser solidário com o próximo e conhecer nossos direitos e deveres na vida social são algumas das formas de assegurar a participação cidadã no cotidiano das cidades e do país. Você conhece outras? Quais?

Nesta unidade, você conhecerá alguns gêneros textuais que possibilitam ao cidadão participar da vida pública.
Você sabia que há muitas formas de expressar-se socialmente para garantir seus direitos?

Manifestação do Movimento Passe Livre por tarifa zero no transporte público. São Paulo (SP), 12 jan. 2017.

CAPÍTULO 1

 Antes da leitura

O texto que você lerá a seguir é um abaixo-assinado publicado no *site* Change.org. Veja a reprodução de uma das páginas desse *site*.

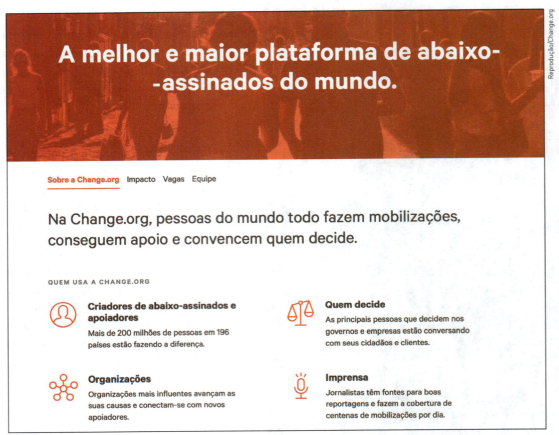

Disponível em: <www.change.org/about>. Acesso em: 4 jun. 2018.

1 A página é dividida em duas partes. Observe-a atentamente e descreva-a.

2 Abaixo da tarja vermelha são apresentados os objetivos do *site*. Quais são eles?

3 *Change* é uma palavra inglesa que pode ser usada como substantivo ou como verbo. Significa "mudança" ou "mudar". Troque ideias com seus colegas e, com a ajuda do professor, explique o que se pede.

   a) Que relação você supõe que exista entre o nome do *site* e os objetivos dele?

   b) No contexto do *site*, o que se entende por **mobilização**?

4 Observe mais uma vez os símbolos e as informações sobre quem usa a Change.org. Que pessoas podem interessar-se pelo *site*?

5 Abaixo-assinado é uma palavra composta. Pense nos elementos que a constituem e considere o contexto do *site*. Você saberia definir um abaixo-assinado?

`www.change.org/p/vamos-resgatar-o-rio-pinheiros-sp-voltapinheiros`

Vamos resgatar o Rio Pinheiros (SP) #VOLTAPINHEIROS

Volta Pinheiros criou este abaixo-assinado para pressionar **Governo do Estado de São Paulo e 3 outros**

Carta aberta a todos os paulistanos:

Qual foi a última vez que as pessoas, as empresas e o poder público se uniram em busca de uma grande melhoria para nossa comunidade sem qualquer interesse político, partidário ou financeiro? Difícil responder a essa pergunta sem questionar nossa inércia social e nosso frágil **engajamento** coletivo. No dia 5 de setembro de 2017, nosso pequeno grupo de sonhadores cidadãos brasileiros iniciou um movimento que busca atrair a atenção da sociedade para o maltratado Rio Pinheiros.

Todo dia, milhões de pessoas passam por ali, e esse ali está em todo lugar. São 25 quilômetros de descaso, sujeira e desrespeito. Nós até esquecemos que ali vivia um rio de verdade. Esse é o nosso rio? Podre, morto, imundo. É isso que os moradores de uma das maiores cidades do mundo chamam de rio? Não, nós não acreditamos nisso e pedimos o seu apoio.

O movimento #VoltaPinheiros tem um único objetivo: tirar o rio do esgoto do esquecimento, colocá-lo de volta no centro das atenções e convidar a **sociedade civil** a discutir seriamente o seu futuro. Impossível? Se ninguém fizer nada, sim. Por isso, o Movimento #VoltaPinheiros convida cada um dos paulistanos, de origem ou coração, a compartilhar esse movimento.

Vamos convidar os poderes públicos, as empresas que margeiam o rio, as empresas que não margeiam, mas sentem o seu cheiro, todos nós, cidadãos, a ajudar. Vamos mobilizar todo mundo. Vamos pedir a cobertura e o holofote dos veículos de comunicação. Vamos, juntos, resgatar o nosso rio. Sim, os problemas do Brasil são inúmeros, mas esse não deixa de ser um deles. Para isso, precisamos nos sentar em volta da mesa e debater soluções viáveis, **patrocínios** e esforço político e **ético** consciente. Está na hora de dar o exemplo para o país inteiro de que a mudança é possível. E esse exemplo tem que vir das pessoas. Portanto, não fique indiferente. Afinal, que rio vamos deixar para os nossos filhos?

Hoje, o que pode parecer um simples abaixo-assinado se transformará em um grande movimento com a sua ajuda. Mas isso só vai acontecer pra valer se você compartilhar essa ideia. Participe do #VoltaPinheiros e seja parte da mudança de que o nosso rio e a nossa cidade precisam.

Glossário

Engajar: dedicar-se com afinco.
Ética: conjunto de normas e regras de valor moral que devem ser seguidas para que se estabeleça um comportamento exemplar.
Patrocínio: financiamento concedido por empresas ou instituições a atividades artísticas, culturais, científicas, comunitárias, educacionais, esportivas ou promocionais.
Sociedade civil: a sociedade considerada como conjunto de associações e interações entre os cidadãos organizados segundo valores, ideias ou interesses relativos aos vários aspectos da vida social (econômicos, políticos, religiosos, profissionais etc.) por oposição à ação universalista do Estado.

Volta Pinheiros. Vamos resgatar o Rio Pinheiros (SP) #voltapinheiros. Disponível em: <https://www.change.org/p/vamos-resgatar-o-rio-pinheiros-sp-voltapinheiros>. Acesso em: 21 jun. 2018

Estudo do texto

1. Qual é a convocação feita pelo título do texto?

2. O texto, que é um abaixo-assinado, tem início com a frase: "Carta aberta a todos os paulistanos".
   a) Cartas pessoais tratam de assuntos particulares, são enviadas ao destinatário geralmente lacradas e têm caráter privado. Violar a correspondência pessoal alheia, no Brasil, é crime. Com base nessas informações, reflita sobre o nome **carta aberta**. O que seria esse tipo de carta?
   b) O movimento #voltapinheiros convida que pessoas a compartilhar o abaixo-assinado?
   c) A quem o abaixo-assinado se dirige?

3. Releia a introdução do primeiro parágrafo.

   Qual foi a última vez que as pessoas, as empresas e o poder público se uniram em busca de uma grande melhoria para nossa comunidade sem qualquer interesse político, partidário ou financeiro? [...]

   a) O trecho questiona a falta de união entre quem?
   b) O poder público é formado pelos órgãos de autoridade do Estado e reúne os três poderes: Legislativo (responsável por criar e modificar leis), Executivo (responsável por aplicar as leis e as políticas sociais e econômicas) e Judiciário (responsável por avaliar as leis criadas e julgar possíveis infrações a elas). Com base nessa explicação e em seus conhecimentos, diga o que os setores da sociedade, apontados no texto, representam.
   c) Por que o texto expõe a necessidade de união?
   d) Escreva em seu caderno a alternativa que caracteriza a pergunta feita na introdução do texto.
      - É dirigida aos cidadãos e critica seus interesses financeiros nas obras do governo.
      - Duvida da capacidade da classe dirigente para solucionar problemas coletivos.
      - Faz uma crítica aos interesses políticos, partidários e financeiros que se intrometem em qualquer ação de melhoria da vida em comunidade.
      - Argumenta em favor de uma ação coletiva, que possa unir os interesses políticos, partidários e financeiros de todos.

4. Na sequência do parágrafo, o autor faz uma afirmação.

   [...] Difícil responder a essa pergunta sem questionar nossa **inércia** social e nosso **frágil engajamento** coletivo. [...]

   Veja algumas acepções do verbete **inércia** no dicionário *Caldas Aulete*.

   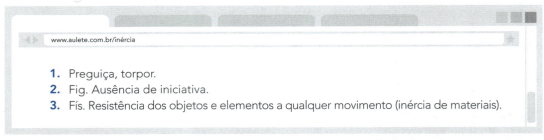

   Dicionário eletrônico Aulete. Disponível em: <www.aulete.com.br/inércia>. Acesso em: 16 jul. 2018.

   a) Que sentido a palavra assume no texto?
   b) Volte ao glossário e leia o sentido do verbo **engajar**. Por que o autor do abaixo-assinado considera que o engajamento dos cidadãos é frágil?
   c) A escolha do vocabulário reforça qual ideia do parágrafo de abertura?

204

5 A carta aberta convoca os paulistanos a participar de um abaixo-assinado organizado por um movimento específico.

   a) Identifique esse movimento.

   b) Qual é o objetivo dele?

   c) Que justificativas o texto apresenta para convencer o leitor da necessidade do movimento?

6 Releia o trecho a seguir.

> [...] O movimento #VoltaPinheiros tem um único objetivo: tirar o rio do **esgoto do esquecimento**, colocá-lo de volta no centro das atenções e convidar a sociedade civil a discutir seriamente o seu futuro. [...]

Leia uma acepção do verbete **esgoto**.

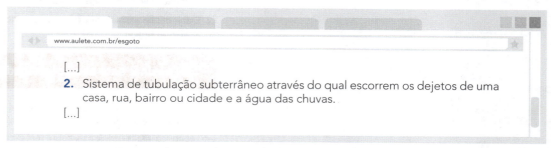

www.aulete.com.br/esgoto

[...]
2. Sistema de tubulação subterrâneo através do qual escorrem os dejetos de uma casa, rua, bairro ou cidade e a água das chuvas.
[...]

Dicionário eletrônico Aulete. Disponível em: <www.aulete.com.br/esgoto>. Acesso em: 21 jun. 2018.

Na expressão "esgoto do esquecimento", a palavra foi usada em sentido denotativo ou conotativo? Justifique sua resposta e explique o sentido dessa expressão.

7 Observe o trecho a seguir.

> [...] Vamos pedir a cobertura e o holofote dos veículos de comunicação. [...]

   a) Você sabe o que é uma cobertura jornalística? Recorra a seus conhecimentos ou peça ao professor ou a algum colega para explicar.

   b) Qual é o objetivo de pedir aos meios de comunicação que façam a cobertura do movimento Volta Pinheiros?

   c) Explique o emprego da palavra **holofote** no trecho. Se precisar, consulte um dicionário.

8 Na seção **Antes da leitura**, você refletiu sobre o que seria uma mobilização. O texto expõe várias estratégias de mobilização.

   a) Retome-as com suas palavras.

   b) Você concorda com essas estratégias? Acha que podem ter como resultado um efeito positivo?

9 O texto afirma que: "Hoje, o que pode parecer um simples abaixo-assinado se transformará em um grande movimento com a sua ajuda". No passado, os abaixo-assinados eram escritos em folhas de papel, nas quais se coletavam as assinaturas das pessoas dispostas a apoiar uma causa. Hoje é possível fazer um abaixo-assinado por meio de *sites* especializados. Veja, na página seguinte, a reprodução de parte da página do Change.org, em que as assinaturas são coletadas e faça as atividades.

Lixo acumulado no Rio Pinheiros, em São Paulo (SP), 2015.

a) De que modo o *site* indica que as pessoas estão aderindo ao abaixo-assinado?

b) Localize a frase que convoca o internauta a participar e explique as estratégias usadas para convencê-lo.

c) O que uma pessoa interessada em assinar o abaixo-assinado deve fazer?

d) Uma das estratégias de mobilização consiste em divulgar a informação para o maior número de pessoas possível. De que modo se pode fazer isso nesse *site*?

Disponível em: <https://www.change.org/p/vamos-resgatar-o-rio-pinheiros-sp-voltapinheiros>. Acesso em: 21 jun. 2018.

10. Leia o trecho a seguir.

> Ao assinar, você aceita os Termos de uso e a Política de privacidade da Change.org, e concorda em receber *e-mails* ocasionais sobre mobilizações feitas na Change.org.

Os termos grifados são *links*. Ao clicar neles, novas páginas são abertas. Leia um trecho de cada página.

POLÍTICAS DE CHANGE.ORG

Termos de uso
Este é nosso principal acordo entre você e a Change.org, explicando seus direitos e responsabilidades ao usar a plataforma.

Política de privacidade
Aqui você encontra detalhes sobre as informações que coletamos e como as utilizamos para garantir que você aja sobre as causas com as quais mais se importa.

Disponível em: <www.change.org/policies>. Acesso em: 29 maio 2018.

a) O que são os "termos de uso" de um *site*?

b) Leia uma pequena parte das políticas de privacidade.

> Quando você assina ou cria uma petição pela plataforma Change.org, uma conta é criada em seu nome. Todas as suas atividades na Change.org são, então, vinculadas a esta conta.

Disponível em: <www.change.org/policies/privacy>. Acesso: 17 jun. 2018.

- O *site* coleta quais informações sobre os usuários?
- Qual é a importância das políticas de privacidade neste e em outros *sites* da internet?
- Você já vivenciou alguma situação em que a falta de privacidade na internet trouxe problemas para as pessoas ou ouviu falar disso? Você se preocupa com a segurança na rede?

Linguagem, texto e sentidos

1 Releia o trecho a seguir.

[...] Está na hora de dar o exemplo para o país inteiro de que a mudança é possível. E esse exemplo tem que vir das pessoas. Portanto, não fique indiferente. [...]

a) De acordo com o texto, de que modo é possível convencer o país a acreditar na mudança?
b) Qual atitude o autor do abaixo-assinado espera das pessoas?
c) Na oração destacada, que palavra faz a ligação com as orações anteriores?
d) Que ideia essa palavra estabelece entre as orações?
e) Que outras palavras ou expressões poderiam estar no lugar desta que você analisou?

> Certas palavras fazem a ligação entre as partes do texto, estabelecendo relações de **causa**, **finalidade**, **conclusão**, **consequência** etc. Com isso, o encadeamento das ideias no texto fica mais claro, mais bem amarrado. O uso dessas palavras ajuda a estabelecer relações entre frases e entre as partes do texto. Isso auxilia no desenvolvimento da argumentação do texto.

2 Releia mais dois trechos.

I. "[...] Afinal, que rio vamos deixar para os nossos filhos? [...]"

II. "[...] Vamos, juntos, resgatar o nosso rio. [...]"

a) Em qual das passagens se indica claramente uma preocupação com as gerações futuras? Justifique sua resposta.
b) Que função tem a forma verbal **vamos** nas duas passagens?

Campanha Volta Pinheiros. Disponível em: <www.voltapinheiros.com.br>. Acesso em: 29 jun. 2018.

c) Que outro recurso, em II, inclui o leitor no apelo à participação?
d) Os recursos analisados criam que efeitos de sentido no texto? Escolha três efeitos entre os seguintes.

> apelo – frieza – afastamento – emoção – proximidade – objetividade

> Um texto pode argumentar usando a emoção e o apelo para envolver o leitor e convencê-lo a apoiar a ideia que defende. Ao mencionar o futuro e os filhos, o abaixo-assinado apela à emoção do leitor para que ele pense nas gerações futuras. Isso faz parte dos argumentos do texto.

3 O texto cita os seguintes dados: 5 de setembro de 2017; 25 quilômetros.

a) Identifique a que se referem.

b) Escolha, entre os seguintes, os efeitos de sentido que a citação de dados provoca no texto.

> objetividade – precisão – afetividade – descaso – incerteza

c) Compare os recursos de emoção e de apelo examinados acima com o recurso da citação de dados numéricos. Como eles se combinam no texto para construir a argumentação?

> Dados numéricos são recursos de argumentação usados para convencer o leitor a acreditar na verdade do que se diz. Indicam segurança de quem escreve a respeito daquilo que afirma e demonstram precisão e objetividade. Combinados com o apelo e a emoção, criam uma argumentação que envolve o leitor de variadas maneiras.

4 Compare os fragmentos a seguir, do texto lido (I) e de outro retirado do mesmo *site* (II).

I. "[...] Não, nós não acreditamos nisso e pedimos o seu apoio."

II. Por tudo isso, nós, ambientalistas que estávamos lá na luta pela criação da Reserva, exigimos do governo federal que o Tinguá **mantenha o seu status atual de RESERVA BIOLÓGICA FEDERAL** [...].

Ricardo Portugal. Não alterem a categoria de reserva biológica do Tinguá! Ela corre risco e precisa ser protegida! Disponível em: <https://www.change.org/p/ministra-do-meio-ambiente-izabella-teixeira-não-alterem-a-categoria-de-reserva-biológica-do-tinguá-ela-corre-risco-e-precisa-ser-protegida>. Acesso em: 29 maio 2018.

a) Identifique os verbos empregados para mostrar que se faz uma solicitação.

b) Em que trecho a solicitação é expressa de modo mais vigoroso e incisivo? Justifique sua resposta.

c) Reescreva a solicitação contida em I – "Pedimos o seu apoio" – substituindo o verbo **pedir** por outro que indique um apelo mais vigoroso e enfático e um mais afetivo e emocional.

d) Como você reescreveria o apelo "Pedimos o seu apoio" de modo a indicar uma ordem?

5 Observe mais um trecho.

Participe do #VoltaPinheiros e seja parte da mudança de que o nosso rio e a nossa cidade precisam.

Assine a petição e junte-se a esta causa.

O que essas frases indicam? Que tipo de ação elas pedem do leitor?

> O **imperativo** é o modo relacionado a ordens, pedidos e solicitações: "**Participe** do movimento", "**Assine** a petição". Não varia quanto ao tempo e indica uma relação direta entre quem fala ou escreve e aquele a quem o texto se dirige. Verbos no imperativo são frequentes em textos em que são dadas orientações ou instruções. Eles constroem sequências injuntivas, aquelas em que se apresenta alguma instrução ou se ensina um modo de fazer.

6 Releia esta passagem do texto.

[...] Está na hora de dar o exemplo para o país inteiro de que a mudança é possível. E esse exemplo tem que vir das pessoas. Portanto, não fique indiferente. [...]

a) Que instruções são dadas para mudar a situação?

b) Que sequências predominam? Que efeito de sentido elas provocam?

c) Além do imperativo, o que mais o autor do texto pode usar para convencer o leitor a participar da ideia?

Abaixo-assinado

Observe na fotografia ao lado um dos clubes esportivos que, na época, estavam localizados nas margens do Rio Pinheiros. Nos anos 1920, os clubes promoviam práticas de natação e competições aquáticas. A qualidade da água do rio e a arborização das margens garantiam um ambiente propício ao lazer.

Vista do Rio Pinheiros do Esporte Clube Pinheiros nos anos 1920.

1 Como você observou na seção **Estudo do texto**, o abaixo-assinado lido convoca os paulistanos para o movimento Volta Pinheiros. Releia um trecho do primeiro parágrafo.

[...] No dia 5 de setembro de 2017, nosso pequeno grupo de sonhadores cidadãos brasileiros iniciou um movimento que busca atrair a atenção da sociedade para o maltratado Rio Pinheiros.

a) Em linhas gerais, do que trata esse trecho?
b) Que informação é detalhada e concreta?
c) Que informações subjetivas e afetivas são apresentadas?
d) Que efeitos a combinação desses dois tipos de informação causa?

2 Observe mais esta passagem:

Todo dia, milhões de pessoas passam por ali, e esse ali está em todo lugar. São 25 quilômetros de descaso, sujeira e desrespeito. Nós até esquecemos que ali vivia um rio de verdade. Esse é o nosso rio? Podre, morto, imundo. [...]

a) No trecho há informações concretas, que podem ser verificadas? Quais?
b) Em: "São 25 quilômetros de descaso, sujeira e desrespeito", as informações concretas se misturam com outras informações de que tipo? Justifique sua resposta.
c) A quem se dirige a pergunta "Esse é o nosso rio?"? Que efeito isso constrói?
d) De que modo o trecho caracteriza o rio? O que esse modo de caracterizar o rio pode provocar no leitor?

3 No trecho, o autor convoca o leitor a participar da recuperação do rio.

[...] Vamos, juntos, resgatar o nosso rio. Para isso, precisamos nos sentar em volta da mesa e debater soluções viáveis, patrocínios e esforço político e ético consciente. Está na hora de dar o exemplo para o país inteiro de que a mudança é possível. [...]

a) Ao dizer "Vamos, juntos" o que o texto enfatiza?
b) Em: "precisamos nos sentar em volta da mesa e debater soluções viáveis", é dado que ponto de vista sobre a ação de sentar e debater soluções?
c) Como o texto faz para convencer o leitor de que a mudança das condições do rio pode acontecer?

4. Com base nas análises feitas, mostre como o texto defende pontos de vista, toma uma posição e busca convencer o leitor.

> **Argumentação** é o procedimento que mostra o ponto de vista defendido num texto. Para argumentar em favor de um ponto de vista, os textos organizam as ideias de forma encadeada e usam recursos como comparações, citações de dados concretos e apelo a sentimentos e emoções.

5. Observe o que aparece logo abaixo do título do texto.

   Volta Pinheiros criou este abaixo-assinado para pressionar Governo do Estado de São Paulo e 3 outros

   a) De quem é a iniciativa de criar o abaixo-assinado?
   b) Pelo trecho, que finalidade tem o abaixo-assinado?

6. Observe o que aparece se o leitor clicar no *link* 3 outros.

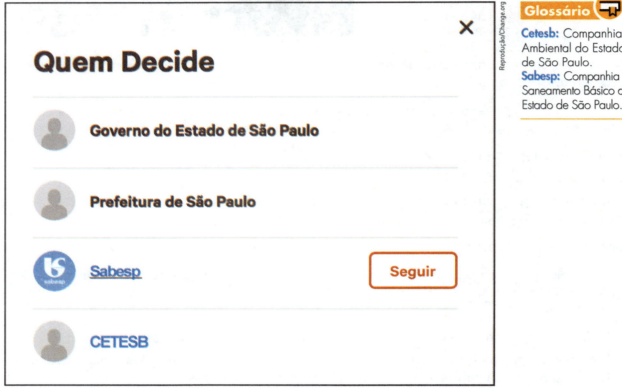

Glossário
Cetesb: Companhia Ambiental do Estado de São Paulo.
Sabesp: Companhia de Saneamento Básico do Estado de São Paulo.

Disponível em: <www.change.org/p/vamos-resgatar-o-rio-pinheiros-spvoltapinheiros?utm_source=embedded_petition_view>. Acesso em: 17 jun. 2018

   a) Quem o abaixo-assinado quer pressionar?
   b) Considerando os objetivos do abaixo-assinado, por que foram escolhidos esses destinatários?
   c) Ao publicar o texto no *site* de abaixo-assinados, a quem o autor da carta aberta se dirige em primeiro lugar? O que ele pede?

7. Com base no que observou, responda às questões a seguir.
   a) Que função tem um abaixo-assinado?
   b) Pode-se dizer que o abaixo-assinado se dirige a dois destinatários? Explique sua resposta.
   c) Onde circula um abaixo-assinado? Na esfera pública, da vida social e política, ou na esfera privada, da comunicação pessoal? Justifique sua resposta.

8 Leia outro abaixo-assinado publicado no mesmo *site*.

> www.change.org/p/contra-o-projeto-de-lei-que-libera-a-caça-de-animais-selvagens-no-brasil?source_location=topic_page
>
> O Projeto de Lei 6268/2016 [...] quer liberar a caça de animais selvagens no Brasil, que hoje é proibida em todo o território nacional! Além disso, o projeto também permite a comercialização desses animais. Isto é um absurdo e precisamos impedir!
>
> Os animais que são caçados no dito "esporte" da caça esportiva são responsáveis por manter o ecossistema em equilíbrio. Sem os predadores, os vegetarianos crescem sem controle e comem os brotos das árvores antes que elas possam crescer.
>
> Havendo equilíbrio entre predadores e presas, todo o ecossistema ganha. Sem esse equilíbrio, uma floresta rapidamente encolhe, gerando menos vapor de água e causando diminuição das chuvas.
>
> Hoje o projeto de lei se encontra em aguardo da designação do relator na Comissão de Meio Ambiente e Desenvolvimento Sustentável. Por isso pedimos: deputados, barrem isto o quanto antes!
>
> É nosso dever cuidar da fauna e da flora brasileira para que o país possa ter um futuro! Assine a petição e junte-se a esta causa.
>
> [...]

Disponível em: <www.change.org/p/contra-o-projeto-de-lei-que-libera-a-caça-de-animais-selvagens-no-brasil?source_location=topic_page>. Acesso em: 20 jun. 2018.

a) Qual é o problema apresentado pelo abaixo-assinado?

b) Ainda no primeiro parágrafo, o que mais se apresenta?

c) Nos dois parágrafos seguintes, o que o autor do texto faz?

d) Nos dois parágrafos finais:
- a quem o abaixo-assinado se dirige?
- que sequência injuntiva ele usa para reforçar o pedido?
- a quem mais o autor se dirige e o que pede?

e) Escreva no caderno as partes que organizam o abaixo-assinado na ordem em que foram apresentadas.
- Apresentação do problema.
- Conclusão, com pedido final e indicação do destinatário.
- Pedido inicial de solução.
- Argumentação que defende um ponto de vista.

9 Em sua opinião, o abaixo-assinado é um instrumento de pressão política e social importante? Por quê?

> **Abaixo-assinado** é um gênero textual, que se caracteriza como um texto assinado por várias pessoas, em que se manifesta a opinião de um grupo interessado em resolver um problema ou em reivindicar algum interesse: a despoluição de um rio, a rejeição de um projeto de lei, o término da construção de uma creche, a mudança do horário de uma aula, por exemplo.
>
> O abaixo-assinado faz uso da **argumentação** para defender pontos de vista e tomar uma posição diante dos fatos relatados.
>
> Ele se organiza, em geral, em três partes: apresentação do problema e do pedido de solução, argumentação em favor da solução do problema e solicitação final. Deve indicar o destinatário e ter o apoio, sob a forma de assinaturas, de pessoas interessadas na causa coletiva defendida.

CAPÍTULO 2

Antes da leitura

Veja o conjunto formado por título, fotografia e legenda publicado em uma notícia no *Jornal de Piracicaba* em 28 de junho de 2017.

Natália Marim. *Jornal de Piracicaba*, Piracicaba, 28 jun. 2017. Disponível em: <www.jornaldepiracicaba.com.br/cidade/2017/06/piracicabanos_reclamam_de_buracos_no_asfalto_>. Acesso em: 12 maio 2018.

1 Leia um trecho da notícia.

> Pedestres e motoristas de Piracicaba que passam ou residem nos bairros Jardim Camargo, Novo Horizonte, Pauliceia e Itapuã reclamam da quantidade de buracos nas vias. De acordo com eles, algumas das crateras já duram anos sem os reparos necessários.

a) Como você acha que o jornal tomou conhecimento do problema?

b) Por que é importante que uma reclamação possa ser publicada no jornal?

2 Leia a conclusão da notícia.

> A Semob (Secretaria Municipal de Obras) informou, por meio de nota, que a Prefeitura vai encaminhar um técnico hoje para verificar a situação nos locais e agendar o serviço de reparo necessário.

Você considera que o problema foi resolvido? Explique sua resposta

3 O jornal de sua escola ou o de sua cidade têm espaços reservados aos leitores? Como funcionam?

Há diferentes formas de fazer valer os direitos do cidadão. Nos jornais, espaços destinados ao leitor podem cumprir essa função. Que tal ler cartas enviadas por leitores a um jornal?

Fala, Niterói!

falaniteroi@oglobo.com.br

Falta de poda em rua de Icaraí

▶ Atenção, Seconser! Há três anos não é feita a poda nas árvores da Rua Comendador Queiroz. Umas das consequências é a entrada de água da chuva nos apartamentos (de um prédio de quatro andares), já que a altura da árvore ultrapassou os 14 metros, assim como o excesso de folhas que caem e entopem telhado, calhas etc. Há o Processo 440/004/2018 Ofício 006/18, aberto na Regional Icaraí. Mas ao reclamar na Ouvidoria, fui informada que outro processo precisa ser aberto na Seconser, no Centro de Niterói. Isso é um deboche da prefeitura! Para que serve a regional? Descaso total com o cidadão!

ANA ELIZABETH PÓVOA
ICARAÍ

Passagem cara

▶ Embora a Polícia Federal e o Ministério Público estejam atuando contra a quadrilha que explora o transporte público no Estado do Rio de Janeiro há anos, com a cumplicidade das autoridades, os abusos e a corrupção não acabaram! Em cidades do entorno da capital, como Niterói, a passagem custa R$ 3,95 com percursos de apenas poucos quilômetros enquanto na capital a passagem custa R$ 3,60 com linhas que cobrem até 60 quilômetros. Algo está errado e suspeito há muitos anos em Niterói! Curioso é que a PF e o MP nunca se atentaram para isso... As linhas intermunicipais, supervisionadas pelo suspeito Detro, também têm imoralidades explícitas. As empresas colocam ônibus especiais, nos quais não existe gratuidade, e elevam o valor das passagens. Isso acontece há anos sem que se tome qualquer providência. Agora se entende por que isso vem acontecendo, pois muitos dirigentes das empresas de transportes estão presos. A Justiça ainda não chegou ao poder público concedente. Mas a maior injustiça é um trabalhador que mora em São Gonçalo, a apenas dez quilômetros de Niterói, ter que pagar duas ou três passagens para ir trabalhar na cidade vizinha, pois não existe a interligação das linhas. Assim, trajetos de São Gonçalo a Niterói, de pouco mais de dez quilômetros, chegam a custar R$ 8, enquanto na capital trajetos de até 60 quilômetros custam R$ 3,60.

ELCIO DIAS GOMES
ICARAÍ

Buraco em maria paula

▶ Na rua onde moro, a Frederico Malesherbes, em Maria Paula, Estância de Pendotiba, tem um buraco enorme, uma verdadeira cratera, há meses, e a prefeitura nada faz. É tão grande que os moradores colocam entulho para que um desavisado não caia. Para não passar pelo buraco, uma solução é acessar a rua ao lado, a Padre Eduardo de Andrade, mas a maioria dos postes de luz não funciona e à noite isso se torna inviável. O asfaltamento precário é um problema de várias ruas da Estância.

CARLOS TORRES
MARIA PAULA

As cartas encaminhadas ao GLOBO-Niterói (Rua Marquês de Pombal 25, 3º andar - CEP 20230-240 e falaniteroi@oglobo.com.br) devem ser assinadas e, assim como os e-mails, conter nome completo, endereço e telefone do remetente. Quando o texto não for suficientemente conciso, serão publicados os trechos mais relevantes.

Glossário

Detro: órgão da Secretaria Estadual de Transportes encarregado de gerenciar o sistema intermunicipal de transporte rodoviário de passageiros.
MP: Ministério Público, instituição do sistema jurídico do país que defende a ordem jurídica, o regime democrático e os interesses sociais e individuais.
PF: Polícia Federal, polícia da União, com ação em todo o país.
Seconser: Secretaria de Conservação e Serviços Públicos da cidade de Niterói. Sua função é conservar e manter a infraestrutura urbana da cidade, cuidando de praças e parques naturais, iluminação pública etc.

Água acumulada em calçada da Gavião

FOTOS DO LEITOR ANDRÉ MIRAGAYA

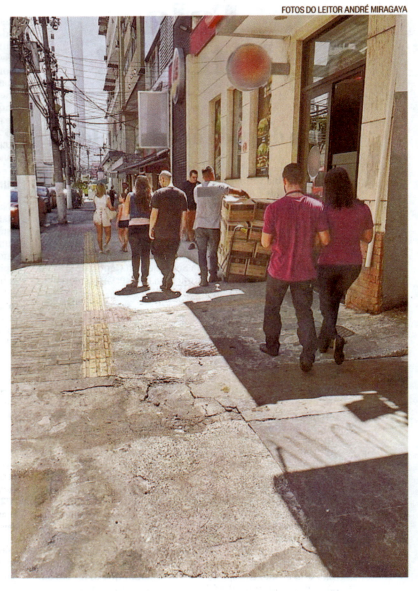

EU-REPÓRTER

FOTO ENVIADA PELO LEITOR
ANDRÉ MIRAGAYA

"Todos os dias, no caminho que faço para ir da minha casa ao trabalho, tenho que passar por uma vala cheia de água que cheira a esgoto na calçada. Isso acontece há mais de dois anos na Rua Gavião Peixoto, em frente ao número 78. Nunca vi ninguém fazer nada a respeito para melhorar."

A prefeitura afirmou não ser responsável pela demanda descrita pelo morador André Miragaya, sendo da área de atuação da Águas de Niterói. A concessionária, por sua vez, diante da reclamação do morador levado pelo GLOBO-Niterói, diz que fez visitas técnicas ao local nos dias dias 23 e 29 e, após vistoria, não foi identificado problema algum referente à rede coletora de esgoto.

A Águas de Niterói diz que o problema apresentado pelo morador é decorrente do acúmulo de água de chuva empoçada, o que leva ao mau cheiro. ●

O Globo, 1º abr. 2018. Caderno Niterói, p. 2.

Estudo do texto

1. O texto deste capítulo é uma seção do caderno Niterói, do jornal *O Globo*. Descreva como é constituído o nome da seção e que efeito isso causa.

2. Analise os títulos das cartas publicadas na seção.
   a) De que assuntos tratam?
   b) Os assuntos tratados são de interesse individual ou coletivo?

3. Analise a carta "Passagem cara".
   a) Trata-se de um elogio, uma reclamação ou uma opinião? A respeito de que assunto?
   b) Ao escrever: "Algo está errado e suspeito há muitos anos em Niterói!", o leitor parece estar vivendo que tipo de emoção ou sentimento? Como se percebe isso?
   c) Para argumentar, o leitor usa uma comparação entre preços. Qual é a comparação estabelecida? O que o leitor pretende mostrar com ela?

4. Uma carta recebeu destaque na seção.
   a) Qual é o título dado à carta?
   b) Que recursos de publicação da carta mostram o destaque que ela recebeu?
   c) Ao enviar fotografias com a carta, o que pretendia o leitor?
   d) A informação do jornal, ao final da carta, mostra como procede o órgão da imprensa quando recebe uma carta de leitor. Qual foi o procedimento do jornal?
   e) A resposta dos órgãos envolvidos resolveu a reclamação do leitor? Por quê?

5. Releia as cartas da seção e reflita.
   a) Que função tem uma carta de reclamação enviada ao jornal?
   b) Por que os leitores publicam suas cartas em um jornal?

6. Em sua opinião, encaminhar uma carta de reclamação para o jornal é uma atitude cidadã? Por quê?

7. Releia o texto do Capítulo 1, o abaixo-assinado #VoltaPinheiros, e compare-o com as cartas de reclamação lidas no texto do Capítulo 2. O que esses dois tipos de manifestação têm em comum?

8. Analise os trechos a seguir e faça o que se pede.

   I. "[...] Vamos convidar os poderes públicos, as empresas que margeiam o rio, as empresas que não margeiam, mas sentem o seu cheiro, todos nós, cidadãos, a ajudar. Vamos mobilizar todo mundo. Vamos pedir a cobertura e o holofote dos veículos de comunicação. Vamos, juntos, resgatar o nosso rio. Sim, os problemas do Brasil são inúmeros, mas esse não deixa de ser um deles. [...]" (Texto do Capítulo 1)

   II. "Todos os dias, no caminho que faço para ir da minha casa ao trabalho, tenho que passar por uma vala cheia de água que cheira a esgoto na calçada. Isso acontece há mais de dois anos na Rua Gavião Peixoto, em frente ao número 78. Nunca vi ninguém fazer nada a respeito para melhorar. [...]" (Texto do Capítulo 2 – carta Água acumulada em calçada da Gavião).

   a) Identifique a pessoa verbal que predomina nos textos. Explique o efeito de sentido criado por essas escolhas.
   b) Estabeleça as diferenças no que se refere à assinatura dos textos.
   c) Qual dos dois textos tem mais força coletiva? Por quê?

215

Gênero em foco

Carta de reclamação

1. Releia a carta "Falta de poda em rua de Icaraí", da seção Fala, Niterói.

   a) Qual é a reclamação da autora da carta?

   b) Você sabe o que significa a palavra **poda**? Descubra o significado considerando o contexto da carta. Se for necessário, recorra ao dicionário.

2. Observe a primeira frase da carta, "Atenção, Seconser!".

   a) O que ela indica? A quem se dirige?

   b) Que recursos de linguagem foram usados na frase? Que efeitos constroem?

3. A autora da carta cita alguns dados numéricos. Quais são esses dados? Qual é a função desses dados no texto? O que eles revelam?

4. A autora registra alguns problemas causados pela falta de poda da árvore. Quais são eles?

5. A citação de dados numéricos e a enumeração dos problemas apontados acima são argumentos para defender que ponto de vista?

6. O processo de reclamação aberto obteve resultado? Segundo a autora da carta, por quê?

7. a) Na conclusão da carta, que tipos de frases são usados?

   b) No contexto, o uso desse tipo de frase exprime qual sentimento da autora? Medo, indignação, surpresa ou satisfação?

8. Releia as quatro cartas da seção Fala, Niterói! e responda: O que elas têm em comum?

9. As cartas são encaminhadas para o jornal.

   a) O jornal é o verdadeiro destinatário? Qual é a função do jornal ao publicar as cartas?

   b) Sobre a seção, o jornal esclarece:

   > As cartas encaminhadas ao GLOBO-Niterói (Rua Marquês de Pombal, 25, 3º andar – CEP 20230-240 e falaniteroi@oglobo.com.br) devem ser assinadas e, assim como os *e-mails*, conter nome completo, endereço e telefone do remetente. Quando o texto não for suficientemente conciso, serão publicados os trechos mais relevantes.

   - Por que o jornal solicita todos os dados de identificação do leitor nas cartas?
   - De que meios o leitor dispõe para enviar as cartas?
   - O jornal oferece ao leitor garantias de que sua carta será publicada tal como ele a escreveu? Justifique sua resposta.

10. Se você passasse por problemas semelhantes, o que faria?

> **Cartas de reclamação** são textos que denunciam problemas ligados aos direitos do cidadão. Escritas em 1ª pessoa, organizam-se com uma introdução, em que se apresenta o problema, seguida dos argumentos que sustentam a denúncia e um desfecho, com alguma saudação, pedido ou crítica. As cartas são publicadas em jornais e têm vários destinatários: o próprio jornal, os leitores dele e os responsáveis pela possível solução da queixa. Elas são sempre assinadas e devem conter a identificação do autor.

Comparando textos

1 A internet pode ser um meio de circulação de textos reivindicativos. Leia a informação a seguir, sobre o *site* Reclame Aqui.

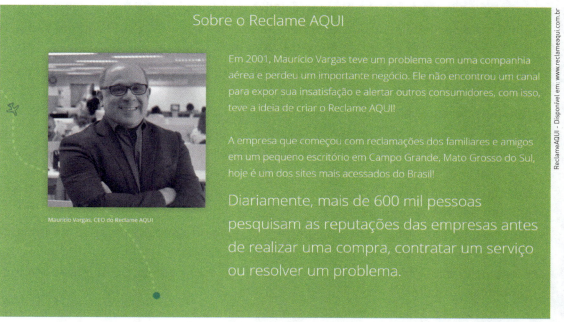

Disponível em: <www.reclameaqui.com.br/institucional>. Acesso em: 14 maio 2018.

a) Qual é o objetivo do *site*?
b) Pelo número de acessos ao *site*, o que você imagina sobre o respeito aos direitos do consumidor no Brasil?

2 Leia a reclamação a seguir, publicada no *site* Reclame Aqui.

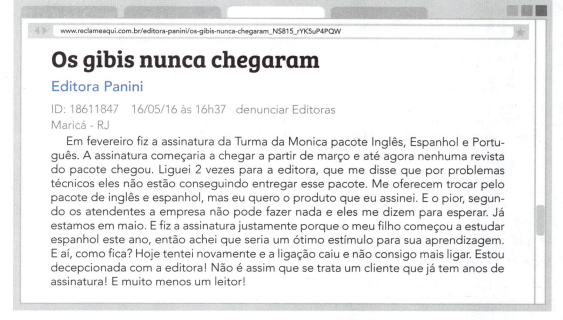

Disponível em: <www.reclameaqui.com.br/editora-panini/os-gibis-nunca-chegaram_NS815_rYK5uP4PQW>. Acesso em: 8 abr. 2018.

217

a) O destinatário do texto está registrado em fonte azul, abaixo do título. Identifique-o.
b) Descreva resumidamente o problema denunciado.
c) Pelas informações dadas, o que se pode saber sobre a pessoa que a escreveu?
d) Por que essa pessoa fez a assinatura do gibi?
e) A reclamação trata de uma questão coletiva ou particular? Justifique sua resposta.
f) Alguém de sua família ou de seu círculo de vizinhos e amigos já utilizou um *site* de reclamações? É possível avaliar se houve resultados?

3 Compare as cartas de reclamação dos jornais com a postagem do *site* especializado em receber queixas de consumidores.

a) Quem escreve as cartas? A quem se destinam?
b) Que tipo de registro de linguagem é usado nas cartas e nas postagens? Formal, cuidado, respeitoso? Informal, com recursos que mostram os sentimentos do autor? Justifique sua resposta.
c) Que tom predomina em todas as cartas e postagens lidas, demonstrando um sentimento comum a todos os autores?
d) Que relação se pode estabelecer entre a linguagem usada nas cartas de reclamação, seus objetivos e os lugares em que circulam?
e) E nas postagens? Qual é a relação entre a linguagem usada, os objetivos e o lugar de circulação?
f) Em relação aos assuntos tratados, qual é a diferença principal entre as cartas e as postagens no *site*?

4 Observe trechos dos termos de uso do *site* consumidor.gov.br, plataforma criada para resolver conflitos entre consumidores e empresas.

> www.reclameaqui.com.br/editora-panini/os-gibis-nunca-chegaram_NS815_rYK5uP4PQW
>
> Para fins deste instrumento considera-se:
> [...]
> VII. Reclamação ou Demanda: relato sobre problema de consumo ocorrido com fornecedor cadastrado na plataforma, em face do qual se espera solução, observados os prazos e trâmites estabelecidos no sistema;
> [...]
> O usuário do *site* não poderá:
> [...]
> IV. nos campos destinados ao preenchimento de textos, utilizar-se de termos ou materiais ilegais, agressivos, caluniosos, abusivos, difamatórios, obscenos, invasivos à privacidade de terceiros, que atentem contra os bons costumes, a moral ou ainda que contrariem a ordem pública;
> [...]

Disponível em: <www.consumidor.gov.br/pages/conteudo/publico/7>. Acesso em: 17 jun. 2018.

a) De que modo o *site* define o texto de reclamação?
b) Onde esses textos são publicados?
c) Que finalidade têm esses textos?
d) Por que o *site* apresenta algumas restrições?
e) Você concorda com essas restrições? Justifique sua resposta.

Emprego dos tempos verbais do indicativo: passado, presente e futuro

1 Releia parte do texto do abaixo-assinado do Capítulo 1.

> O movimento #VoltaPinheiros **tem** um único objetivo: tirar o rio do esgoto do esquecimento, colocá-lo de volta no centro das atenções e convidar a sociedade civil a discutir seriamente o seu futuro. Impossível? Se ninguém fizer nada, sim. Por isso, o Movimento #VoltaPinheiros **convida** cada um dos paulistanos, de origem ou coração, a compartilhar esse movimento.

a) A que tempo referem-se os verbos destacados? Por que esse tempo verbal foi usado?

b) Considerando a função desse trecho do abaixo-assinado, explique por que esse tempo verbal foi usado.

c) De acordo com o trecho, em que condição se torna impossível mudar a situação do Rio Pinheiros? Em sua resposta, escreva a oração que apresenta essa condição.

d) Com base na oração que você destacou, responda às questões a seguir.
- Que palavras caracterizam essa condição?
- De que forma essa condição é considerada? Como um acontecimento certo? Duvidoso? Possível?

2 Com base no que você apontou na questão anterior e no que estudou na Unidade 3, compare os trechos a seguir.

I. "O movimento #VoltaPinheiros **tem** um único objetivo: tirar o rio do esgoto do esquecimento [...]"

II. "Impossível? Se ninguém **fizer** nada, sim."

III. "Vamos, juntos, resgatar o nosso rio [...] Para isso, **precisamos** nos sentar em volta da mesa e debater soluções viáveis."

a) Você já aprendeu que os modos verbais indicam diferentes atitudes de quem fala ou escreve em relação ao que se diz: certeza, imposição, dúvida etc. Que atitude dos autores do abaixo-assinado se percebe quando se comparam as formas verbais em destaque? Em que modo estão conjugadas?

b) Quais são os sujeitos dos verbos **tem**, **fizer** e **precisamos**?

c) Como você identificou os sujeitos?

3 De acordo com as respostas das atividades anteriores, comente quais são as variações próprias dos verbos.

4 Releia mais um trecho do texto do Capítulo 1.

> Todo dia, milhões de pessoas passam por ali, e esse ali está em todo lugar. São 25 quilômetros de descaso, sujeira e desrespeito. [...] Esse é o nosso rio? Podre, morto, imundo. É isso que os moradores de uma das maiores cidades do mundo chamam de rio? Não, nós não acreditamos nisso e pedimos o seu apoio.

a) Que marco temporal aparece na primeira linha do trecho?

b) Para responder ao próximo item, localize e observe todas as formas verbais usadas.

c) Com base no que observou, a que período de tempo as formas verbais se referem?

d) Analise o uso de cada forma verbal. Ele produz o mesmo efeito de sentido ao longo do trecho? Explique sua resposta.

219

e) Observe os verbos destacados ao lado no verbete **rio**, extraído do *Dicionário eletrônico Houaiss*.

- A que tempo se referem? Que informações descrevem?
- Por que esse tempo verbal é adequado na definição?

> 1. [...] curso de água natural, mais ou menos torrencial, que **corre** de uma parte mais elevada para uma mais baixa e que **deságua** em outro rio, no mar ou num lago
>
> [...]

Dicionário Houaiss da Língua Portuguesa. Rio de Janeiro: Objetiva, 2009. Versão eletrônica.

> O **presente do indicativo** refere-se a ações, estados ou eventos que têm como referência o momento em que se fala ou escreve. Os verbos no presente podem referir-se a aspectos diferentes: um momento definido, pontual ("**Pedimos** o seu apoio"), uma ação frequente, habitual ("Milhões de pessoas **passam** por ali"), um fato ou uma verdade universal ("Curso de água natural que **deságua** em outro rio, no mar ou num lago").

5 Leia o trecho da notícia abaixo, em que se relata um pouco da história do Rio Pinheiros.

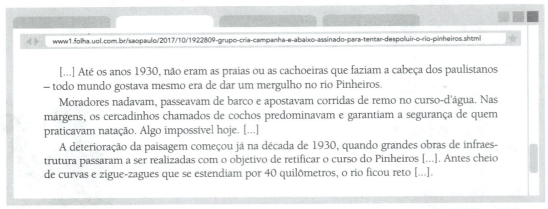

> www1.folha.uol.com.br/saopaulo/2017/10/1922809-grupo-cria-campanha-e-abaixo-assinado-para-tentar-despoluir-o-rio-pinheiros.shtml
>
> [...] Até os anos 1930, não eram as praias ou as cachoeiras que faziam a cabeça dos paulistanos – todo mundo gostava mesmo era de dar um mergulho no rio Pinheiros.
>
> Moradores nadavam, passeavam de barco e apostavam corridas de remo no curso-d'água. Nas margens, os cercadinhos chamados de cochos predominavam e garantiam a segurança de quem praticavam natação. Algo impossível hoje. [...]
>
> A deterioração da paisagem começou já na década de 1930, quando grandes obras de infraestrutura passaram a ser realizadas com o objetivo de retificar o curso do Pinheiros [...]. Antes cheio de curvas e zigue-zagues que se estendiam por 40 quilômetros, o rio ficou reto [...].

Bruno Molinero. Grupo cria campanha e abaixo-assinado para tentar despoluir o rio Pinheiros. *Folha de S.Paulo*, 1º out. 2017. Disponível em: <www1.folha.uol.com.br/saopaulo/2017/10/1922809-grupo-cria-campanha-e-abaixo-assinado-para-tentar-despoluir-o-rio-pinheiros.shtml>. Acesso em: 19 jun. 2018.

a) No primeiro e no terceiro parágrafos, aparecem marcos temporais que localizam as ações no tempo. Quais são?

b) Quais são as formas verbais do primeiro e do segundo parágrafos?

c) E no último parágrafo? Que verbos são usados?

d) Com base nas respostas anteriores, a que tempo as formas verbais se referem? Por que esse tempo verbal foi predominante no trecho?

e) Compare os trechos a seguir.

I. "Até os anos 1930, não **eram** as praias ou as cachoeiras que **faziam** a cabeça dos paulistanos"

II. "A deterioração da paisagem **começou** já na década de 1930, quando grandes obras de infraestrutura **passaram** a ser realizadas [...]."

- Que formas verbais indicam um acontecimento concluído, pontual, e quais delas indicam continuidade no passado?
- De acordo com o que observou, que efeito de sentido o uso das formas verbais produz em I e em II?

f) Releia a notícia e compare os dois primeiros parágrafos e o último. Caracterize-os quanto às sequências que desenvolvem respondendo aos itens a seguir.

220

- Em qual(is) parágrafo(s) se faz a descrição de uma situação frequente, habitual no passado? Por quê?
- Em qual(is) parágrafo(s) se mostra a mudança de uma situação no tempo? Por quê?

g) Releia o último parágrafo do trecho.
- Destaque a parte que indica um contraste entre como o rio era e aquilo em que se transformou.
- Que verbos marcam esse contraste?

> O passado do modo indicativo realiza-se de diferentes formas. O **pretérito imperfeito** refere-se a uma ação no passado com duração imprecisa (eram, nadavam, passeavam). O **pretérito perfeito** refere-se a uma ação pontual, que se completou totalmente no passado (começou, passaram).
>
> Em geral, o **pretérito imperfeito**, que indica situações não concluídas e durativas, é o tempo verbal das sequências descritivas. Já o **pretérito perfeito** predomina nas sequências narrativas.

6 Releia o trecho final do abaixo-assinado do Capítulo 1.

> Hoje, o que pode parecer um simples abaixo-assinado **se transformará** em um grande movimento com a sua ajuda. Mas isso só **vai acontecer** pra valer se você compartilhar essa ideia.

a) Que tempo verbal as palavras em destaque indicam?

b) Em seu cotidiano, quando fala sobre esse momento temporal, você costuma usar com mais frequência uma locução verbal ou um único verbo? Qual desses usos é mais formal?

c) Que efeito de sentido o uso de cada uma dessas formas produz no trecho? Em sua resposta, tente explicar por que foram usadas, no mesmo trecho, duas formas diferentes para se referir ao mesmo momento no tempo.

> Para indicar uma ação ou evento posterior em relação ao presente, que ainda vai acontecer, usamos verbos flexionados no **futuro do presente**. A forma simples ("se transformará") e a locução verbal ("vai acontecer") costumam ser usadas em situações diferentes. É mais usual e informal, na comunicação diária, a expressão formada com o verbo ir (vai acontecer, vai se transformar etc.). O futuro simples é mais usado em textos escritos formais.

7 Releia mais um trecho da reclamação publicada no *site* Reclame Aqui.

> [...] E fiz a assinatura justamente porque o meu filho começou a estudar espanhol este ano, então achei que seria um ótimo estímulo para sua aprendizagem. E aí, como fica? [...]

a) As formas verbais **fiz**, **começou** e **achei** estão conjugadas em que tempo verbal?

b) Em relação a **achei**, a afirmativa "que seria um ótimo estímulo para sua aprendizagem" indica passado, presente ou futuro?

c) No caso do trecho acima, por que a forma verbal escolhida não foi **será**?

8 Releia este outro trecho da reclamação publicada no Reclame Aqui.

> [...] liguei 2 vezes para a editora que me disse que por problemas técnicos eles não estão conseguindo entregar esse pacote. [...]

a) Compare as formas verbais em destaque. Que tempo elas indicam?

I. "Eles não **estão conseguindo** entregar o pacote."

II. Eles não **conseguem** entregar o pacote.

b) Que diferença de sentido pode ser assinalada nas expressões verbais I e II?

221

9 Leia o trecho de uma carta do leitor que comenta o primeiro jogo da Seleção Brasileira na Copa do Mundo de 2018.

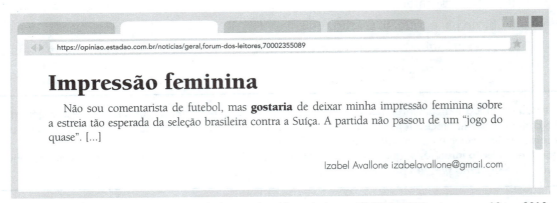

Disponível em: <https://opiniao.estadao.com.br/noticias/geral,forum-dos-leitores,70002355089>. Acesso em: 18 jun. 2018.

a) A opinião da autora da carta sobre o jogo do Brasil é positiva? Justifique sua resposta.

b) Considere a oração: "Não sou comentarista de futebol".

- Que tempo verbal é usado? O que essa oração indica sobre os comentários que virão na carta?

c) Em "**gostaria** de deixar minha impressão [...]", a forma verbal indica um modo mais direto de falar, um modo mais polido de expressar algo, uma forma rude de se dirigir a alguém ou um uso desrespeitoso ao falar com alguém?

d) Compare os itens a seguir e responda: Que efeito de sentido cada uso produz? Explique sua resposta.

I. **Gostaria** de deixar minha impressão sobre a estreia do Brasil na Copa.

II. **Deixarei** minha impressão sobre a estreia do Brasil na Copa.

e) Se você fosse o autor da carta, escolheria a mesma forma verbal para expressar sua opinião sobre o jogo de futebol? Ou escolheria ser mais flexível? Ou mais rude? Pense em um tom para dar ao primeiro parágrafo da carta e escreva usando fórmulas que a deixem com o tom escolhido.

> O **futuro do pretérito** é um futuro condicionado a uma ação localizada no passado. É usado também em certas fórmulas de cortesia, para expressar uma opinião e suavizar o que é dito, como em "**gostaria** de deixar minha impressão…".

10 Releia a carta de reclamação estudada no Capítulo 2, "Falta de poda em rua de Icaraí", e faça o que se pede.

Trabalhe em grupo com dois colegas. Imaginem que vocês morem nessa rua em que não tem havido a poda de árvores e que fossem escrever um abaixo-assinado para levar à Seconser. Como vocês escreveriam o primeiro parágrafo do texto para que o abaixo-assinado cumpra sua função e convoque mais pessoas, convencendo-as a assiná-lo? Siga as orientações abaixo.

- Lembrem-se de usar modos verbais adequados à atitude que desejam expressar: Certeza? Dúvida? Pedido?
- Usem tempos verbais apropriados ao que desejam indicar e aos efeitos de sentido que pretendem produzir.
- Prestem atenção à variação na forma dos verbos de acordo com o modo, o tempo e a pessoa do discurso a que se relacionam.

Há e a

1 Leia o título de duas notícias a seguir e responda às questões.

Rita Torrinha. *G1*. Disponível em: <https://g1.globo.com/ap/amapa/noticia/biblioteca-publica-de-santana-esta-fechada-ha-9-anos-e-moradores-cobram-reabertura.ghtml>. Acesso em: 29 maio 2018.

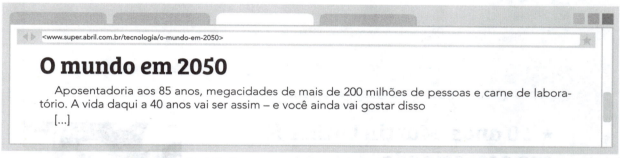

Tiago Cordeiro. *Superinteressante*. Disponível em: <www.super.abril.com.br/tecnologia/o-mundo-em-2050>. Acesso em: 29 maio 2018.

a) A que período de tempo se refere cada título? Justifique sua resposta.

b) Releia o trecho abaixo.

"Biblioteca pública de Santana está fechada há 9 anos [...]"

Que expressão se refere ao passado?

c) Releia este outro trecho.

"A vida daqui a 40 anos vai ser assim [...]"

Quais termos se referem ao futuro?

d) Localize o verbo da expressão que indica tempo passado.

e) Que palavra da expressão que indica futuro contém o mesmo som do verbo identificado no item **d**?

f) Com base nas respostas anteriores, explique a diferença gráfica e de função entre **há** e **a**.

2 De acordo com o que se pede, escreva frases usando os tempos verbais adequados.

a) A primeira frase deve começar com a oração "Há 5 anos", seguida do relato de algo que tenha acontecido em sua vida.

b) A segunda frase será introduzida pela expressão "Daqui a 5 anos", e você contará algum projeto futuro seu.

3 Leia os títulos e subtítulos abaixo e, em seu caderno, complete as lacunas com **há** ou **a**.

Evolução tecnológica: como será nossa vida daqui ★ 20 anos?

Disponível em: <www.revistagalileu.globo.com/Tecnologia/noticia/2014/07/evolucao-tecnologica-como-sera-nossa-vida-daqui-20-anos.html>. Acesso em: 29 maio 2018.

★ 60 anos, nascia Cazuza, que mudou o cenário musical dos anos 80

Disponível em: <www.acervofolha.blogfolha.uol.com.br/2018/04/04/ha-60-anos-nascia-cazuza-que-mudou-o-cenario-musical-dos-anos-80>. Acesso em: 13 abr. 2018.

★ 50 anos, Martin Luther King era assassinado

Disponível em: <www.brasildefato.com.br/2018/04/04/ha-50-anos-martin-luther-king-era-assassinado>. Acesso em: 29 maio 2018.

Brasil tem R$ 1,6 trilhão em jogo nas eleições presidenciais

A economia brasileira pode ter um novo ciclo de expansão ou voltar à recessão. A diferença daqui ★ cinco anos pode ser equivalente ao PIB da Polônia

Disponível em: <www.exame.abril.com.br/revista-exame/brasil-tem-16-trilhao-de-reais-em-jogo-nas-eleicoes-presidenciais>. Acesso em: 29 maio 2018.

> Usa-se o verbo **haver**, sempre no singular, para indicar tempo decorrido, que já passou, vencido. No exemplo "Estudamos português **há** cinco anos", o verbo destacado indica um período de tempo passado. Para fazer referência a tempo futuro, usamos a preposição **a**, como em "Terminaremos o Ensino Fundamental daqui **a** quatro anos".

Oralidade em foco

Podcast

Em que equipamentos você costuma ouvir música e outros áudios? Já ouviu algum programa de rádio? A transmissão de áudio pode ser feita pela internet. Esse tipo de transmissão ficou conhecido como *podcast*, que é um meio de interação. Você já ouviu ou segue algum canal de *podcast*?

Esta atividade propõe a produção de um *podcast*. Junte-se com os colegas para criar um canal de interação direta entre sua turma e as outras turmas da escola. Nele, poderão ser discutidos problemas do ambiente e da comunidade escolar, feitas reivindicações e sugeridas melhorias na convivência entre as pessoas e nos modos de trocar experiências. Vocês irão compartilhar e divulgar os problemas apontados, além de o *podcast* ser uma excelente ferramenta para você fazer amigos e descobrir afinidades.

Podcast Coisa de Criança, de Anna Brumana e Thiago Queiroz.

O Coisa de Criança é um *podcast* para crianças e adultos curiosos. Nos episódios, são explicadas várias curiosidades, como: "Por que chove?", "Por que o céu é azul?". Achou interessante? Acesse o *link* e ouça as gravações.

Disponível em: <www.coisadecrianca.com.br>. Acesso em: 5 jun. 2018.

Preparação

1. Para preparar a atividade e executá-la, a turma será dividida em grupos. Cada grupo produzirá um *podcast*, e eles serão divulgados no canal a ser criado pela turma.
2. Escolha o tema. O *podcast* será seu meio de expressão para discutir problemas da comunidade. Em grupo, discuta com os colegas os problemas e escolham um deles como tema do programa a ser gravado como *podcast* por vocês.
3. Escolha um estilo para seu *podcast*: Humor? Informação? Entrevistas? Debate? Terá um estilo formal? Ou será informal, como um bate-papo?
4. Pensem em um nome para o *podcast*, algo criativo, que atraia a atenção dos interessados e já anuncie um estilo, um modo próprio de veicular conteúdo.
5. Dividam as tarefas entre pesquisadores, roteiristas, redatores, apresentadores e editores.

Realização

A pesquisa

6. Os pesquisadores devem buscar e selecionar o material informativo com base nas decisões tomadas sobre o problema a ser tratado.
7. A pesquisa pode ser feita nos jornais da cidade, por meio de visitas ao local que apresenta o problema e entrevistas com os moradores. Os resultados devem definir com objetividade qual é o problema da comunidade, onde ele ocorre, o que ocasiona para as pessoas, por que ocorre, se já houve reclamações, o que já foi feito etc.

O roteiro

8. Com base no material preparado pelos pesquisadores, os roteiristas planejam o roteiro, a ordem do que será falado e os assuntos que devem ser relatados.
9. Os roteiristas incluem no roteiro as entradas de vinhetas e os momentos de entrada de áudios de entrevistas ou de trilhas sonoras, se houver.

A redação

10. Os redatores, com base no roteiro, redigem o conteúdo a ser gravado.
11. Por meio de sequências descritivas, devem deixar bem clara a situação a ser discutida. Sequências narrativas podem relatar o histórico do problema. Sequências injuntivas podem auxiliar o pedido de participação dos ouvintes: "Não fique de fora", "Participe!", "Acesse", "Compartilhe". Acompanhe a denúncia de sugestões de solução e de apelo às autoridades competentes.
12. Apresentem argumentos para convencer o ouvinte a respeito das soluções propostas.

A gravação

13. Os apresentadores começam a gravação do *podcast*, que será feita no aparelho disponível – celulares, computadores, gravadores etc. Devem dirigir-se aos ouvintes por meio de fórmulas como: "você que está nos ouvindo agora", "caro ouvinte", "e aí, galera da escola, tudo bem?". O modo de falar deve estar adequado ao estilo do *podcast*.
14. De acordo com o material redigido, grava-se, então, o conteúdo do *podcast*.
15. Os apresentadores despedem-se dos ouvintes formulando uma saudação: "Esperamos que você tenha gostado de nosso programa"; "Envie sugestões para as próximas gravações" etc.

A edição

16. Depois da gravação pronta, é a vez do trabalho dos editores, que consiste em fazer cortes, emendas e inserções.
17. Os editores ouvem toda a gravação e eliminam erros, repetições e passagens desnecessárias, adequando o conteúdo ao tempo estabelecido para o programa. Inserem também as vinhetas e outros recursos de som.

A postagem

18. Todo o grupo deve ouvir a versão editada e avaliar o efeito final. Se for preciso, regravem alguma parte e modifiquem o que não ficou bom.
19. A versão final deve ser divulgada, se possível, para toda a comunidade. Que tal convidar os pais, professores, vizinhos, amigos e autoridades para uma exibição pública dos *podcasts*?
20. Pensem também num modo de continuar com o canal de *podcast* ativo. Vocês podem usar as ferramentas apropriadas e buscar tutoriais sobre como fazer isso na internet, como nos *links* sugeridos a seguir (acesso em: 25 jun. 2018).
    - <www.mundopodcast.com.br/podcasteando/tutorial-como-criar-um-podcast>
    - <www.tecmundo.com.br/como-fazer/35676-como-fazer-um-podcast.htm>
21. As gravações podem circular, também, por meio de grupos, redes sociais e aplicativos.

Autoavaliação

22. Depois de pronto o *podcast*, avalie seu desempenho. Ouça a gravação e observe como se saiu em sua função (pesquisa, roteiro, redação, apresentação ou edição).
    - Como foi sua participação? Conseguiu colaborar para a atividade? Saiu-se bem na tarefa designada para você? Gostaria de desempenhar outra função?
    - O *podcast* teve impacto sobre a realidade? Ajudou na solução dos problemas? E no relacionamento com os colegas? O que um trabalho desse tipo pode acrescentar à sua capacidade de se expressar oralmente?
    - E seus colegas que ouviram o *podcast*? O que acharam? Ouça as críticas atentamente. O que ficou faltando? O que é preciso rever ou melhorar?

Oficina de produção

Carta de reclamação

Na seção **Oralidade em foco** você criou um *podcast* e fez dele um canal de expressão. Agora aproveitará essa atividade oral para produzir um texto escrito.

As modalidades oral e escrita da língua têm regras próprias que determinam seu funcionamento. Que tal observar atentamente essas diferenças? De que modo podemos transformar um texto oral em texto escrito? Os textos orais circulam nos mesmos espaços que os textos escritos? O que muda? O que se mantém? É isso que convidamos você a fazer hoje.

De acordo com a produção do *podcast* na atividade anterior, tendo em vista o problema já identificado e relatado por meio dessa ferramenta, você transformará essa gravação em uma carta de reclamação. Ela será individual e se dirigirá ao jornal da cidade, pedindo a solução do problema.

Preparação

1. Selecione, nos *podcasts* produzidos pelos diferentes grupos, aquele que mais chamou sua atenção. Ouça-o várias vezes para compreender bem a situação.
2. Anote o assunto da solicitação, a descrição dos problemas, os argumentos usados. Comece a pensar em modos de retextualizar o que ouviu para transformar o *podcast* em uma carta. O que será preciso cortar? E acrescentar? Como transformar a fala dos apresentadores em carta? E o tamanho do texto? A carta de reclamação precisa ser concisa, mostrando de modo mais direto o problema e a solução a ser alcançada.

Realização

3. Introduza a carta ao jornal com a apresentação do problema. Use sequências descritivas e informe com objetividade e clareza a situação. Diga o que aconteceu, onde e quando os fatos se passaram.
4. Use os recursos argumentativos: cite dados, explique causas e consequências.
5. Na conclusão, faça um apelo pela solução do problema. Se preferir, empregue fórmulas de cortesia com o futuro do pretérito: "Gostaria de receber uma resposta com urgência" etc.
6. Uma carta ao jornal deve conter assinatura, data, local e identificação do remetente.

Revisão

7. Releia a carta com cuidado: O problema foi bem apresentado? Os argumentos são convincentes? A linguagem está adequada?
8. Depois dessa leitura crítica, reescreva a carta e faça uma revisão final com o auxílio do professor.

Publicação

9. Envie a carta a um dos jornais de sua cidade para ser publicada. Se quiser, acrescente fotografias que ilustrem o problema denunciado.

Leia o texto a seguir.

---

www.abaixoassinado.org/abaixoassinados/37120

Abaixo-Assinado (#37120):

Contra o Encerramento do Projeto Temático de Artes Marciais nos Clubes Municipais SP

Destinatário: Balneário Ipiranga

Prezados,

Fomos informalmente comunicados sobre o encerramento do Projeto Temático de Artes Marciais nos Clube Escola Municipais de São Paulo que está previsto para ocorrer no dia 19 de agosto de 2017.

Hoje, contamos com 16 Centros Esportivos Municipais, onde cerca de 27 000 atletas, mestres e professores treinam ou têm os espaços como meio de trabalho e renda. De um modo geral, os clubes municipais atendem crianças, jovens e adultos, em sua maioria de baixa renda. Semestralmente, após duros treinos, milhares de atletas contam com o exame de graduação gratuito nas modalidades: *Karate*, *Kickboxing*, *Kung Fu*, *Muay Thai*, Jiu-Jítsu, Capoeira, Judô, *Tai chi chuan* etc. Para muitos essa é uma possibilidade de ter uma profissão desde cedo, estando longe da rua, das drogas e de qualquer tipo de marginalização. Há adultos e idosos que encontram uma terapia nas artes marciais, além de saúde física, disposição e defesa pessoal.

São inúmeras as razões que nos levam à indignação e protestos contra o encerramento do Projeto Temático de Artes Marciais. Precisamos continuar contando com os Clube Escola do município de São Paulo para seguir com nossos treinos e trabalhos.

Sua assinatura é muito importante na luta pela permanência do Projeto.

Ajude-nos também nessa luta!

Assine este abaixo-assinado

Dados adicionais:
criado em **2017-08-17.**
2.845 assinaturas
25.632 visualizações
autor: Adriana Ramos Correia
comunidade: **Balneário Ipiranga**
categoria: Esportes
[...]

Disponível em: <www.abaixoassinado.org/abaixoassinados/37120>. Acesso em: 25 jun. 2018.

1 Com base no título e no primeiro parágrafo do texto, responda às questões a seguir.
   a) O que motivou a produção desse abaixo-assinado?
   b) É possível perceber, no título, uma tomada de posição do autor do abaixo-assinado? Como?

2. Releia o segundo parágrafo.

   a) Que argumentos o texto usa para convencer o leitor de que muitas pessoas seriam afetadas com o encerramento dos projetos?

   b) De que modo o texto mostra a importância do projeto? Explique sua resposta.

   c) Em que tempo foram usados os verbos? O que indicam?

   d) Com base no que observou, que função tem o segundo parágrafo desse abaixo-assinado?

3. No terceiro parágrafo, o trecho "Precisamos continuar contando com os Clube Escola do município de São Paulo para seguir com nossos treinos e trabalhos":

   • é uma conclusão a respeito dos fatos apresentados no parágrafo anterior.
   • propõe uma ação específica do órgão responsável por resolver o problema.
   • começa uma nova argumentação, relacionada a outro tema.
   • remete a algo que acontecia no passado e que não acontece mais.

4. Reveja o trecho "Ajude-nos também nessa luta!".

   a) Que modo verbal foi utilizado no trecho? O que ele indica?

   b) Relacione a escolha desse modo verbal ao objetivo do abaixo-assinado.

5. Leia a reclamação publicada no site Reclame Aqui e responda às questões.

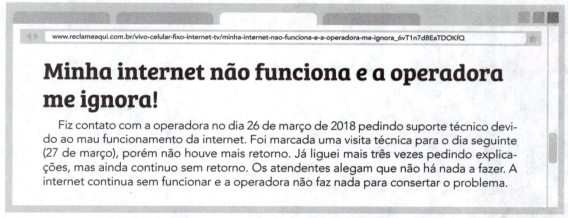

Reclame Aqui. Disponível em: <www.reclameaqui.com.br/vivo-celular-fixo-internet-tv/minha-internet-nao-funciona-e-a-operadora-me-ignora_6vT1n7d8EaTDOKfQ>. Acesso em: 20 jul. 2018.

   a) Que informações do texto e do veículo em que foi publicado indicam que é uma reclamação? Justifique sua resposta.

   b) Os dados citados na reclamação funcionam como argumentos. Quais são eles? O que eles reforçam?

   c) Observe o título do texto. Qual é o tom da reclamação? Justifique.

6. Releia trechos da reclamação. Identifique o tempo verbal dos verbos assinalados e justifique seu uso.

   a) "A internet **continua** sem funcionar e a operadora não **faz** nada para consertar o problema."

   b) "Já **liguei** mais três vezes pedindo explicações [...]."

7. Justifique o emprego das formas destacadas nas frases a seguir.

   a) Solicitei atendimento **há** 1 semana.

   b) Daqui **a** 1 semana vou procurar a Justiça para resolver o problema.

229

UNIDADE 8

Propaganda e cidadania

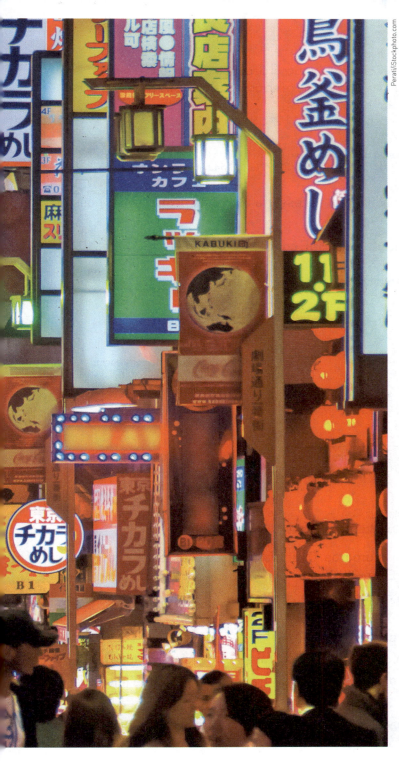

Antever

1 Você consegue ler ou imagina o que está escrito nas placas e nos luminosos mostrados na imagem?

2 Você já viu placas e luminosos como esses nas ruas de sua cidade? Para que eles servem?

3 Em mercados, *shoppings* e ruas comerciais, que estratégias os comerciantes costumam usar para atrair consumidores?

4 Na televisão e na internet, você costuma perceber comerciais que estimulam a necessidade de adquirir produtos ou serviços? Em sua opinião, como as pessoas lidam com esse tipo de apelo?

5 É comum as pessoas associarem anúncios ao apelo comercial. Que outras funções eles podem ter, além dessa? Por exemplo, como você fica sabendo de uma campanha de vacinação? Ou da importância de não soltar balões por causa do risco de provocar queimadas?

Nesta unidade, vamos discutir estratégias e analisar objetos que procuram estimular comportamentos de cidadania e responsabilidade pessoal e social. Você verá que os anúncios podem ter funções e objetivos de comunicação variados nas diferentes situações de interação na sociedade.

O bairro de Shinjuku, na cidade de Tóquio, capital do Japão, é um grande centro de negócios e entretenimento.

231

CAPÍTULO 1

Antes da leitura

Observe o que diz a lei.

> LEI Nº 11.542, DE 12 DE NOVEMBRO DE 2007
> Institui o Dia Nacional de Combate ao Trabalho Infantil
> **O PRESIDENTE DA REPÚBLICA** Faço saber que o Congresso Nacional decreta e eu sanciono a seguinte Lei:
> Art. 1º É instituído o Dia Nacional de Combate ao Trabalho Infantil, celebrado anualmente no dia 12 de junho.
> Art. 2º Esta Lei entra em vigor na data de sua publicação.
> Brasília, 12 de novembro de 2007; 186º da Independência e 119º da República.
> [...]
>
> BRASIL. Presidência da República. Casa Civil. Lei nº 11.542, de 12 de novembro de 2007.
> Disponível em: <www.planalto.gov.br/ccivil_03/_Ato2007-2010/2007/Lei/L11542.htm>. Acesso em: 26 jun. 2018.

1 O que essa lei estabelece? Por que, em sua opinião, foi necessária a criação dessa lei em nosso país?

2 Observe o gráfico sobre trabalho infantil, publicado pelo IBGE com base nos censos de 2000 e 2010.

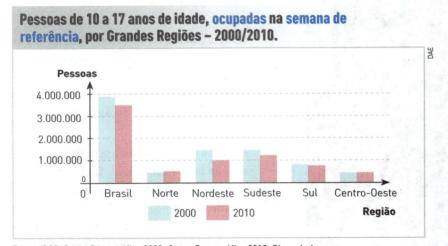

Glossário

Ocupado: que está exercendo algum tipo de trabalho.
Semana de referência: semana em que foi feita a pesquisa.

Fonte: IBGE. Censo Demográfico 2000; Censo Demográfico 2010. Disponível em:
<https://censo2010.ibge.gov.br/apps/trabalhoinfantil/outros/graficos.html>. Acesso em: 19 jun. 2018.

a) Leia com atenção as colunas, a legenda e os números. Quantas crianças brasileiras com idade entre 10 e 17 anos trabalhavam em 2000? E em 2010?

b) Em que regiões os índices continuaram os mesmos entre 2000 e 2010? E nas outras regiões, o que aconteceu?

c) Em que regiões é maior a ocorrência de trabalho infantil?

d) De acordo com o gráfico, na região em que você vive, o índice de trabalho infantil era grande? Qual?

e) O dia 12 de junho é considerado o Dia Mundial de Combate ao Trabalho Infantil. Que iniciativas podem ajudar a resolver esse problema?

Você analisará a seguir um anúncio de combate ao trabalho infantil. Levante algumas hipóteses: Que prováveis informações o anúncio apresentará? De que forma irá tratar desse assunto?

Estudo do texto

1. Observe o anúncio e faça o que se pede.
   a) Descreva a imagem do anúncio.
   b) Descreva também o que mais compõe o anúncio.

2. Releia o texto escrito em destaque no anúncio.
   a) Que ponto de vista ele defende?
   b) Localize os substantivos no texto em destaque no anúncio e analise como eles se relacionam para compor a situação apresentada.
   c) De que modo essas palavras auxiliam na compreensão da imagem?

3. As letras são impressas de acordo com um padrão, um tipo de traço e de desenho. Nos textos impressos, esse padrão de letra chama-se **fonte**. Observe a fonte usada no texto central da imagem.
   a) O traço das letras é reto ou arredondado?
   b) Que uso diário esse formato de traço simula?
   c) Onde se aprende, em geral, esse tipo de letra?
   d) Por que foi usado esse tipo de fonte no anúncio?

4. Releia o texto que aparece mais embaixo, em letras menores.
   a) O que é informado?
   b) De que maneira essa informação se relaciona ao texto principal do anúncio?

5. Na parte inferior do anúncio, aparece a logomarca dos órgãos responsáveis por ele. Quais são esses órgãos?

6. Abaixo das logomarcas há uma informação.
   a) O que se informa?
   b) No contexto do anúncio, o que essas informações sugerem ao leitor?

7. Copie no caderno a afirmativa que completa adequadamente o enunciado e justifique sua resposta.
   Esse anúncio pode ser considerado:
   a) de utilidade pública, porque o assunto tratado é importante para toda a sociedade.
   b) de interesse institucional, porque as informações só interessam aos órgãos envolvidos.
   c) de alcance individual, porque o assunto só diz respeito à criança maltratada no emprego.
   d) de responsabilidade policial, porque trata de um crime.

Logomarca

Logomarca é a representação visual da identidade de uma empresa, uma campanha, uma instituição. Em geral, ela é constituída de uma imagem e da sigla ou nome do órgão, empresa ou campanha que representa. Por exemplo, o símbolo das campanhas de vacinação no Brasil é o Zé Gotinha, cuja imagem vem associada à sigla SUS, que significa Sistema Único de Saúde, o órgão responsável pela vacinação. O conjunto da imagem e da sigla forma a logomarca das campanhas. Toda vez que a personagem aparece, já se sabe que se vai falar de vacinação, porque o Zé Gotinha é a identidade da campanha.

8) Tendo em mente placas e anúncios como os mostrados na fotografia da seção **Antever**, responda:

a) Qual é, em geral, o conteúdo das placas e dos anúncios afixados em vias públicas?

b) O anúncio sobre o trabalho infantil tem o mesmo objetivo? Justifique sua resposta.

9) O texto informa que 12 de junho é o Dia Mundial e Nacional de Combate ao Trabalho Infantil.

a) Por que essa data foi criada?

b) Você conhece alguma criança que esteja trabalhando e, por isso, está fora da escola? Ou algum adulto que deixou de estudar porque começou a trabalhar cedo? O que você pensa disso?

c) Em sua opinião, que medidas podem ser adotadas para combater o trabalho infantil?

Linguagem, texto e sentidos

1) Observe novamente o anúncio prestando atenção ao desenho.

a) Descreva o desenho. Para isso, fale do tipo de traço e das cores usando as palavras e expressões que considerar mais adequadas entre as seguintes:
- para os traços – finos, grosseiros, bem definidos, mal definidos, um pouco borrados, bem nítidos;
- para as cores – puras, misturadas, escuras, claras.

b) O desenho permite identificar com exatidão quem é a pessoa representada no anúncio? Por quê?

c) A imagem ocupa que parte da superfície do anúncio?

d) Que impacto essa imagem, com as características que você identificou acima, causa no observador? O que você percebe e sente ao vê-la?

> Num texto verbovisual, imagens e palavras juntam-se para formar uma unidade de sentido, defender um ponto de vista e convencer o leitor a aceitá-lo.

2) Releia o texto principal do anúncio.

> O melhor trabalho para uma criança é o que a professora passa na sala de aula.

a) A palavra **trabalho** pode ser usada em vários contextos. No anúncio, ela refere-se a qual contexto?

b) Que adjetivo modifica a palavra **trabalho**?

c) Examine o adjetivo em outro contexto.

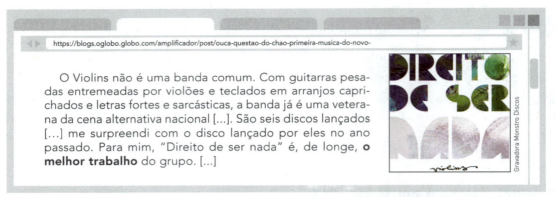

Eduardo Rodrigues. Ouça "A questão do chão", primeira música do novo disco do Violins. G1, 18 out. 2012. Disponível em: <https://blogs.oglobo.globo.com/amplificador/post/ouca-questao-do-chao-primeira-musica-do-novo-disco-do-violins-470555.html>. Acesso em: 23 jun. 2018.

- Ao citar o último disco do grupo, o crítico o considerou "o melhor" em relação a quê?
- Qual o significado de **melhor** nesse contexto?

d) No anúncio, o adjetivo foi usado para destacar o trabalho escolar em relação a quê?

e) Essa relação está claramente expressa no texto?

f) No contexto do anúncio, o que não é dito, mas está sugerido quando se escreve "o melhor trabalho para uma criança"?

> Um texto produz seu sentido não só com o que está dito mas também com o que não é dito, os **subentendidos**. Se você está numa sala toda fechada, cheia de gente, e diz: "Que calor!", pode estar deixando subentendido seu pedido para que abram as janelas.

3 Ainda sobre a frase principal do anúncio:

a) Em que tempo estão os verbos?

b) Compare com estas outras frases de anúncio sobre o mesmo assunto e diga qual é o tempo dos verbos.

I.

Disponível em: <https://portal.trt3.jus.br/internet/conheca-o-trt/comunicacao/noticias-juridicas/importadas-2015-2016/2o-caso-mte-flagra-trabalho-de-criancas-em-propriedade-rural-10-10-2016-05-55-acs>. Acesso em: 19 jun. 2018.

II.

Disponível em: <www.unicef.org/brazil/pt/dm9ddb_carrinho.jpg>. Acesso em: 22 jun. 2018.

c) O uso desse tempo verbal nesse tipo de anúncio ajuda a mostrar que as afirmações referem-se a ações que ocorrem num dado momento ou que duram? Por quê?

d) Em campanhas como as que combatem o trabalho infantil, que efeito de sentido é criado pelo uso desse tempo verbal?

> O uso do presente do indicativo com valor de duração no tempo, em anúncios educativos, ajuda a criar o efeito de sentido da necessidade de duração das ações para as quais se chama atenção.

4 Na parte inferior do anúncio, há as logomarcas dos órgãos responsáveis pela campanha. Observe mais detalhadamente uma delas.

Ministério do Trabalho e Emprego

a) O que aparece na parte verbal?

b) Que imagem acompanha o texto verbal?

c) A logomarca criada pela sigla, o nome do órgão e a imagem remetem a uma instituição particular ou pública? Por quê?

d) Que relação há entre a logomarca e o que é representado no anúncio?

5 Analise outra logomarca do anúncio.

Governo Federal

a) Como são formadas as letras do nome do país?

b) Abaixo do nome do país há uma frase. Que relação ela tem com o modo pelo qual foi escrito o nome do Brasil?

c) O que essa frase, associada ao nome **Governo Federal**, deixa subentendido?

> Um anúncio deve ser econômico no modo de dizer. Para isso, usa imagens de impacto, frases simples, siglas e *slogans*.
> *Slogans* são frases concisas, curtas e marcantes, que podem ser facilmente memorizadas e associadas a determinado produto, campanha ou marca.

Cidadania e consumo responsável

Você analisou um anúncio ligado a uma importante questão social: o trabalho infantil que ainda existe em nosso país. No dia a dia, porém, somos bombardeados por anúncios que têm outros objetivos, não relacionados à conscientização cidadã: os anúncios que promovem produtos e serviços e incentivam o consumo. Consumir é parte de nossa realidade, mas o consumo excessivo leva ao desperdício de recursos naturais, à poluição ambiental e à produção de lixo. Uma alternativa é consumir com responsabilidade, pensando nas consequências que a aquisição desnecessária de um bem terá para o planeta.

A publicidade dirigida às crianças está relacionada ao consumo exagerado de brinquedos. Que tal promover uma feira de troca de brinquedos? Algumas dicas.

1. Defina o modelo de troca: O dono do brinquedo será identificado? Ou os brinquedos estarão sem identificação e quem estiver interessado neles procura o dono para fazer a troca?
2. Estabeleça a regra de que a troca só vale para brinquedos em bom estado.
3. Decida antecipadamente o que fazer com os brinquedos que sobrarem: Serão doados ou levados de volta por quem os trouxe?
4. Programe um piquenique ou lanche para comemorar a feira de trocas.

Ampliar

Instituto Alana. Disponível em: <feiradetrocas.com.br>. Acesso em: 9 ago. 2018.

Criança e Consumo

<www.criancaeconsumo.org.br> e <www.criancaeconsumo.org.br/feira-de-trocas-de-brinquedos>

O programa Criança e Consumo, do Instituto Alana, promove a Feira de Trocas de Brinquedos.

237

CAPÍTULO 2

Antes da leitura

1. Onde você costuma encontrar o que está exposto nesta imagem?

Frutas à venda em supermercado de São Paulo (SP).

2. Você já pensou no que é feito com as verduras, frutas e legumes que sobram nos mercados e feiras? O que se poderia fazer?

3. Você já presenciou o desperdício de comida? Por que isso ocorre?

4. Leia a informação a seguir.

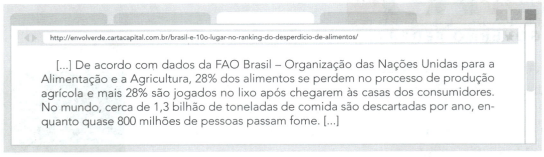

> http://envolverde.cartacapital.com.br/brasil-e-10o-lugar-no-ranking-do-desperdicio-de-alimentos/
>
> [...] De acordo com dados da FAO Brasil – Organização das Nações Unidas para a Alimentação e a Agricultura, 28% dos alimentos se perdem no processo de produção agrícola e mais 28% são jogados no lixo após chegarem às casas dos consumidores. No mundo, cerca de 1,3 bilhão de toneladas de comida são descartadas por ano, enquanto quase 800 milhões de pessoas passam fome. [...]

Julio Ottoboni. Brasil é 10º lugar no *ranking* do desperdício de alimentos. *Carta Capital*, 16 abr. 2018. Disponível em: <http://envolverde.cartacapital.com.br/brasil-e-10o-lugar-no-ranking-do-desperdicio-de-alimentos/>. Acesso em: 22 jun. 2018.

a) Por que o texto associa a quantidade de comida descartada ao número de pessoas que passam fome?

b) É possível tomar alguma atitude para mudar essa situação? Você tem alguma ideia?

A seguir, você conhecerá uma iniciativa que pretende colaborar para mudar essa situação.

Estudo do texto

1 Observe o título do anúncio, escrito na parte superior:

> Quanta comida é desperdiçada no mundo?

a) Que recurso é usado para estabelecer contato direto com o leitor?

b) O que ele adianta sobre o assunto?

2 Logo abaixo do título há uma imagem com algumas informações.

a) Que dados numéricos são mostrados?

b) De que modo essa informação é dada:
- pela imagem da banana?
- na faixa em preto e amarelo que vem abaixo da banana?

c) O anúncio refere-se apenas à banana? Justifique sua resposta.

3 Releia a frase:

> A cada ano, cerca de 1/3 dos alimentos são jogados no lixo.

a) Que intervalo de tempo é indicado?

b) Que quantidade é apresentada com o uso de uma fração? Com base em seus conhecimentos, o que indica essa fração?

c) De que modo essa quantidade é representada também na imagem da banana e na faixa amarela e preta?

4 Qual a importância do uso de informações objetivas – números, quantidades e parâmetros de medida – no anúncio?

5 Observe o aspecto visual do anúncio.

a) Se você pudesse fazer linhas horizontais separando o anúncio em três partes, onde essas linhas passariam? Quantas partes tem o anúncio?

b) Que cores são usadas no anúncio?

c) Na linha grossa que aparece logo abaixo do desenho da banana, a cor amarela associa-se a qual imagem do anúncio? E a preta?

d) Você considera a imagem principal comum, habitual em anúncios, ou surpreendente? Por quê? De que modo ela ajuda a chamar a atenção do público para o que está sendo denunciado?

e) A organização visual do anúncio ajuda o leitor a entender a situação denunciada? Como?

f) Com base na organização visual e nas informações que oferece, é possível saber a quem o anúncio se dirige? Justifique sua resposta.

6 O anúncio emprega uma sequência injuntiva (isto é, em que se diz ao leitor o que fazer).

a) Localize essa sequência.

b) Qual é o objetivo do anúncio ao usar essa sequência?

c) Se você fizesse um anúncio para conscientizar as pessoas quanto ao desperdício, que outra sequência injuntiva proporia para construir sentido semelhante?

7 Antes de ler esse anúncio e de discutir o assunto, você já havia parado para pensar no desperdício de alimentos? Que impacto o anúncio provocou em você?

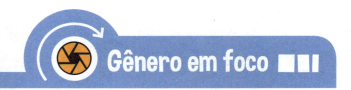

Anúncio

1 Compare os anúncios analisados nos capítulos 1 e 2.

a) Que linguagem eles utilizam? Como se pode caracterizá-la?
b) Descreva o impacto das imagens principais de cada anúncio.
c) Os anúncios se destinam a alguém em particular ou ao público de modo geral? Justifique sua resposta.
d) O que os anúncios têm em comum em relação ao objetivo de comunicação? O que ambos pretendem?

2 Responda às perguntas analisando o poder de convencimento dos dois anúncios.

a) Que ponto de vista cada anúncio defende?
b) As imagens ajudam a convencer o público de que algo deve ser feito em relação ao que se denuncia? Por quê?
c) No anúncio II, qual é a função dos dados numéricos?
d) No anúncio I, há uma informação subentendida sobre o trabalho infantil, isto é, uma informação que não está explícita no texto. Recupere-a revendo o estudo do texto no Capítulo 1.
e) A informação subentendida em I é a principal informação sobre o assunto do anúncio? Por quê?
f) Qual dos anúncios pode ser logo compreendido, mostrando todas as informações de que o público necessita para compreender o problema? Por quê?

> Um anúncio pode manifestar-se em linguagem verbovisual, isto é, por meio de palavras e imagens que, unidas, formam o sentido do texto. Ele defende um ponto de vista utilizando estratégias como a apresentação de dados objetivos, o uso de subentendidos e o impacto das imagens.
> A linguagem do anúncio deve estar adequada aos objetivos de comunicação dele.

3. Localize no anúncio II um *slogan* da campanha contra o desperdício de alimentos.

4. Verifique qual dos anúncios a seguir poderia usar o mesmo *slogan* identificado no anúncio II. Justifique sua escolha.

a)
Campanha Beba Água e Tome Atitude. Prefeitura Municipal de Guanhães (MG), 2015.

b)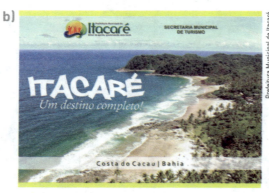
Campanha Itacaré, um destino completo. Prefeitura Municipal de Itacaré (BA).

c)
Campanha de vacinação contra a raiva em cães e gatos. Prefeitura Municipal de São Paulo (SP).

5. Observe o emprego dos verbos no texto a seguir.

Disponível em: <www.unicef.org/brazil/pt/activities_10794.html>. Acesso em: 22 jun. 2018.

a) Em que modo foi empregado o verbo destacado?

b) Comente o efeito de sentido produzido pelo uso desse modo verbal. Complete seu comentário mencionando o valor da pontuação empregada.

6 Leia este anúncio.

a) Em que modo está o verbo em "Apoie essa ideia"?

b) Transforme a frase nominal "Não ao trabalho infantil na cadeia produtiva" numa frase com verbo no mesmo modo indicado na atividade anterior.

c) Compare a frase que você criou com a frase nominal do anúncio. Qual delas tem mais força, é mais sintética e escrita de modo mais apelativo?

> O apelo de um anúncio pode ser indicado de várias formas:
> - com verbos no presente, de sentido durativo, que mostram a validade de uma afirmação em um momento longo do tempo, por exemplo, "Trabalho infantil é crime";
> - com verbos no imperativo, que expressam apelo, convite, ordem, por exemplo, "Denuncie!";
> - com frases nominais de impacto, por exemplo, "Não ao trabalho infantil".

7 Como você viu no texto do Capítulo 1, as logomarcas identificam as instituições que apoiam e são responsáveis pela produção dos anúncios. Observe:

a) Que instituição apoia o anúncio contra o desperdício de alimentos?

b) Trata-se de uma instituição pública ou privada? Justifique sua resposta.

c) Por que é importante saber quem é responsável pelo anúncio?

> Anúncios que se destinam a divulgar ideias e propor ações voltadas a beneficiar a vida em sociedade são, em geral, apoiados por instituições do governo ou organizações dedicadas a contribuir para a melhoria das condições de vida no planeta.
>
> Campanhas de vacinação, placas sobre educação no trânsito e vídeos sobre sustentabilidade são exemplos desse tipo de anúncio.

8 Onde costumam ser divulgados anúncios como os do combate ao trabalho infantil ou os de campanhas de vacinação?

Língua em foco

Oração e período

Período composto por coordenação

1. Leia as recomendações a seguir, do Ministério do Meio Ambiente, e faça as atividades.

> **Como ser um consumidor consciente**
>
> ♻ Leve uma sacola de pano ou plástico reutilizável para o supermercado e evite sacolinhas plásticas.
>
> ♻ Priorize serviços e produtos de empresas com responsabilidade socioambiental.
>
> ♻ Tente equilibrar a satisfação pessoal com o ambientalmente correto, socialmente justo e economicamente viável.
>
> ♻ Consuma alimentos produzidos localmente e dê prioridade aos sem agrotóxicos.
>
> Fonte: Ministério do Meio Ambiente

a) Qual é o objetivo central do texto do Ministério do Meio Ambiente?
b) Para dirigir-se ao consumidor, o anúncio usa verbos em que modo? Dê exemplos.
c) Quantas orações há nos dois primeiros itens do anúncio? Como se pode saber disso?
d) Observe: "Consuma alimentos produzidos localmente e dê preferência aos sem agrotóxico".
   - As orações são separadas por algum sinal de pontuação?
   - Que palavra faz a ligação entre as orações? Que sentido ela ajuda a criar?
e) Cada item com um conselho pode ser considerado uma frase? Por quê?
f) Formule uma conclusão sobre o número de orações que podem formar uma frase.

> ↑ Uma frase formada por uma oração ou por orações é um **período**. A frase "Priorize serviços e produtos de empresas com responsabilidade socioambiental" é formada por uma só oração. Por isso, é um **período simples**. Já a frase "Consuma alimentos produzidos localmente e dê preferência aos sem agrotóxico" é um **período composto**, pois se forma com duas orações.
>
> Os **períodos** são demarcados por uma pontuação final: ponto final, ponto de interrogação, ponto de exclamação, reticências.

2. Releia as quatro recomendações do Ministério do Meio Ambiente e classifique cada item em período simples ou em período composto de acordo com a respectiva formação. Justifique sua resposta.

244

3 Leia o anúncio da campanha "Vacinação – atualize a caderneta", do Ministério da Saúde.

Disponível em: <http://portalarquivos2.saude.gov.br/images/campanhas/vacinareproteger/MS_MULTIVACINACAO2017_FILIPETA_15x21cm.pdf>. Acesso em: 21 jun. 2018.

a) Como é o cenário do anúncio? Que relação ele tem com as personagens envolvidas e o assunto da campanha?

b) A quem se refere a expressão "todo mundo" no *slogan* "Todo mundo unido fica mais protegido"?

c) Classifique as frases a seguir como período simples ou composto.

   I. "Todo mundo unido fica mais protegido".

   II. "Leve seus filhos menores de 15 anos até uma unidade de Saúde."

   III. "Tire suas dúvidas com o Zé Gotinha, acesse saude.gov.br/vacinareproteger".

d) Em que modo os verbos são conjugados em II e III? Por quê?

e) Em III, identifique o sujeito e o predicado de cada oração.

f) Reescreva o período em III substituindo as vírgulas por ponto final.

g) Depois da alteração, o entendimento do trecho ficou comprometido?

h) Com qual pontuação torna-se mais direta a relação entre as duas orientações que formam as orações: com as vírgulas ou com os pontos? Justifique sua resposta.

i) Escreva no caderno a melhor opção para explicar o que a transformação feita no item **f** mostrou sobre as orações.

- São independentes sintaticamente, cada uma tem sujeito e predicado.
- São dependentes uma da outra, não podem separar-se em diferentes períodos.
- Não podem ser separadas, porque o entendimento do texto fica prejudicado.
- Podem ser separadas, mas perdem o sentido original de sequência de ações.

> Quando cada uma das orações que forma um período apresenta uma estrutura básica, formada por sujeito e predicado, e traz uma informação completa, dizemos que as orações são **coordenadas**. Nesse caso, haverá um **período composto por coordenação**.

4 Leia o anúncio que faz parte da campanha Amazônia Protege, organizada pelo Ministério Público Federal (MPF).

a) Observe a parte visual do anúncio.
- Que tipo de exploração da natureza é mostrado?
- Quem é o responsável por ele e que atividade parece exercer? Por quê?
- De que forma o responsável é retratado?

b) No texto do canto esquerdo do anúncio, lê-se: "[...] agora, o Ministério Público Federal adotou uma nova metodologia de trabalho que utiliza imagens de satélite para fiscalizar toda a Região Amazônica [...]". Que elemento visual do cartaz indica que essa forma de fiscalização está em ação?

c) A imagem sugere que o responsável pela exploração da Amazônia será punido? Explique sua resposta.

d) Compare a parte visual do anúncio ao texto em letras maiores, na parte superior do cartaz. A imagem reforça a mensagem do texto verbal? Por quê?

Amazônia Protege. Disponível em: <www.amazoniaprotege.mpf.mp.br/campanha/cartaz-fazendeiro.jpg>. Acesso em: 19 jul. 2018.

e) Analise o trecho: "Quem explora ilegalmente a Amazônia pode até tentar, mas não vai conseguir se esconder da gente".
- A quem se refere a expressão **da gente**?
- O trecho "pode até tentar" deixa subentendida uma ação dos exploradores. Qual?
- Nesse período, que tipo de oposição ou contraste se estabelece?
- Que palavra(s) marca(m) esse contraste?

5. Leia mais um anúncio.

a) Você pode imaginar que tipo de comportamento a Prefeitura de Bom Despacho, em Minas Gerais, está tentando evitar com esse anúncio?

b) Quais são as três opções que a Prefeitura mostra no anúncio?

c) Essas opções aparecem no anúncio em um período de que tipo? Explique sua resposta.

d) Que palavra liga duas dessas orações expressando a ideia de alternativa?

e) Forme um período composto com as duas primeiras orações. Ligue-as por meio de uma palavra que ajude a criar o efeito de se estar oferecendo uma alternativa ao morador da cidade.

Disponível em: <www.bomdespacho.mg.gov.br/noticias/ande-de-bicicleta-caminhe-ou-use-transporte-publico-para-se-locomover>. Acesso em: 22 jun. 2018.

> Nos períodos compostos, as orações coordenadas podem aparecer lado a lado, separadas apenas por sinais de pontuação, como ponto e vírgula ou vírgula: "Tire suas dúvidas com o Zé Gotinha, acesse saude.gov.br/vacinareproteger".
>
> Além disso, as orações coordenadas podem ser articuladas por palavras que indicam certa relação de sentido.
> - União ou adição de fatos que se sucedem: "Consuma alimentos produzidos localmente **e** dê preferência aos sem agrotóxico".
> - Contraste: "Quem explora ilegalmente a Amazônia pode até tentar, **mas** não vai conseguir se esconder da gente".
> - Alternativa: "Caminhe **ou** use o transporte público".

6. Agora você vai criar períodos compostos por coordenação que possam figurar nos diferentes anúncios apresentados nas atividades anteriores. Siga as instruções.

a) Para o anúncio da atividade 3, crie um período em que duas orações estejam ligadas por uma ideia de adição.

b) Para o anúncio da atividade 4, crie um período em que as duas orações estejam ligadas por uma ideia de alternativa.

c) Para o anúncio da atividade 5, forme um período composto por coordenação no qual as orações estejam lado a lado, separadas por sinais de pontuação.

7. Reescreva o período a seguir substituindo a palavra **mas** por outra que mantenha a ideia de contraste. Escolha entre as seguintes: **nem**, **porém**, **pois**, **e**.

Quem explora ilegalmente a Amazônia pode até tentar, mas não vai conseguir se esconder da gente.

Pontuação: uso da vírgula

1. Leia o trecho de uma notícia sobre uma merendeira premiada por ter desenvolvido uma receita que reduz o desperdício de alimentos na escola em que trabalha. Observe o uso da vírgula e explique por que o sinal de pontuação foi empregado.

> https://nacoesunidas.org/merendeira-de-minas-gerais-ajuda-escola-publica-a-reduzir-desperdicio-de-alimentos
>
> ### Merendeira de Minas Gerais ajuda escola pública a reduzir desperdício de alimentos
>
> [...] o Brasil desperdiça cerca de 30% dos alimentos que produz. [...] o problema está relacionado à produção, colheita, processamento, armazenamento e distribuição. [...]
>
> Luciana Aparecida Pinheiro é merendeira de uma escola primária em São Sebastião do Paraíso [...]. A receita vencedora de Luciana era um arroz com frango e partes de vegetais que normalmente são jogadas no lixo [...].
>
> Ela ganhou um prêmio em dinheiro do concurso de receitas e viajou para Brasília pela primeira vez. "Aprendi novas técnicas, experimentei diferentes pratos regionais, conheci gente nova e saí no jornal [...]".

ONU Brasil. Merendeira de Minas Gerais ajuda escola pública a reduzir o desperdício de alimentos. Disponível em: <https://nacoesunidas.org/merendeira-de-minas-gerais-ajuda-escola-publica-a-reduzir-desperdicio-de-alimentos>. Acesso em: 21 jun. 2018.

2. Faça o mesmo para os trechos a seguir.

   a) "Faça como os personagens das histórias infantis, junte-se ao Zé Gotinha nesta campanha pela saúde".

   Disponível em: <http://portalarquivos2.saude.gov.br/images/campanhas/vacinareproteger/MS_MULTIVACINACAO2017_FILIPETA_15x21cm.pdf>. Acesso em: 21 jun. 2018.

   b) "Os Jogos Olímpicos e Paralímpicos Rio 2016 acabaram, mas os brasileiros podem viver ainda momentos mais espetaculares no nosso país."

   Disponível em: <www.turismo.gov.br/images/pdf/viva_de_perto/viva_de_perto_fazendo_ola_natal_rn>. Acesso em: 21 jun. 2018.

3. Compare os trechos a seguir.

   I. "[...] o problema está relacionado à produção, colheita, processamento, armazenamento e distribuição."

   II. "Aprendi novas técnicas, experimentei diferentes pratos regionais, conheci gente nova e saí no jornal [...]."

   Com base na função da vírgula em **a** e **b**, explique por que esse sinal de pontuação não é utilizado antes de **e**.

> A **vírgula** é um sinal de pontuação que pode marcar, na escrita, certas pausas que aparecem na fala e que indicam as relações entre os termos de orações e períodos.
>
> A vírgula é usada para separar uma oração coordenada da outra, como em "Faça como os personagens das histórias infantis, junte-se ao Zé Gotinha nesta campanha pela saúde".
>
> É usada também para separar elementos de uma enumeração, como em "[...] o problema está relacionado à produção, colheita, processamento, armazenamento e distribuição". Neste caso, não se emprega a vírgula antes do **e**, que introduz o último elemento enumerado.

4 Você é o revisor de um jornal. Recebeu as notícias abaixo e deve usar a vírgula quando necessário para que o texto esteja de acordo com a norma-padrão da língua escrita. Faça no caderno. Justifique os acertos que fizer, em cada caso.

a)

www.em.com.br/app/noticia/nacional/2018/05/29/interna_nacional,963078/campanha-de-vacinacao-contra-a-gripe-e-prorrogada-ate-15-de-

Campanha de vacinação contra a gripe é prorrogada até 15 de junho

[...] O público-alvo da campanha inclui idosos a partir de 60 anos crianças de seis meses a cinco anos trabalhadores da saúde professores das redes pública e privada povos indígenas gestantes puérperas (mulheres em até 45 dias após o parto) pessoas privadas de liberdade e funcionários do sistema prisional.

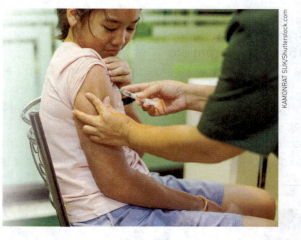

Agência Brasil. Campanha de vacinação contra a gripe é prorrogada até 15 de junho. *O Estado de Minas*, 29 maio 2018. Disponível em: <www.em.com.br/app/noticia/nacional/2018/05/29/interna_nacional,963078/campanha-de-vacinacao-contra-a-gripe-e-prorrogada-ate-15-de-junho.shtml>. Acesso em: 21 jun. 2018.

b)

https://g1.globo.com/ro/ariquemes-e-vale-do-jamari/noticia/campanha-de-vacinacao-contra-a-gripe-e-prorrogada-mas-baixo-indice-preocupa

Campanha de vacinação contra a gripe é prorrogada mas baixo índice preocupa em Ariquemes, RO

Jeferson Carlos. Campanha de vacinação contra a gripe é prorrogada mas baixo índice preocupa em Ariquemes, RO. G1, 5 jun. 2018. Disponível em: <https://g1.globo.com/ro/ariquemes-e-vale-do-jamari/noticia/campanha-de-vacinacao-contra-a-gripe-e-prorrogada-mas-baixo-indice-preocupa-em-ariquemes-ro.ghtml>. Acesso em: 21 jun. 2018.

Oralidade em foco

Discussão

Na seção **Oficina de produção** será elaborado um anúncio turístico sobre sua cidade. Antes de criá-lo, reúna-se em grupo com os colegas para dar início ao planejamento. Vocês farão uma discussão sobre o tema, em que serão escolhidas as informações que devem figurar no anúncio, bem como o público-alvo a ser atingido por ele.

A discussão será desenvolvida em torno das seguintes questões:
- Que interesse turístico tem a cidade em que vivemos?
- Como podemos divulgar isso num anúncio? Como ele deve ser composto?

Em seu dia a dia, você já deve ter participado de uma discussão, forma livre de troca de ideias em torno de um tema ou assunto, em que cada envolvido defende seu ponto de vista. Na discussão aqui proposta, você deverá apresentar sugestões e defendê-las, ouvindo e respeitando as propostas dos colegas do grupo. Para isso, lembre-se de que, numa discussão, é preciso considerar o que segue.

1. Apresentar com clareza seu ponto de vista e justificá-lo.
2. Ouvir o outro com atenção para com ele concordar ou dele discordar. Lembre-se de que uma discussão é um confronto de ideias, não um confronto pessoal. Não se pode desrespeitar o colega.
3. Observar o assunto em pauta. Evite afastar-se do eixo principal da discussão.
4. Argumentar a respeito de um ponto de vista. Na argumentação, use recursos como citação de dados, frases bem encadeadas, comparação e contraste de ideias, ligadas por palavras como **mas**, **entretanto**, **porém** etc.
5. Retomar a fala do outro. Use recursos como: "Com base no que você falou...", "Retomando o que você falou...", ou "Não estou de acordo com o que você disse porque...", "Ao contrário do que você pensa, eu...". Ao fazer isso, você dará prosseguimento à fala do colega, demonstrando consideração por ela, mesmo que seja para dela discordar.
6. Pedir apartes quando quiser comentar a fala do outro. Um aparte contribui para o desenvolvimento das ideias em discussão, mas deve ser solicitado para não interromper a continuidade de um argumento.

Preparação

7. Pesquise sua cidade. O que ela tem de atrativos? Belezas naturais? Espaços de lazer, como parques temáticos? Clima saudável? Boa qualidade de vida? Locais para esportes de aventura? Vida cultural animada? É a terra natal de algum escritor ou artista? O que mais poderia interessar a um visitante em sua cidade?
   - Visite a Prefeitura, peça informações, recolha folhetos na Secretaria de Turismo, leia os jornais da cidade e região, leia livros de história da cidade. Anote informações e registre dados que considere importantes para o anúncio a ser criado.
8. Anote agora suas sugestões para o anúncio.
   - Que público deve atingir?
   - Onde vai circular?
   - Que imagens poderão ser mostradas?

Realização

9. Reúna-se em grupo com alguns colegas e, juntos, escolham um relator para anotar as conclusões de cada etapa da discussão.
10. Com base nas notas de pesquisa de cada aluno, deem início à discussão. O primeiro ponto a ser discutido será: O que apresentar como assunto de um anúncio turístico da cidade? Você e os colegas apresentam suas ideias, defendem seu ponto de vista e começam a discussão, em que todos se manifestam a respeito das ideias ouvidas até chegar a um consenso, fazer uma escolha aprovada por todos ou pela maioria, se houver necessidade de votação da proposta.
11. Escolhido o assunto a ser apresentado no anúncio, vocês passam ao segundo ponto: Qual é o público a ser atingido? Considerando esse público, onde deve circular o anúncio? A discussão ocorre da mesma maneira. Cada um de vocês apresenta sua sugestão, argumenta em favor de seu ponto de vista e há uma troca de ideias a respeito das opções dadas, respeitando-se os turnos de fala e o tempo previsto para a discussão.
12. Na sequência, vocês discutirão o terceiro ponto: Como será composto o cartaz? Haverá fotografias? Desenhos? *Slogans*? Onde entrará o nome da cidade? Serão citados dados numéricos? Será feito um apelo direto ao público? Onde entrará a identidade do responsável pela elaboração do anúncio? Haverá uma logomarca indicando isso? Qual será?
13. O colega que anotou as conclusões de cada uma das etapas da discussão atuará como porta-voz do grupo, expondo as anotações numa roda geral de avaliação.

Avaliação

14. O relator de cada grupo apresenta aos demais colegas da turma o resultado da discussão em grupo, com o esboço do anúncio a ser criado.
15. Você e os colegas se manifestam sobre a proposta e avaliam:
    - O anúncio terá interesse público?
    - Os aspectos a serem abordados definem bem a vocação turística da cidade?
    - A proposta de uso de imagens é adequada?
    - O texto sugerido é um bom apelo?
    - Os canais de divulgação são suficientes e adequados?
16. Com base nessa avaliação, cada grupo estará preparado para a atividade a seguir.
17. Durante a oficina de produção, observe se a discussão foi importante, se as opiniões foram bem defendidas e veja de que modo as ideias levantadas serão concretizadas.

Oficina de produção

Anúncio turístico

Agora chegou a hora de você e seu grupo colocarem as ideias discutidas em prática e produzirem um anúncio turístico de sua cidade.

Preparação

1. O grupo volta a se reunir e, com base na avaliação da turma, faz o primeiro esboço do anúncio, chamado *layout*. O *layout* é uma espécie de esquema em que, numa folha de papel em branco, são distribuídos os elementos do anúncio.
    - Onde ficará a imagem?
    - Quais cores serão usadas?
    - O plano de fundo será colorido ou branco?
    - Onde as frases de efeito ficarão?
    - Qual fonte (tipo de letra) será usada na parte escrita?
    - Onde será escrita a identidade do responsável pelo anúncio?
    - Haverá um telefone de contato ou um endereço de internet para informações?
2. O *layout* é importante para que o grupo perceba a organização visual do anúncio. Ele não deve conter muitas imagens e texto para não ficar "poluído", o que pode afastar o leitor, pois, com muita informação, ele pode perder o interesse.
3. Usando programas de edição de imagens e textos, a equipe deverá passar o esboço para o computador.

4. Imagine o tamanho do anúncio em papel. O tamanho ideal é o do papel em formato A3, que tem uma boa superfície de trabalho e possibilita que as informações fiquem bem apresentadas. Escolha se será no modelo retrato (vertical) ou no modelo paisagem (horizontal).
5. No arquivo, trabalhe o plano de fundo do anúncio na cor escolhida. A combinação de cores é essencial para a organização do anúncio. Os programas geralmente oferecem combinações de cores e matizes à sua escolha.
6. Insira a imagem principal e verifique a proporção adequada dela em relação à totalidade do anúncio.
7. Com a ferramenta "caixa de texto", insira a parte escrita. Defina a fonte entre as sugeridas pelo programa. As "serifadas" são mais clássicas; as manuscritas dão leveza e um toque mais pessoal; já as sem "serifa" são mais simples e modernas. Escolha a que melhor combine com suas ideias, mas lembre-se de que as cores das fontes devem harmonizar-se com o fundo e com a imagem.
8. Elabore frases que convidem o público a visitar a cidade. Você pode usar os verbos no modo imperativo: "Visite...", "Seja bem-vindo...", "Conheça...", "Divirta-se...".
9. Crie uma logomarca para o grupo e coloque-a na parte inferior do anúncio.

Fontes

Quando você ler um texto em um livro, observar um anúncio na rua ou receber um folheto educativo, note que a composição do texto tem relação com a função de comunicação e o modo de circulação dele. Em um folheto, o texto costuma estar em blocos separados por títulos; em um livro, o texto vem num bloco único. Esse trabalho de composição gráfica é feito pela tipografia.

No trabalho tipográfico, uma escolha fundamental é a da fonte a ser usada. Existem dois grupos principais de fontes: as **serifadas** e as **sem serifa** ou **não serifadas**.

Serifas são pequenos traços ou prolongamentos nas hastes das letras. Como os pequenos traços separam melhor as letras, as fontes serifadas são indicadas para textos mais longos, porque facilitam a leitura. Fontes não serifadas não têm traços nem prolongamentos, são mais simples. Elas costumam ser usadas em mensagens mais curtas e objetivas.

AaBbCc Fonte sem serifa
AaBbCc Fonte serifada
AaBbCc Serifas em vermelho

Não existem regras fixas para a escolha da fonte. O melhor critério é perceber a combinação mais adequada entre a fonte, a imagem, o formato da publicação e sua finalidade comunicativa.

Revisão e divulgação

10. Agora, todos os participantes do grupo devem estar reunidos para revisar o anúncio. A programação visual ficou boa, agradável e atrativa? As cores harmonizam-se? O ponto de vista sobre a cidade foi apresentado claramente? O texto é simples, objetivo e direto? Há estratégias de apelo para convencer o visitante a conhecer a cidade?
11. Faça os ajustes necessários, de acordo com a avaliação do grupo.
12. Salve o arquivo e envie-o por *e-mail* ao professor para que ele opine e sugira ajustes.
13. Reúna-se mais uma vez com o grupo, após a revisão do professor, para preparar a versão final do anúncio.
14. Compartilhe o anúncio nas redes sociais e no *blog* da turma.

Retomar

A preservação do sauim-de-coleira ou sauim-de-manaus (*Saguinus bicolor*), em risco de extinção, foi tema da campanha educativa do governo do Amazonas. Conheça um pouco o animal que é símbolo da cidade de Manaus.

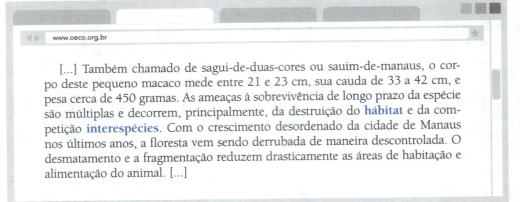

[...] Também chamado de sagui-de-duas-cores ou sauim-de-manaus, o corpo deste pequeno macaco mede entre 21 e 23 cm, sua cauda de 33 a 42 cm, e pesa cerca de 450 gramas. As ameaças à sobrevivência de longo prazo da espécie são múltiplas e decorrem, principalmente, da destruição do hábitat e da competição interespécies. Com o crescimento desordenado da cidade de Manaus nos últimos anos, a floresta vem sendo derrubada de maneira descontrolada. O desmatamento e a fragmentação reduzem drasticamente as áreas de habitação e alimentação do animal. [...]

Glossário

Hábitat: lugar em que vive um organismo ou ser, com condições favoráveis à sobrevivência dele.
Interespécies: entre duas ou mais espécies de seres.

Rafael Ferreira. Fauna amazônica em risco: o sauim-de-coleira. *O Eco*, 6 set. 2013. Disponível em: <www.oeco.org.br/especies-em-risco/27556-fauna-amazonica-em-risco-o-sauim-de-coleira>. Acesso em: 25 jun. 2018.

1 Sobre as ameaças à sobrevivência de longo prazo do sauim-de-manaus, escreva no caderno a alternativa correta.

- A causa principal dessas ameaças é a destruição do hábitat; a competição interespécies é uma ameaça menor.
- As ameaças decorrem apenas da competição interespécies, que também é a causa da destruição do hábitat.
- Os riscos de extinção são reduzidos, uma vez que a competição interespécies e a destruição do hábitat não são relevantes.
- As ameaças resultam principalmente de dois fatores: a destruição do hábitat e a competição interespécies.

O anúncio que você analisará na página seguinte fez parte do Plano de Ação Nacional para a Conservação do sauim-de-coleira, iniciado em 2011. A campanha educativa resultou em avanços e já está sendo possível a reprodução da espécie em cativeiro.

Leia o anúncio para responder às questões a seguir.

2 Na frase abaixo do nome do animal, ele é qualificado como único. Que ideia é reforçada por meio dessa qualificação?

3 Identifique o objetivo do anúncio e o provável público-alvo.

4 Localize no anúncio um verbo e um pronome que demonstrem um apelo direto ao público-leitor do cartaz.

5 Em "Faça sua parte":

a) Há um período de que tipo?

b) Em que modo está flexionado o verbo **fazer**?

c) Qual é o sentido do verbo usado nesse modo?

Campanha de proteção ao sauim-de-manaus (AM). Secretaria de Estado do Meio Ambiente (Sema)/Governo do Estado do Amazonas.

Veja parte de uma notícia publicada no jornal *O Estado de S. Paulo*, em 17 de novembro de 2017.

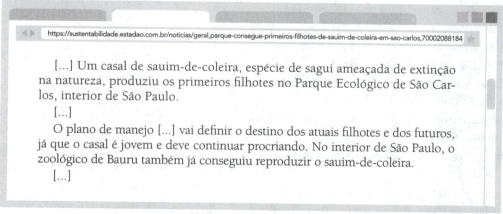

José Maria Tomazela. Primeiros filhotes de sagui ameaçado de extinção nascem em parque de São Carlos. *O Estado de S. Paulo*, 17 nov. 2017. Disponível em: <https://sustentabilidade.estadao.com.br/noticias/geral,parque-consegue-primeiros-filhotes-de-sauim-de-coleira-em-sao-carlos,70002088184>. Acesso em: 28 jul. 2018.

6 A notícia permite previsões pessimistas ou otimistas em relação ao futuro da espécie? Justifique sua resposta.

7 Associe as duas orações a seguir num período composto por coordenação usando, para ligá-las, uma palavra que ajude a criar efeito de contraste.

a) Um casal de sauim-de-coleira produziu os primeiros filhotes no interior de São Paulo.

b) O destino dos filhotes ainda será decidido.

Referências

ANTUNES, Irandé. *O território das palavras*: estudo do léxico em sala de aula. São Paulo: Parábola, 2012.

_____. *Lutar com palavras*: coesão e coerência. São Paulo: Parábola, 2011.

AZEREDO, José Carlos de. *Gramática Houaiss da Língua Portuguesa*. São Paulo: Publifolha, 2008.

BAKHTIN, Mikhail. *Os gêneros do discurso*. São Paulo: Editora 34, 2016.

BECHARA, Evanildo. *Moderna gramática portuguesa*. Rio de Janeiro: Nova Fronteira, 2015.

_____. *Ensino da gramática. Opressão? Liberdade?* São Paulo: Ática, 2007.

BORTONI-RICARDO, Stella Maris. *Educação em língua materna*: a sociolinguística em sala de aula. São Paulo: Parábola, 2004.

BOSI, Alfredo. *História concisa da literatura brasileira*. São Paulo: Cultrix, 2015.

BRASIL. Ministério da Educação. Secretaria da Educação Básica. *Base Nacional Comum Curricular*. Brasília, 2018.

BRONCKART, Jean-Paul. *Atividade de linguagem, discurso e desenvolvimento humano*. Campinas: Mercado das Letras, 2006.

CHARAUDEAU, Patrick. *Discurso das mídias*. São Paulo: Contexto, 2009.

CHILVERS, Ivan. *Dicionário Oxford de arte*. São Paulo: Martins, 2007.

COELHO, Nelly Novaes. *Dicionário crítico da literatura infantil e juvenil brasileira*. São Paulo: Ibep, 2006.

COLOMER, Teresa. *Andar entre livros*: a leitura literária na escola. São Paulo: Global, 2007.

COSTA, Sérgio Roberto. *Dicionário de gêneros textuais*. São Paulo: Autêntica, 2008.

CRYSTAL, David. *A revolução da linguagem*. Rio de Janeiro: Zahar, 2006.

CUNHA, Celso; CINTRA, Lindley. *Nova gramática do português contemporâneo*. Rio de Janeiro: Lexikon, 2016.

DIONISIO, Ângela Paiva; MACHADO, Anna Rachel; BEZERRA, Maria Auxiliadora (Org.). *Gêneros textuais e ensino*. São Paulo: Parábola, 2010.

DUBOIS, Jean et al. *Dicionário de linguística*. São Paulo: Cultrix, 2014.

FARACO, Carlos Alberto. *História sociopolítica da língua portuguesa*. São Paulo: Parábola, 2016.

_____; ZILLES, Ana Maria. *Para conhecer norma linguística*. São Paulo: Contexto, 2017.

FIORIN, José Luiz. *Argumentação*. São Paulo: Contexto, 2016.

_____. *Elementos de análise do discurso*. São Paulo: Contexto, 2005.

_____. Gêneros e tipos textuais. In: MARI, Hugo; WALTY, Ivete; VERSIANI, Zélia (Org.). *Ensaios sobre leitura*. Belo Horizonte: Editora PUC Minas, 2005.

GOLDSTEIN, Norma. *Versos, sons, ritmos*. São Paulo: Ática, 2006.

KOCH, Ingedore Villaça; ELIAS, Vanda Maria. *Ler e escrever*: estratégias de produção textual. São Paulo: Contexto, 2011.

_____; TRAVAGLIA, Luiz Carlos. *Texto e coerência*. São Paulo: Cortez, 2011.

KURY, Adriano da Gama. *Lições de análise sintática*. São Paulo: Ática, 2004.

LAJOLO, Marisa. *Do mundo da leitura para a leitura do mundo*. São Paulo: Ática, 2000.

LIMA, Rocha. *Gramática normativa da língua portuguesa*. Rio de Janeiro: José Olympio, 2017.

MARCUSCHI, Luiz Antônio. *Da fala para a escrita*: atividades de retextualização. São Paulo: Cortez, 2010.

_____. *Produção textual, análise de gêneros e compreensão*. São Paulo: Parábola, 2008.

MATTOSO CÂMARA Jr., Joaquim. *Estrutura da língua portuguesa*. Rio de Janeiro: Vozes, 2001.

MOISÉS, Massaud. *Dicionário de termos literários*. São Paulo: Cultrix, 2013.

NEVES, Maria Helena de Moura. *A gramática do português*: revelada em textos. São Paulo: Unesp, 2018.

_____. *Gramática de usos do português*. São Paulo: Unesp, 2011.

RABAÇA, Carlos Alberto; BARBOSA, Gustavo Guimarães. *Dicionário de comunicação*. Rio de Janeiro: Lexikon, 2014.

ROJO, Roxane Helena Rodrigues; MOURA, Eduardo (Org.). *Multiletramento na escola*. São Paulo: Parábola, 2012.

SCHERRE, Maria Marta Pereira. *Doa-se lindos filhotes de poodle*: variação linguística, mídia e preconceito. São Paulo: Parábola, 2005.

SCHNEUWLY, Bernard; DOLZ, Joaquim. *Gêneros orais e escritos na escola*. Campinas: Mercado de Letras, 2004.

TARALLO, Fernando. *A pesquisa sociolinguística*. São Paulo: Ática, 2007.

ZANINI, Walter (Coord.). *História geral da arte no Brasil*. São Paulo: Instituto Walter Moreira Salles/Fundação Djalma Guimarães, 1983.